Theo Kienzle

Recht für Pflegeberufe

Lehrbuch für die Aus- und Weiterbildung

Verlag W. Kohlhammer

Dieses Werk einschließlich aller seiner Teile ist urheberrechtlich geschützt. Jede Verwendung außerhalb der engen Grenzen des Urheberrechts ist ohne Zustimmung des Verlags unzulässig und strafbar. Das gilt insbesondere für Vervielfältigungen, Übersetzungen, Mikroverfilmungen und für die Einspeicherung und Verarbeitung in elektronischen Systemen.

Die Wiedergabe von Warenbezeichnungen, Handelsnamen und sonstigen Kennzeichen in diesem Buch berechtigt nicht zu der Annahme, dass diese von jedermann frei benutzt werden dürfen. Vielmehr kann es sich auch dann um eingetragene Warenzeichen oder sonstige geschützte Kennzeichen handeln, wenn sie nicht eigens als solche gekennzeichnet sind.

Es konnten nicht alle Rechtsinhaber von Abbildungen ermittelt werden. Sollte dem Verlag gegenüber der Nachweis der Rechtsinhaberschaft geführt werden, wird das branchenübliche Honorar nachträglich gezahlt.

Dieses Werk enthält Hinweise/Links zu externen Websites Dritter, auf deren Inhalt der Verlag keinen Einfluss hat und die der Haftung der jeweiligen Seitenanbieter oder -betreiber unterliegen. Zum Zeitpunkt der Verlinkung wurden die externen Websites auf mögliche Rechtsverstöße überprüft und dabei keine Rechtsverletzung festgestellt. Ohne konkrete Hinweise auf eine solche Rechtsverletzung ist eine permanente inhaltliche Kontrolle der verlinkten Seiten nicht zumutbar. Sollten jedoch Rechtsverletzungen bekannt werden, werden die betroffenen externen Links soweit möglich unverzüglich entfernt.

1. Auflage 2020

Alle Rechte vorbehalten
© W. Kohlhammer GmbH, Stuttgart
Gesamtherstellung: W. Kohlhammer GmbH, Stuttgart

Print:
ISBN 978-3-17-038520-7

E-Book-Formate:
pdf: ISBN 978-3-17-038521-4
epub: ISBN 978-3-17-038522-1
mobi: ISBN 978-3-17-038523-8

Vorwort

Der Autor ist seit mehreren Jahrzehnten in der Aus-, Fort- und Weiterbildung von Pflegeberufen und pädagogischem Fachpersonal tätig. Das Spektrum umfasste bisher neben der Altenpflege auch die (klassische) Krankenpflege in somatischen und psychiatrischen Krankenhäusern sowie Mitarbeiter in stationären Behinderteneinrichtungen.

Mit diesem Fachbuch wird versucht, den rechtlichen Teil der neuen Pflegeausbildung abzudecken und gleichgültig wie die jeweilige Fachschule die Praxisfälle, Lernsituationen etc. gestaltet, den Auszubildenden das rechtliche Werkzeug an die Hand zu geben.

Grundlage der Gliederung des Fachbuches sind die Rahmenpläne der Fachkommission nach § 53 PflBG.

Der Verfasser nimmt gerne Kritik und Anregungen unter:
kienzletheo@gmail.com
entgegen, denn nichts ist perfekt und es kann sicherlich einiges verbessert werden.

Ich widme dieses Buch Sophie Scholl, einer mutigen jungen Frau, die von einem verbrecherischen System für ihre Überzeugung ermordet wurde.

Inhalt

Vorwort 5

Abkürzungsverzeichnis 13

Einleitung 15

CE 01 **Ausbildungsstart – Pflegefachfrau/Pflegefachmann werden** 17
- 1 Selbstbestimmungsrecht 17
  - 1.1 Selbstbestimmungsrecht im Grundgesetz 17
  - 1.2 Weitere Rechtsgrundlagen 19
  - 1.3 Einschränkung Selbstbestimmungsrecht 20
- 2 Rechte und Pflichten Auszubildender 20
  - 2.1 Pflegeberufegesetz 22
  - 2.2 Arbeitsrechtliche Vorgaben Ausbildung 24
  - 2.3 Patientensicherheit 25
  - 2.4 Strafrecht (Grundlagen) 25
  - 2.5 Schutz der Privatsphäre zu pflegender Menschen 33
    - 2.5.1 Datenschutzgesetze und Sozialdatenschutz 34
    - 2.5.2 Zivilrechtlicher Datenschutz ... 37
    - 2.5.3 Arbeitsrechtliche Verschwiegenheitspflicht 37
    - 2.5.4 Schweigepflicht: 37

CE 02 **Zu pflegende Menschen in der Bewegung und Selbstversorgung unterstützen** 43
- 1 Dokumentation 43
  - 1.1 Grundlagen Dokumentationspflicht ... 43
  - 1.2 Vertragliche und gesetzliche Pflicht ... 44
  - 1.3 Rechtliche Bedeutung Dokumentation 44
  - 1.4 Dokumentation als Urkunde 45

CE 02 A		Mobilität interaktiv, gesundheitsfördernd und präventiv gestalten	46
	1	Beratungspflicht Pflegende	46
	2	Überblick Medizinproduktegesetz	47
	3	Finanzierung Hilfsmittel	48
CE 02 B		Menschen in der Selbstversorgung unterstützen	49
CE 03		Erste Pflegerfahrungen reflektieren – verständigungsorientiert kommunizieren	50
CE 04 A		Gesundheit alter Menschen fördern und präventiv handeln	51
	1	Selbstbestimmungsrecht vs. Fürsorge	52
	2	Grundlagen Gesetzgebung	52
	3	Sozialrecht	54
	3.1	Grundlage Sozialrecht	54
	3.2	Grundlagen Sozialversicherung	55
	3.3	Krankenversicherung	57
	3.4	Unfallversicherung	57
	3.5	Pflegeversicherung	60
	4	Mobbing (Konflikte)	64
	5	Arbeitsschutz	66
	5.1	Einleitung Arbeitsschutz	66
	5.2	Mutterschutzgesetz	67
	5.3	Schwerbehindertenrecht	70
	5.4	Arbeitszeitrecht	71
	5.5	Unfallverhütungsvorschriften	74
	5.6	Gewerbeordnung	74
	5.7	Arbeitsstättenverordnung	75
	5.8	Arbeitsschutzgesetz	75
	5.9	Schutz vor sexueller Belästigung	77
	5.10	Allgemeines Gleichbehandlungsgesetz	78
	5.11	Präventionsgesetz	79
	5.12	Betriebliches Gesundheitsmanagement	80
CE 04 B		Gesundheit von Kindern und Jugendlichen fördern und präventiv handeln	81
	1	Schutz Kindeswohl	81
	1.1	Schutzauftrag für Kinder	81
	1.2	Sorgerecht	82
	1.3	Jugendhilfe	83
	1.4	Kinderschutzgesetz(e)	84
	1.5	UN-Kinderrechtskonvention	85
	1.6	Aufsichtspflicht	85
	2	Sexueller Missbrauch	87
	3	Handlungsfähigkeit	90

	3.1	Zivilrechtliche Handlungsfähigkeit....	90
		3.1.1 Rechtsfähigkeit...............	90
		3.1.2 Handlungsfähigkeit...........	92
		3.1.3 Geschäftsfähigkeit............	92
		3.1.4 Deliktsfähigkeit..............	95
	4	Funktion Gesetzgebung Sozialrecht.........	97

CE 04 C Gesundheit alter Menschen fördern und präventiv handeln............................. **99**

CE 05 A Menschen in kurativen Prozessen pflegerisch unterstützen und Patientensicherheit stärken.... **100**

1	Delegation ärztlicher Maßnahmen..........	100
1.1	Einwilligung......................	100
1.2	Ordnungsgemäße ärztliche Verordnung.......................	102
1.3	Delegationsfähigkeit................	105
1.4	Durchführungs- und Anordnungsverantwortung.....................	109
2	Krankenversicherung......................	110
2.1	Grundlagen Krankenversicherung.....	110
2.2	Finanzierung Krankenhausbehandlung	111
3	Recht Arbeitsbedingungen Krankenhaus.....	115
3.1	Überblick Rechtsgrundlagen..........	116
3.2	Pflichten Pflegender.................	117
3.3	Einstellungsgespräch	120
3.4	Dauer des Arbeitsverhältnisses	122
3.5	Beendigung des Arbeitsverhältnisses...	124
	3.5.1 Ordentliche Kündigung	124
	3.5.2 Außerordentliche Kündigung..	127
	3.5.3 Kündigungsschutz............	129
	3.5.4 Arbeits- und Dienstzeugnis.....	129
	3.5.5 Verjährungs- und Ausschlussfristen	129
4	Risikomanagement und Haftung	129
4.1	Grundlagen des Risikomanagements ..	130
4.2	Überblick Haftungsrecht	131
4.3	Verjährung	139
4.4	Haftungsfreistellung der Pflegekräfte ..	139
4.5	Beweislast	141

CE 05 B Kinder und Jugendliche in kurativen Prozessen pflegerisch unterstützen und Patientensicherheit stärken... **143**

1	Selbstverwirklichung Kinder	143
2	Delegation an »Nicht«-Fachkräfte	144
3	Recht Diagnostik und Therapie Kinder	146

CE 05 C	Alte Menschen in kurativen Prozessen pflegerisch unterstützen und Patientensicherheit stärken		147
CE 06 A	In Akutsituationen sicher handeln		148
	1	Gefährdung zu pflegender Menschen/ Fremdgefährdung	148
		1.1 (Eigen)Gefährdung zu pflegender Menschen aufgrund physischer Ereignisse	158
		1.2 Gefährdung anderer durch zu pflegende Menschen	150
		1.3 Unterbringung in psychiatrischen Einrichtungen	152
	2	Katastrophenschutz	153
		2.1 Pflichten aus Pflegeberufegesetz	153
		2.2 Recht des Katastrophenschutzes	153
		2.3 Richtlinien zur Notfallversorgung	154
		2.4 Unterlassene Hilfeleistung	157
	3	Organentnahme – Transplantation	158

CE 06 B	Kinder, Jugendliche und Bezugspersonen in Akutsituationen sicher begleiten		159
✗ CE 06 C	Alte Menschen und ihre Bezugspersonen in Akutsituationen sicher begleiten		160
	1	Patientenverfügung	160
		1.1 Rechtlicher Hintergrund: Sterbehilfe	160
		1.1.1 Aktive Sterbehilfe	161
		1.1.2 Indirekte Sterbehilfe	162
		1.1.3 Passive Sterbehilfe	162
		1.1.4 Behandlungsabbruch	163
		1.2 Patientenverfügung	163
	2	Vorsorgevollmacht	165

CE 07 A	Rehabilitatives Pflegehandeln im interprofessionellen Team		167
	1	Rehabilitation (Rechtsquellen)	167
		1.1 Gesetz zur Rehabilitation und Teilhabe behinderter Menschen	168
		1.2 Einzelne Leistungsträger	169
	2	Abrechnungssysteme Sozialrecht	171
		2.1 Einteilung Leistungsgruppen	171
		2.2 Abrechnungssystem in der Pflege.....	173
	3	Verhältnis Gesundheitsberufe	176
	4	Rechte von Menschen mit Behinderung	176
		4.1 Bundesteilhabegesetz	177
		4.2 Leistungsträger der Rehabilitation	178

CE 07 B	Rehabilitatives Pflegehandeln bei Kindern/ Jugendlichen im interprofessionellen Team	183
CE 07 C	Rehabilitatives Pflegehandeln bei alten Menschen im interprofessionellen Team	184
CE 08 A	Menschen in kritischen Lebenssituationen und in der letzten Lebensphase begleiten	185

- 1 Pflegecharta, Charta Betreuung schwerstkranker und sterbender Menschen 185
  - 1.1 Pflegecharta 185
  - 1.2 Charta Betreuung schwerstkranker und sterbender Menschen 187
- 2 Betreuungsrecht 188
  - 2.1 Geschichtlicher Hintergrund 188
  - 2.2 Voraussetzungen »rechtliche« Betreuung 190
  - 2.3 Betreuungsverfahren 191
  - 2.4 Umfang der Betreuung 192
  - 2.5 Betreuer 194
  - 2.6 Aufgabenbereiche des Betreuers 195
  - 2.7 Pflichten des Betreuers 196
  - 2.8 Medizinische Maßnahmen 197
- 3 Bestattungsrecht, Hospiz- und Palliativgesetz, Sterbebegleitrecht 202
- 4 Überlastungsanzeige 203

CE 08 B	Kinder, Jugendliche und ihre Familien in kritischen Lebenssituationen und in der letzten Lebensphase begleiten	204

- 1 Recht palliative Versorgung 204
  - 1.1 Sozialrechtliche Grundlagen Palliativversorgung 204
  - 1.2 Palliativversorgung Kinder/Jugendliche 206
- 2 Patientenverfügung im Kindesalter 207

CE 08 C	Alte Menschen in kritischen Lebenssituationen und in der letzten Lebensphase begleiten	209
CE 09 A	Menschen bei der Lebensgestaltung lebensweltorientiert unterstützen	210

- 1 Rechtliche Grundlage alternativer Wohnformen 210
  - 1.1 Grundlagen Heimrecht 211
  - 1.2 Heimrecht der Bundesländer 214
  - 1.3 Heimaufsicht 218
- 2 Finanzierung alternativer Wohnformen 218

		2.1	Finanzierung einzelner Wohnformen	219
		2.2	(Finanzierung) Pflegeberatung	219
		2.3	Wohnberatung	221

CE 09 B **Alte Menschen bei der Lebensgestaltung lebensweltorientiert unterstützen** **223**

CE 09 C **Entwicklung und Gesundheit in Kindheit und Jugend in pflegerischen Situationen fördern** **224**
  1 Anforderungen Hygiene, Infektionsprävention 224

CE 11 (A) **Menschen mit psychischen Gesundheitsproblemen und kognitiven Beeinträchtigungen personenzentriert und lebensweltbezogen unterstützen** **227**
  1 Gewalt in der Pflege 228
    1.1 Gewalt gegen das Pflegepersonal 228
    1.2 Gewalt gegen Patienten und Bewohner 228
    1.3 Gewalt als Straftat 229
    1.4 Aufsichtspflicht 233
    1.5 Aufsichtspflicht (Suizid) 238
  2 Freiheitseinschränkung und Unterbringung 241
    2.1 Grundlagen freiheitseinschränkender Maßnahmen (FEM) 241
      2.1.1 Einwilligung 244
      2.1.2 Notstand 245
      2.1.3 Richterlicher Beschluss 247

CE 11 B **Kinder und Jugendliche mit psychischen Gesundheitsproblemen und kognitiven Beeinträchtigungen personenzentriert und lebensweltbezogen unterstützen** **261**
  1 Psychiatrische Intervention Kinder/Jugendliche 261

CE 11 C **Alte Menschen mit psychischen Gesundheitsproblemen und kognitiven Beeinträchtigungen personenzentriert und lebensweltbezogen unterstützen** **264**

Überblick/Vergleich Rahmenplan – Kapitel im Buch **265**

Literatur **269**

Stichwortverzeichnis **271**

Abkürzungsverzeichnis

AGG	Allgemeines Gleichbehandlungsgesetz
AMG	Arzneimittelgesetz
AVR	Arbeitsvertrags-Richtlinien
BAG	Bundesarbeitsgericht
BetrVerfG	Betriebsverfassungsgesetz
BGB	Bürgerliches Gesetzbuch
BGH	Bundesgerichtshof
BGHZ	Entscheidungssammlung des Bundesgerichtshofs Zivilsachen
BGM	Betriebliches Gesundheitsmanagement
BKiSchG	Bundeskinderschutzgesetz
BPersVG	Bundespersonalvertretungsgesetz
BPflV	Verordnung zur Regelung der Krankenhauspflegegesetze
BSG	Bundessozialgericht
BtMG	Betäubungsmittelgesetz
BtMVV	Betäubungsmittel-Verschreibungsverordnung
BVerfG	Bundesverfassungsgericht
BZRG	Bundeszentralregistergesetz
DSGVO	Datenschutzgrundverordnung (EU)
EntgFG	Entgeltfortzahlungsgesetz
EMRK	Europäische Menschenrechtskonvention
FamFG	Gesetz über das Verfahren in Familiensachen und in den Angelegenheiten der freiwilligen Gerichtsbarkeit (Familienverfahrensgesetz)
FEM	Freiheitsentziehende Maßnahmen
GG	Grundgesetz
i. V.	in Verbindung (mit)
JArbSchG	Jugendarbeitsschutzgesetz
KKG	Gesetz zur Kooperation und Information im Kinderschutz
LAG	Landesarbeitsgericht
LasthandhabV	Verordnung über Sicherheit und Gesundheitsschutz bei der manuellen Handhabung von Lasten bei der Arbeit
LSG	Landessozialgericht
LVwVfG BW	Landesverwaltungsverfahrensgesetz Baden-Württemberg

m. w. N.	mit weiteren Nachweisen
MPBetreibV	Medizinproduktebetreiberverordnung
MPG	Medizinproduktegesetz
MuSchG	Mutterschutzgesetz
NJW	Zeitschrift: Neue Juristische Wochenschrift
OLG	Oberlandesgericht
PSA-BV	Verordnung über Sicherheit und Gesundheitsschutz bei der Benutzung persönlicher Schutzausrüstungen bei der Arbeit
PsychKHG	Gesetz über Hilfen und Schutzmaßnahmen bei psychischen Krankheiten (Psychisch-Kranken-Hilfe-Gesetz)
Rspr.	Rechtsprechung
SGB	Sozialgesetzbuch
SGB V	Sozialgesetzbuch Fünftes Buch – Gesetzliche Krankenversicherung
SGB XI	Sozialgesetzbuch – Elftes Buch – Soziale Pflegeversicherung
StGB	Strafgesetzbuch
TVöD	Tarifvertrag öffentlicher Dienst
TzBfG	Teilzeit- und Befristungsgesetz
VO	Verordnung
WBVG	Wohn- und Betreuungsvertragsgesetz
WfbM	Werkstatt für behinderte Menschen
WTPG	Wohn-, Teilhabe- und Pflegegesetz (BaWü)
ZPO	Zivilprozessordnung

Einleitung

Dieses Fachbuch orientiert sich bzw. ist nach den Rahmenplänen nach § 53 PflBG für den theoretischen Unterricht, dies im Bereich »Recht«, aufgebaut und gestaltet. Aus diesem Grund ist die Gliederung – in der Hoffnung, dass möglichst viele Bundesländer die Empfehlungen übernehmen – an den Rahmenlehrplan angepasst. Da in der neuen Ausbildung das Prinzip der Situationsorientierung im Vordergrund steht und dies in den Rahmenlehrplänen realisiert wurde, wurde auf Beispiele verzichtet. Die »Beispiele« wird jede Schule selbst formulieren. Das Buch soll dazu den rechtlichen Hintergrund bzw. die Grundlage des Handelns schaffen.

Im Hinblick auf die Generalistik werden die Begriffe Pflegende, aber auch Patient und Bewohner verwendet.

Durch den zirkulären Aufbau der Rahmenlehrpläne, den insgesamt elf Curricularen Einheiten (CE), von denen acht im letzten Ausbildungsdrittel im Sinne eines spiralförmigen Aufbaus fortgeführt werden, sind einige rechtliche Themen in mehreren Curricularen Einheiten von Bedeutung. Daher wurden zur besseren Orientierung jeweils Verweise zu denjenigen Kapiteln, in denen das jeweilige rechtliche Thema ausführlich dargestellt wird, integriert. In der elektronischen Version dieses Fachbuches wurde ein Hyperlink integriert. Zur besseren Orientierung wurde ein sehr ausführliches Stichwortverzeichnis erstellt, in dem rechtliche Begriffe, wie das »Selbstbestimmungsrecht« aufgelistet sind. Letzteres auch mit der Intention, dieses Fachbuch nicht nur für die Ausbildung, sondern auch als Nachschlagewerk für die Praxis zur Verfügung zu stellen.

Der Autor hat rechtliche Hinweise bzw. Ausführungen auch dort verfasst, wo »Recht« nicht ausdrücklich genannt wird. Da die Mitglieder der Fachkommission der Rahmenpläne nach § 53 PflBG einige, nach Ansicht des Verfassers, entweder nicht als relevant eingestuft oder schlichtweg vergessen haben, wurden diese Themen, insbesondere das Haftungs- und Strafrecht, an geeigneterer Stelle integriert.

Am Anfang jeder Curricularen Einheit wird der rechtlich wichtige Teil der Rahmenempfehlung zitiert und daraufhin der rechtliche Aspekt aufgebaut. Im Falle von Wiederholungen aus vorherigen curricularen Einheiten wird lediglich das Stichwort dazu mit dem Verweis genannt.

CE 01 Ausbildungsstart – Pflegefachfrau/Pflegefachmann werden

1 Selbstbestimmungsrecht

Die Auszubildenden

- [...]
- wahren das Selbstbestimmungsrecht des zu pflegenden Menschen, insbesondere auch, wenn dieser in seiner Selbstbestimmungsfähigkeit eingeschränkt ist (I.6.a).
(BIBB, S. 36)

1.1 Selbstbestimmungsrecht im Grundgesetz

(Rechtliche) Grundlagen des Selbstbestimmungsrechts jedes Menschen sind

- vor allem die Grundrechte unserer Verfassung, des Grundgesetzes (GG),
- die Europäische Menschenrechtskonvention und
- auch das Bürgerliche Gesetzbuch.

Die Grundrechte sind eng verwandt mit den Menschenrechten. Das Grundgesetz hat die Menschenrechte in besonderem Umfang geschützt. Dabei sind besonders zu nennen:

Art. 1 Abs. 1 GG – Menschenwürde

Schutz der Menschenwürde (Art. 1 GG): Die Würde jedes Menschen stellt das höchste Gut in der Wertordnung des Grundgesetzes dar.

> Die Würde des Menschen ist unantastbar. Sie zu achten und zu schützen ist Verpflichtung aller staatlichen Gewalt. — Art. 1 GG

Die Würde jedes Menschen ist unabhängig von Eigenschaften (Krankheit, Behinderung, Geschlecht, Rasse), Alter und Einsichtsfähigkeit als eines der höchsten Rechtsgüter geschützt. Die Menschenwürde hat Auswirkungen auf alle Lebensbereiche. Im pflegerischen Bereich

- ergibt sich aus der Menschenwürde das sogenannte Selbstbestimmungsrecht. Dies bedeutet, dass jeder Mensch das Recht hat, selbst über seinen Körper, d. h. über medizinisch/pflegerische Maßnahmen zu bestimmen. Eine Zwangsbehandlung ist nur unter sehr eingeschränkten Voraussetzungen möglich.[1] Das Recht auf Selbstbestimmung beginnt bereits ab dem 14. Lebensjahr[2] und schließt sogar das Recht ein, die Therapie ganz zu verweigern.[3]
- Zusätzlich schützt bzw. verbietet das Selbstbestimmungsrecht aus der Menschenwürde sowohl die Sammlung von persönlichen Informationen und deren Weitergabe ohne Zustimmung des Betroffenen. Die Menschenwürde ist daher auch die verfassungsrechtliche Grundlage der Schweigepflicht (§ 203 StGB) und des Datenschutzes.
- Schließlich verpflichtet die Menschenwürde die Gesellschaft und insbesondere in Krankenhäusern, Heimen und Behinderteneinrichtungen tätige Personen, die Unterbringung psychisch kranker Menschen inklusive freiheitseinschränkender Maßnahmen nach Möglichkeit zu vermeiden bzw. Alternativen zu prüfen.[4] Das Bundesverfassungsgericht (BVerfG) hat erst kürzlich betont, dass insbesondere 5-Punkt- und 7-Punkt-Fixierungen einen schweren Eingriff in die Menschenwürde darstellen.[5]

Ein weiteres Grundrecht schützt das Selbstbestimmungsrecht, nämlich

Art. 2 Abs. 1 GG – Persönlichkeits- und Freiheitsrecht

Jeder Mensch hat nach Art. 2 Abs. 1 GG das Recht, seinen Lebensbereich selbst nach seinen Wünschen und Bedürfnissen zu gestalten, soweit er dadurch nicht andere in ihren Rechten verletzt:

Art. 2 Abs. 1 GG	(1) Jeder hat das Recht auf die freie Entfaltung seiner Persönlichkeit, soweit er nicht die Rechte anderer verletzt und nicht gegen die verfassungsmäßige Ordnung oder das Sittengesetz verstößt.

Dieser Artikel garantiert das Recht auf Selbstbestimmung, auch des kranken, behinderten und alten Menschen in einer Einrichtung oder dem Krankenhaus. Zusammen mit der Menschenwürde schützt das Persönlichkeitsrecht das Recht jedes Patienten oder Heimbewohners,

---

[1] Näheres zur Zwangsbehandlung: (▶ Kap. CE 08 A 2.7)
[2] (▶ Kap. CE 01 1.3)
[3] Vertiefung u. a. bei der Patientenverfügung: (▶ Kap. CE 06 C 1; ▶ Kap. CE 08 B 2, Kinder)
[4] Näheres in: (▶ Kap. CE 11 A 2)
[5] BVerfG, Beschl. v. 24.07.2018, Az.: 2 BvR 309/15 und 2 BvR 502/16

- selbst über seine Therapie und Pflege zu bestimmen,
- über die Verwendung seiner persönlichen Informationen und Daten zu entscheiden sowie
- die Anwendung von FEM nur sofern unbedingt erforderlich.
- Das Persönlichkeitsrecht ist auch ein Freiheitsrecht.

Art. 2 Abs. 2 GG – Recht auf Leben und körperliche Unversehrtheit

Ergänzt wird das Persönlichkeits- bzw. Freiheitsrecht durch den Absatz 2, dem Recht auf Leben und körperliche Unversehrtheit (Art. 2 Abs. 2 GG):

> (2) Jeder hat das Recht auf Leben und körperliche Unversehrtheit. Die Freiheit der Person ist unverletzlich. […]

Art. 2 Abs. 2 GG

Diese Rechtsgüter werden besonders geschützt, Einschränkungen sind nur aufgrund von Gesetzen und eines Richterspruchs möglich, dies allerdings nur in engen Grenzen. Aus diesem Grund muss für die Zwangsbehandlung eine gesetzliche Grundlage bestehen.[6]

Gerade die Verpflichtung der Pflegekräfte, Menschenrechte, Ethikkodizes sowie religiöse, kulturelle, ethnische und andere Gewohnheiten von zu pflegenden Menschen in unterschiedlichen Lebensphasen zu beachten, macht es in der Praxis besonders wichtig, die Grundrechte stets als Grundlage der Tätigkeit zu respektieren.

1.2 Weitere Rechtsgrundlagen

Das Selbstbestimmungsrecht bzw. die sich daraus ergebenden Patientenrechte sind inzwischen auch in mehreren Vorschriften des Bürgerlichen Gesetzbuches (BGB) verankert. Als kurzer Überblick sind als »vertragstypische Pflichten beim Behandlungsvertrag« (§ 630a BGB) zu nennen:

- die Pflicht zur Aufklärung (§ 630c Abs. 2 und § 630e BGB),
- die Notwendigkeit der Einwilligung durch den Patienten (§ 630d BGB),
- die Verpflichtung zur Dokumentation (§ 630f BGB),
- das Recht des Patienten auf Einsichtnahme in die Krankenakte (§ 630g BGB) und
- die Beweislast[7] des Patienten und des »Behandlers« (§ 630h BGB)

---

6 BVerfG a. a. O. und BGH, Beschl. v. 20.06. 2012, Az.: XII ZB 99/12, XII ZB 130/12 und XII ZB 99/12
7 Erläuterung »Beweislast« unter: (▶ Kap. CE 05 A 4.5)

Mit diesen Vorschriften wurde durch das Patientenrechtgesetz das Selbstbestimmungsrecht der Patienten gestärkt und dabei die bisherige Rechtsprechung des Bundesgerichtshofs und der Oberlandesgerichte gesetzlich verankert.[8]

Weitere Vorschriften zum Selbstbestimmungsrecht der Patienten finden sich im ICN-Ethikkodex für Pflegende[9] sowie in der Europäischen Menschenrechtskonvention (EMRK).

1.3 Einschränkung Selbstbestimmungsrecht

Fraglich ist, wie in der Praxis mit Patienten oder Heimbewohnern umgegangen wird, deren Selbstbestimmungsrecht aufgrund des Alters oder psychischer Erkrankungen oder geistiger Behinderung eingeschränkt ist.

Mit dem Selbstbestimmungsrecht ist die Einwilligungsfähigkeit verknüpft. Jedoch kann nur derjenige, der gewissermaßen im »Vollbesitz seiner geistigen Kräfte« ist, sinnvoll über sich selbst bzw. medizinische und pflegerische Maßnahmen bestimmen. Dazu sind drei Gruppen von Menschen zu unterscheiden:

- Trotz noch nicht vorhandener Geschäftsfähigkeit liegt in der Regel bereits ab dem 14. Lebensjahr die notwendige Einsichts- bzw. Einwilligungsfähigkeit vor, d. h. der jeweilige Jugendliche kann selbst, unter Umständen mithilfe des Familiengerichts, in medizinische Maßnahmen auch gegen den Willen der Eltern einwilligen oder diese verweigern. Bei medizinischen Maßnahmen können daher die Eltern ab dem 14. Lebensjahr nicht mehr allein »über den Kopf des Kindes/Jugendlichen hinweg« entscheiden. Davon zu unterscheiden sind allerdings nicht notwendige Eingriffe, wie Piercing, Tätowierung und Schönheitsoperationen. Hier entscheiden die Eltern mit.
- Bei Kindern vor der Vollendung des 14. Lebensjahres wird das Selbstbestimmungsrecht im Normalfall von den Eltern ausgeübt, d. h. diese entscheiden für das Kind. Entscheiden Eltern allerdings gegen medizinisch notwendige Behandlungsmaßnahme, unter Umständen dabei den Tod des Kindes in Kauf nehmend, verstößt die Ablehnung eindeutig gegen das Wohl des Kindes. Das Familiengericht kann deshalb das Sorgerecht (teilweise) entziehen und durch einen Vormund die Einwilligung in die medizinische Maßnahme, anstelle der Eltern, erteilen lassen.[10]
- Bei psychisch kranken oder geistig behinderten Menschen kann trotzdem noch eine (wirksame) Einwilligung erteilen werden, wenn

---

8 Zur medizinrechtlichen Rechtsprechung auch: Kienzle (2017), dort Kapitel 2.5.1.1
9 Genaueres unter: (▶ Kap. CE 01 1)
10 OLG Celle, NJW 1995, 792

noch die *natürliche* Einsichts- und Steuerungsfähigkeit vorhanden ist. Er oder sie hat die notwendige Einwilligungsfähigkeit, sofern die beabsichtigten diagnostischen oder therapeutischen Maßnahmen in groben Zügen, d. h. hinsichtlich der Bedeutung und Tragweite des Eingriffs, erfasst werden können.[11] Die Geschäftsfähigkeit ist dazu nicht erforderlich. Für die Einwilligungsfähigkeit sind daher geringere geistige Fähigkeiten als für die Geschäftsfähigkeit notwendig.

- Liegt jedoch nicht einmal die natürliche Einsichtsfähigkeit vor, muss ein eventuell vorhandener Betreuer entscheiden oder eine Betreuung beantragt werden.[12]
- In der Notfallambulanz und auf der Intensivstation sind die Patienten des Öfteren in einem Zustand, in dem die Einwilligungsfähigkeit fehlt. Sofern nicht ein Betreuer oder bei Minderjährigen die Eltern entscheiden können, sind dringende Maßnahmen nach dem mutmaßlichen Willen des Betroffenen möglich. Bei dem mutmaßlichen Willen muss ermittelt werden, welche Maßnahmen im Interesse des Betroffenen liegen. Im Zweifel ist dahingehend zu entscheiden, dass es im Interesse des Patienten liegt, seine Schmerzen zu lindern und seine Gesundheit wiederherzustellen bzw. das Leben zu retten.

- Einwilligung (▶ Kap. CE 05 A 1.1)
- Notstand (▶ Kap. CE 01 2.5.4; ▶ Kap. CE 06 A 1.1)
- Patientenverfügung (▶ Kap. CE 06 C 1)

2 Rechte und Pflichten Auszubildender

Die Auszubildenden

- […]
- üben den Beruf unter Aufsicht und Anleitung von Pflegefachpersonen aus und reflektieren hierbei die gesetzlichen Vorgaben sowie ihre ausbildungs- und berufsbezogenen Rechte und Pflichten (IV.2.a).
(BIBB 2019, S. 36)

Bei der Ausbildung zu Pflegefachkräften, jetzt zur Pflegefachfrau bzw. dem Pflegefachmann sind sowohl seitens der Ausbildenden (der Praxisstellen) als auch der Auszubildenden, verschiedene Rechtsvorschriften zu beachten, aus welchen sich jeweils Rechte und Pflichten ergeben.

---

11 Rspr. seit BGHZ 29, 33 = NJW 1959, 811
12 Zur Betreuung und zum Betreuungsverfahren ausführlich: (▶ Kap. CE 08 A 2.3)

2.1 Pflegeberufegesetz

Der wichtigste gesetzliche Rahmen sind das neue Pflegeberufegesetz (PflBG) sowie die Ausbildungs- und Prüfungsverordnung für die Pflegeberufe (PflAPrV). Die Berufsbezeichnung Pflegefachfrau und Pflegefachmann darf nur führen, wer die Ausbildung nach diesem Gesetz absolviert hat (§ 1 Abs. 1; 2 PflBG). Das Gesetz regelt zum ersten Mal die sogenannten »vorbehaltenen Tätigkeiten« (§ 4 PflBG). Danach dürfen bestimmte pflegerische Aufgaben beruflich nur von Personen mit der Erlaubnis als Pflegefachkraft durchgeführt werden. Diese sind nach § 4 Abs. 2 PflBG

- die Erhebung und Feststellung des individuellen Pflegebedarfs,
- die Organisation, Gestaltung und Steuerung des Pflegeprozesses sowie
- die Analyse, Evaluation, Sicherung und Entwicklung der Qualität der Pflege.

Das Ziel der neuen Pflegeausbildung ist nach § 5 Abs. 1 PflBG »die für die selbstständige, umfassende und prozessorientierte Pflege von Menschen aller Altersstufen in akut und dauerhaft stationären sowie ambulanten Pflegesituationen erforderlichen fachlichen und personalen Kompetenzen einschließlich der zugrunde liegenden methodischen, sozialen, interkulturellen und kommunikativen Kompetenzen und der zugrunde liegenden Lernkompetenzen sowie der Fähigkeit zum Wissenstransfer und zur Selbstreflexion« zu vermitteln.

Durch die Ausbildung sollen die zukünftigen Pflegefachfrauen und -männer zur

- Erhebung und Feststellung des individuellen Pflegebedarfs und Planung der Pflege,
- der Organisation, Gestaltung und Steuerung des Pflegeprozesses,
- zur Durchführung der Pflege und Dokumentation der angewendeten Maßnahmen,
- der Analyse, Evaluation, Sicherung und Entwicklung der Qualität der Pflege,
- der Bedarfserhebung und Durchführung präventiver und gesundheitsfördernder Maßnahmen,
- der Beratung, Anleitung und Unterstützung von zu pflegenden Menschen bei der individuellen Auseinandersetzung mit Gesundheit und Krankheit sowie bei der Erhaltung und Stärkung der eigenständigen Lebensführung und Alltagskompetenz unter Einbeziehung ihrer sozialen Bezugspersonen,
- der Erhaltung, Wiederherstellung, Förderung, Aktivierung und Stabilisierung individueller Fähigkeiten der zu pflegenden Menschen insbesondere im Rahmen von Rehabilitationskonzepten sowie die

Pflege und Betreuung bei Einschränkungen der kognitiven Fähigkeiten,
- der Einleitung lebenserhaltender Sofortmaßnahmen bis zum Eintreffen der Ärztin oder des Arztes und Durchführung von Maßnahmen in Krisen- und Katastrophensituationen,
- der Anleitung, Beratung und Unterstützung von anderen Berufsgruppen und Ehrenamtlichen in den jeweiligen Pflegekontexten sowie Mitwirkung an der praktischen Ausbildung von Angehörigen von Gesundheitsberufen

befähigt werden. Dazu noch

- ärztlich angeordnete Maßnahmen eigenständig durchzuführen, insbesondere Maßnahmen der medizinischen Diagnostik, Therapie oder Rehabilitation sowie
- interdisziplinär mit anderen Berufsgruppen fachlich zu kommunizieren und effektiv zusammenzuarbeiten und dabei individuelle, multidisziplinäre und berufsübergreifende Lösungen bei Krankheitsbefunden und Pflegebedürftigkeit zu entwickeln sowie teamorientiert umzusetzen.
(§ 5 Abs. 4 PflBG)

Nach § 18 PflBG sind die Träger der praktischen Ausbildung, also die Praxisstellen, dazu verpflichtet, die Ausbildung ordnungsgemäß, also auf der Grundlage des Ausbildungsplans zeitlich und sachlich gegliedert so durchzuführen, dass das Ausbildungsziel in der vorgesehenen Zeit erreicht werden kann sowie der oder dem Auszubildenden kostenlos die Ausbildungsmittel einschließlich der Fachbücher, Instrumente und Apparate zur Verfügung zu stellen, die zur praktischen Ausbildung und zum Ablegen der staatlichen Abschlussprüfung erforderlich sind, und die Auszubildende oder den Auszubildenden für die Teilnahme an Ausbildungsveranstaltungen der Pflegeschule und für die Teilnahme an Prüfungen freizustellen und bei der Gestaltung der Ausbildung auf die erforderlichen Lern- und Vorbereitungszeiten Rücksicht zu nehmen.

Nach § 6 Abs. 3 PflBG ist der wesentliche Bestandteil der praktischen Ausbildung die Praxisanleitung im Umfang von mindestens 10 Prozent der praktischen Ausbildungszeit. Entgegen der bisherigen Rechtslage ist nun der Umfang gesetzlich vorgesehen. Für die berufspädagogische Zusatzqualifikation muss der »Rahmenstoffplan für die Ausbildung der Ausbilder und Ausbilderinnen« vom 22.11.1994 herangezogen werden, da weder das Pflegeberufegesetz noch die Ausbildungs- und Prüfungsverordnung dazu eine Aussage treffen.[13] Die Praxi-

---

13 Kostorz (2019), S. 71

sanleiter/-innen haben die Pflicht zur räumlichen und sozialen Nähe, um die Möglichkeit zur Intervention zu haben.[14]

Nach § 18 Abs. 2 PflBG dürfen den Auszubildenden nur Aufgaben übertragen werden, die dem Ausbildungszweck und dem Ausbildungsstand entsprechen. Die übertragenen Aufgaben müssen den physischen und psychischen Kräften der Auszubildenden angemessen sein.

Es muss den Auszubildenden eine Ausbildungsvergütung gezahlt werden. Ist die Ausbildungsvergütung unangemessen niedrig, muss diese angehoben werden (§ 6 Abs. 1 und 2 PflBG). Erfolgt dieses nicht innerhalb einer Frist von einem Monat, wird die Eignung des Betriebes als Ausbildungsbetrieb geprüft.

Die Auszubildenden sind nach § 17 PflBG dazu verpflichtet, »sich zu bemühen«, die notwendigen Kompetenzen zu erwerben, die erforderlich sind, um das Ausbildungsziel zu erreichen. Sie sind insbesondere dazu verpflichtet,

- an den vorgeschriebenen Ausbildungsveranstaltungen der Pflegeschule teilzunehmen,
- die im Rahmen der Ausbildung übertragenen Aufgaben sorgfältig auszuführen,
- einen schriftlichen Ausbildungsnachweis zu führen,
- die für Beschäftigte geltenden Bestimmungen über die Schweigepflicht einzuhalten und über Betriebsgeheimnisse Stillschweigen zu wahren und
- die Rechte der zu pflegenden Menschen zu achten.[15]

Bei der Durchführung der Pflege und der Dokumentation der angewendeten Maßnahmen haben bereits die Auszubildenden eine besondere Verantwortung bezüglich des Datenschutzes[16] und der Verschwiegenheit, insbesondere der Beachtung der Schweigepflicht nach § 203 StGB.

Zu nennen ist auch die arbeitsrechtliche Verschwiegenheit, die Pflicht gegenüber der Praxisstelle zur Beachtung von »Betriebsgeheimnissen« mit der möglichen Folge einer (fristlosen) Kündigung im Falle der Nichtbeachtung.

2.2 Arbeitsrechtliche Vorgaben Ausbildung

Den Rahmen der Ausbildung geben nicht nur das Pflegeberufegesetz sowie die Pflegeberufe-Ausbildungs- und Prüfungsverordnung (PflAPrV) vor. Sowohl die Auszubildenden als auch die sogenannten Träger der

---

14 Kostorz (2019), S. 116
15 Unter anderem die (EU-)DSGVO, das BDSG; (▶ Kap. CE 01 2.5.1)
16 Ausführlich zum Datenschutz unter: (▶ Kap. CE 01, dort II.5

praktischen Ausbildung, d. h. Krankenhäuser, Heime etc. müssen zusätzlich die entsprechenden Vorschriften des Arbeitsrechts beachten. Hier sind zu nennen:

- Das Arbeitszeitgesetz (ArbZG),
- bei minderjährigen Auszubildenden das Jugendarbeitsschutzgesetz (JArbSchG),
- bei (möglichen) schwangeren Auszubildenden das Mutterschutzgesetz (MuSchG),
- Vorschriften zum Arbeitsschutz, wie die Unfallverhütungsvorschriften (UVV), das Arbeitsschutzgesetz (ArbSchG), die Arbeitsstättenverordnung (ArbStättV) und andere sowie
- das Betriebsverfassungsgesetz (BetrVG) und
- das Bundesurlaubsgesetz (BUrlG).

Zusätzlich und ergänzend gelten die jeweiligen Tarifverträge.

2.3 Patientensicherheit

Oberstes Gebot sollte für die Pflegekräfte neben der Beachtung des Selbstbestimmungsrechts auch die Patientensicherheit sein. Die Rechtsvorschriften dazu finden sich

- im Infektionsschutzgesetz (IfSG),
- als Vorschriften des jeweiligen Bundeslandes die Verordnungen zur Hygiene und Infektionsprävention in medizinischen Einrichtungen sowie
- Empfehlungen der Kommission für Krankenhaushygiene und Infektionsprävention beim Robert-Koch-Institut (KRINKO) und
- dem Strafrecht.

Im Falle der Verletzung von Hygienevorschriften kann die jeweilige Pflegefachkraft auch persönlich über das Haftungsrecht zur Verantwortung gezogen werden.

2.4 Strafrecht (Grundlagen)

Indirekt dienen dem Schutz der Patienten die in der Pflege wichtigen strafrechtlichen Vorschriften. An dieser Stelle soll nur eine kurze Einführung in das Strafrecht erfolgen. Dies soll in späteren Kapiteln bei den Themen Kindesmissbrauch,[17] Gewalt,[18] freiheitseinschränkende Maßnahmen[19] etc. jeweils vertieft werden.

---

17 (▶ Kap. CE 04 B 2.2)
18 (▶ Kap. CE 06 A 1.1; ▶ Kap. CE 11 A 1)
19 (▶ Kap. CE 11 A 2)

Bei bestimmten Handlungen besteht die Möglichkeit, dass Pflegende strafrechtlich zur Verantwortung gezogen werden.

Grundlage des Strafrechts ist das Strafgesetzbuch (StGB) mit dem allgemeinen und dem besonderen Teil. Daneben existieren noch verschiedene Nebengesetze, die gleichfalls Straftatbestände enthalten, wie z. B. das

- Betäubungsmittelgesetz (BtMG),
- Straßenverkehrsgesetz (StVG),
- Arzneimittelgesetz (AMG) und das
- Infektionsschutzgesetz (IfSG).

Allen diesen Gesetzen ist gemeinsam, dass ein von der Gesellschaft missbilligtes Fehlverhalten mit Geld oder Freiheitsstrafen geahndet wird. Es gilt im deutschen Strafrecht der Grundsatz, dass eine Strafe ohne geschriebenes Recht, d. h. ohne Gesetz, nicht möglich ist (§ 1 StGB).

2.4.1 Straftat

Eine Straftat liegt nur dann vor, wenn bestimmte Voraussetzungen gegeben sind, d. h. durch eine Person eine

- tatbestandsmäßige,
- rechtswidrige und
- schuldhafte Handlung erfolgt.

Jede Straftat setzt sich somit aus den drei Elementen zusammen:

- Tatbestand:
  - objektiver Tatbestand,
  - subjektiver Tatbestand,
- Rechtswidrigkeit und
- Schuld.

Nur wenn alle drei Voraussetzungen vorliegen, kann eine Strafe verhängt werden.

Tatbestand

Zur Verwirklichung des Tatbestandes einer Vorschrift, beispielsweise der Körperverletzung (§ 223 StGB), muss der Wortlaut der Vorschrift durch die menschliche Handlung verwirklicht werden:

| § 223 StGB | Wer einen anderen körperlich misshandelt oder an der Gesundheit beschädigt, wird mit Freiheitsstrafe [...] oder mit Geldstrafe bestraft. |

Es müssen die Tatbestandsmerkmale Misshandlung oder Gesundheitsschädigung erfüllt sein.

Dies ist besonders bei Tatbeständen mit verschiedenen Merkmalen wichtig, denn das Fehlen eines Tatbestandsmerkmals führt dazu, dass eine Bestrafung ausscheiden muss.

Objektiver Tatbestand

Der objektive Tatbestand ist die Beschreibung des äußeren Erscheinungsbildes.

Der objektive Tatbestand ist erfüllt, sofern das Handeln des Täters der Beschreibung im Gesetz entspricht. Das Strafgesetzbuch (StGB) legt die wichtigsten Straftatbestände fest. Die dort genannten Tatbestände werden von der Gesellschaft als diejenigen angesehen, die die Rechtsgüter der Allgemeinheit schützen sollen. Objektive Tatbestände sind beispielsweise »Körperverletzung«, »Mord«, »Nötigung« und »Tötung auf Verlangen«.

Es werden beim Tatbestand zwei Formen der Tatbegehung unterschieden. Ein Tatbestand kann

- entweder durch Tun oder
- durch Unterlassen verwirklicht werden.

Eindeutig ist die Verwirklichung des gesetzlichen Tatbestandes durch ein Tun, somit durch eine bestimmte Handlung, beispielsweise Verletzung eines Patienten. Wer einen anderen durch aktives Tun schädigt, hat dafür einzustehen, sofern damit ein Straftatbestand, beispielsweise die Misshandlung eines Menschen, verwirklicht wird. Die Beurteilung, ob eine Strafbarkeit wegen einer Unterlassung besteht, ist rechtlich schwieriger. Unterlassen bedeutet, dass eine bestimmte Folge für einen Mitmenschen nicht verhindert wird, obwohl dies möglich gewesen wäre und obwohl ein Handeln erforderlich war.

So ist die Körperverletzung oder die Tötung sowohl durch eine aktive Handlung, ein Tun als auch ein Unterlassen, eine strafbare Passivität möglich. Die strafbare Passivität liegt vor, wenn beispielsweise die Pflegende Maßnahmen nicht ergreift, einen Bewohner bzw. Patienten vor Gefahren zu schützen, obwohl dies möglich und zumutbar gewesen wäre.

Ein Unterlassen ist nach § 13 StGB nur dann strafbar, wenn eine Verpflichtung zum Tätigwerden besteht, der »Täter« also Maßnahmen hätte treffen können und müssen. Es muss deshalb eine so genannte Garantenstellung vorliegen, aus der sich dann die Garantenpflicht (eine »Hilfspflicht«) ergibt.

Die Garantenstellung kann sich aus dem Gesetz (beispielsweise Eltern für ihre Kinder, hoheitlich tätige Personen) oder aus dem Vertrag

(z. B. Heimvertrag oder Krankenhausvertrag in Verbindung mit dem Arbeitsvertrag) ergeben. Pflegekräfte haben zumindest aufgrund des Krankenhaus- oder Heimvertrages in Verbindung mit ihrem Arbeitsvertrag eine derartige Garantenstellung. Daraus ergibt sich die Garantenpflicht, gesundheitliche Schäden der Bewohner bzw. Patienten zu verhindern. Hierzu zählt auch die Verhinderung eines Suizides, die Schädigung durch einen Verkehrsunfall oder durch Kälteeinwirkung.

Subjektiver Tatbestand

Die inneren Vorgänge im Täter werden vom subjektiven Tatbestand erfasst. Dazu zählen

- der Vorsatz bei Vorsatzdelikten und
- die Fahrlässigkeit bei Fahrlässigkeitsdelikten.

Es gibt in einzelnen Vorschriften daneben noch weitere subjektive Merkmale, wie die Absicht des Betrügers, sich einen rechtswidrigen Vermögensvorteil zu verschaffen. Sofern das Gesetz nichts anderes aussagt, ist jedoch nur vorsätzliches Handeln strafbar.

Mit Vorsatz handelt derjenige, der den objektiven Tatbestand mit Wissen und Wollen verwirklicht. Der Täter weiß daher, dass er eine strafbare Handlung begeht und will diese auch begehen, um den strafbaren Erfolg herbeizuführen.

Für Pflegende sind folgende Vorsatzdelikte bedeutsam:

§ 211 StGB **Mord**

(1) Der Mörder wird mit lebenslanger Freiheitsstrafe bestraft.
(2) Mörder ist, wer aus Mordlust, zur Befriedigung des Geschlechtstriebs, aus Habgier oder sonst aus niedrigen Beweggründen, heimtückisch oder grausam oder mit gemeingefährlichen Mitteln oder um eine andere Straftat zu ermöglichen oder zu verdecken, einen Menschen tötet.

§ 211 StGB **Totschlag**

(1) Wer einen Menschen tötet, ohne Mörder zu sein, wird als Totschläger mit Freiheitsstrafe nicht unter fünf Jahren bestraft.

Tathandlung ist bei beiden Tatbeständen die Tötung eines Menschen.

Aussetzung

§ 221 StGB

(1) Wer einen Menschen

1. in eine hilflose Lage versetzt oder
2. in einer hilflosen Lage im Stich lässt, obwohl er ihn in seiner Obhut hat oder ihm sonst beizustehen verpflichtet ist,

und ihn dadurch der Gefahr des Todes oder einer schweren Gesundheitsschädigung aussetzt, wird mit Freiheitsstrafe von drei Monaten bis zu fünf Jahren bestraft.
(2) Auf Freiheitsstrafe von einem Jahr bis zu zehn Jahren ist zu erkennen, wenn der Täter

1. die Tat gegen sein Kind oder eine Person begeht, die ihm zur Erziehung oder zur Betreuung in der Lebensführung anvertraut ist, oder
2. durch die Tat eine schwere Gesundheitsschädigung des Opfers verursacht.

(3) Verursacht der Täter durch die Tat den Tod des Opfers, so ist die Strafe Freiheitsstrafe nicht unter drei Jahren.
(4) […]

Tathandlung ist dabei das Aussetzen oder Verlassen eines anderen in hilfloser Lage, wobei sowohl das aktive Tun als auch das Unterlassen strafbar sind.

Körperverletzung

§ 223 StGB

(1) Wer eine andere Person körperlich misshandelt oder an der Gesundheit schädigt, wird mit Freiheitsstrafe bis zu fünf Jahren oder mit Geldstrafe bestraft.
(2) Der Versuch ist strafbar.

Dieser Straftatbestand ist bei der körperlichen Misshandlung oder der Gesundheitsschädigung eines Menschen gleich welcher Art erfüllt. Selbst die medizinische Behandlung ist eine Körperverletzung, sofern der Betroffene nicht einwilligt. Die Einwilligung[20] macht jede Körperverletzung nach § 228 StGB rechtmäßig:

---

20 Zur Einwilligung ausführlich in Kapitel CE 05 (▶ Kap. CE 05 A 1.1)

§ 228 StGB

> Wer eine Körperverletzung mit Einwilligung der verletzten Person vornimmt, handelt nur dann rechtswidrig, wenn die Tat trotz der Einwilligung gegen die guten Sitten verstößt.

Ansonsten hat die Einwilligung zur Folge, dass eine Bestrafung nicht möglich ist.

Der obige Körperverletzungstatbestand umfasst die »normale« Misshandlung. Bei der Herbeiführung von schweren Folgen wie

- der Verlust
  - eines wichtigen Körpergliedes,
  - des Sehvermögens,
  - des Gehörs,
  - der Sprache oder
  - der Zeugungsfähigkeit oder
- einer dauernden Entstellung,
- einem Siechtum,
- einer Lähmung oder »Geisteskrankheit«,

liegt nach § 226 StGB eine schwere Körperverletzung vor, und es ist eine höhere Freiheitsstrafe vorgesehen. Dies gilt entsprechend bei einer gefährlichen Körperverletzung mit einer Waffe, insbesondere mit einem Messer oder einem anderen gefährlichen Werkzeug, oder von mehreren gemeinsam (§ 224 StGB).

Ein weiterer für Pflegekräfte wichtiger Körperverletzungstatbestand ist die Misshandlung Schutzbefohlener (§ 225 StGB). Durch diese Strafvorschrift werden sogenannte Wehrlose geschützt, die aufgrund eines besonderen Verhältnisses dem Täter ausgeliefert sind. Eine eventuelle Einwilligung des betroffenen Menschen, des Patienten oder Heimbewohners, wäre wegen Sittenwidrigkeit unwirksam.

Von Bedeutung ist im Bereich der Kranken- und Altenpflege sowie in der Psychiatrie in gleicher Weise die …

§ 323c StGB

Unterlassene Hilfeleistung

> Wer bei Unglücksfällen oder gemeiner Gefahr oder Not nicht Hilfe leistet, obwohl dies erforderlich und ihm den Umständen nach zuzumuten, insbesondere ohne erhebliche eigene Gefahr und ohne Verletzung anderer wichtiger Pflichten möglich ist, wird mit Freiheitsstrafe bis zu einem Jahr oder mit Geldstrafe bestraft.

Dieser Tatbestand stellt die unterlassene Hilfe bei Notfällen unter Strafe. Die Vorschrift selbst nennt Rechtfertigungsgründe, wie eigene Gefahr oder Verletzung anderer wichtiger Pflichten.

Die letzte Strafvorschrift, die im Pflegebereich wichtig ist, ist die

> **Nötigung** § 240 StGB
>
> (1) Wer einen Menschen rechtswidrig mit Gewalt oder durch Drohung mit einem empfindlichen Übel zu einer Handlung, Duldung oder Unterlassung nötigt, wird mit Freiheitsstrafe [...] bestraft.
> (2) Rechtswidrig ist die Tat, wenn die Anwendung der Gewalt oder die Androhung des Übels zu dem angestrebten Zweck als verwerflich anzusehen ist.
> (3) Der Versuch ist strafbar.
> (4) [...]

Tathandlung ist die rechtswidrige Durchsetzung einer Handlung, Duldung oder einer Unterlassung. Dabei muss entweder Gewalt angewendet oder mit einem Übel gedroht werden. Dieser Tatbestand ist beispielsweise dann erfüllt, wenn ein Patient widerrechtlich zur Einnahme eines Medikamentes veranlasst wird. Eine Nötigung kann gleichfalls vorliegen, wenn ein Mensch mit Behinderung zum Essen oder zu einem Spaziergang gezwungen wird. Eine Nötigung liegt allerdings nicht vor, sofern Gehhilfen entfernt werden, um den Patienten im Rahmen der Therapie zum selbstständigen Laufen anzuhalten. Insoweit liegt auch keine Freiheitsberaubung vor, wenn er dazu in der Lage ist, die selbstständige Fortbewegung lediglich am fehlenden Willen scheitert.

Die zweite Form des subjektiven Tatbestandes ist die Fahrlässigkeit. Bei der Fahrlässigkeit wird der Tatbestand ungewollt durch die pflichtwidrige Vernachlässigung der im Verkehr erforderlichen Sorgfalt verwirklicht.

Die Elemente der Fahrlässigkeit sind:

- Pflichtwidrigkeit,
- Vorhersehbarkeit und
- Vermeidbarkeit.

Die Pflichtwidrigkeit liegt bei einem Verstoß gegen bestimmte Verhaltensregeln und Sorgfaltspflichten vor. Die Vorhersehbarkeit bedeutet die Erkennbarkeit des drohenden Schadens, d. h. der Schädigung des Bewohners oder Patienten. Außerdem muss der Eintritt des Schadens bei ordnungsgemäßem Verhalten des Täters vermeidbar gewesen sein.

Die wichtigsten Fahrlässigkeitstatbestände im Bereich der Pflege sind:

§ 229 StGB **Fahrlässige Körperverletzung**

Wer durch Fahrlässigkeit die Körperverletzung einer anderen Person verursacht, wird mit Freiheitsstrafe bis zu drei Jahren oder mit Geldstrafe bestraft.

Der einzige Unterschied zur vorher genannten Körperverletzung nach § 223 StGB ist bei dieser Vorschrift, dass die Verletzung oder Gesundheitsschädigung nicht vorsätzlich, sondern fahrlässig erfolgt.

§ 222 StGB **Fahrlässige Tötung**

Wer durch Fahrlässigkeit den Tod eines Menschen verursacht, wird mit Freiheitsstrafe [...] oder mit Geldstrafe bestraft.

Diese Norm findet dort Anwendung, wo durch die Verletzung von Sorgfaltspflichten der Tod eines Menschen verursacht wird.

Rechtswidrigkeit

Eine Handlung ist nur dann eine Straftat, wenn zusätzlich zur Tatbestandsmäßigkeit die Rechtswidrigkeit vorliegt. Im Normalfall ist eine Tat, die einen gesetzlichen Tatbestand verwirklicht, auch rechtswidrig. Dies gilt aber nicht in denjenigen Fällen, in denen ein Rechtfertigungsgrund vorliegt. Derartige Rechtfertigungsgründe sind:

- Notwehr[21], Nothilfe (§ 32 StGB),
- Notstand[22] (§ 34 StGB) und
- Einwilligung[23].

Als wichtigster Rechtfertigungsgrund in der Pflege ist die Einwilligung zu nennen. Diese Einwilligung muss grundsätzlich vom Betroffenen, d. h. vom Bewohner oder Patienten, selbst erklärt werden. Dritte Personen wie Angehörige, können keine wirksame Einwilligung erteilen. Angehörige sind nur dann zur Einwilligung berechtigt, wenn sie gleichzeitig gesetzliche Vertreter, wie Betreuer, Eltern oder Vormund sind, und der Betroffene nicht einwilligungsfähig ist. Die Einwilligungsfähigkeit kann jedoch nicht mit der Geschäftsfähigkeit gleichge-

---

21 Zur Notwehr ausführlich in Kapitel CE 06, (▶ Kap. CE 06 A.1, S. 122)
22 dasselbe zum Notstand in diesem Kapitel (▶ Kap. CE 01 5.4), der Schweigepflicht
23 Dazu zur ausführlichen Darstellung: (▶ Kap. CE 05 A 1.1; ▶ Kap. CE 05 A 2)

setzt werden. Trotz fehlender oder eingeschränkter Geschäftsfähigkeit ist ein Patient oder Bewohner einsichtsfähig und damit einwilligungsfähig, wenn er in der Lage ist, die Bedeutung und Tragweite seiner Entscheidung zu erfassen.[24]

Selbst bei ständig einwilligungsunfähigen, volljährigen Personen sind die Angehörigen nicht zur Zustimmung berechtigt. Es müssen immer der Betreuer oder bei Minderjährigen die Eltern oder der Vormund entscheiden. Lediglich bei dringenden Maßnahmen, beispielsweise bei Lebensgefahr, muss nach dem mutmaßlichen Willen gehandelt werden, sofern der Betroffene nicht selbst einwilligen kann und auch kein Betreuer vorhanden oder erreichbar ist. Bei dem mutmaßlichen Willen muss ermittelt werden, welche Maßnahmen im Interesse des Patienten oder Bewohners liegen. Hier können, um den mutmaßlichen Willen zu ermitteln, auch die Angehörigen befragt werden. Im Zweifel ist dahingehend zu entscheiden, dass es im Interesse des Patienten oder Bewohners liegt, die Schmerzen zu lindern und seine Gesundheit wiederherzustellen bzw. das Leben zu retten. Es empfiehlt sich, die Gründe für die Entscheidung zu einer medizinischen Behandlung ohne Einwilligung, insbesondere den Grund für die Annahme eines mutmaßlichen Willens und die fehlende Möglichkeit, die Einwilligung einzuholen, schriftlich niederzulegen.

Sobald der Patient oder Bewohner das Bewusstsein verliert, können und müssen alle erforderlichen Maßnahmen zu seiner Lebensrettung unternommen werden. Der mutmaßliche Wille, gerettet zu werden, wird vorausgesetzt.

Es muss beachtet werden, dass ein Patient oder Bewohner, für den eine Betreuung besteht, nicht allein deshalb einwilligungsunfähig ist. Es gelten trotzdem noch die obigen Grundsätze, so dass der natürliche Wille maßgebend ist.

Die Einwilligung kann jederzeit widerrufen werden. Dies ist dann auch unbedingt zu beachten, sofern nicht eine Notsituation vorliegt. Nach dem Widerruf sind freiheitsbeschränkende oder medizinische Maßnahmen rechtswidrig und damit strafbar.

2.5 Schutz der Privatsphäre zu pflegender Menschen

Da Pflegefachkräfte hinsichtlich der zu pflegenden Menschen zahlreiche sehr persönliche Informationen erhalten, kommt – auch wegen des bereits dargestellten Selbstbestimmungsrechts[25] – dem Schutz der Privatsphäre besondere Bedeutung zu. Jeder Patient oder Heimbewohner muss darauf vertrauen können, dass persönliche Informationen ge-

---

24 BGHZ 29, 33 = NJW 1959, 811
25 Siehe ausführlich unter Kapitel CE 01 (▶ Kap. CE 01 1)

schützt sind. Dieser Schutz ist verfassungsrechtlich in Art. 1 GG als Schutz der Menschenwürde und in Art. 2 GG als Persönlichkeitsrecht gewährleistet. Auch weitere Rechtsvorschriften im Strafrecht, Verwaltungsrecht und Sozialrecht sowie im zivilrechtlichen Deliktsrecht, von denen einige nachfolgend und weitere im strafrechtlichen Teil dargestellt werden, sollen diesen Schutz gewähren:

- Grundgesetz (Menschenwürde + Persönlichkeitsrecht)
- Schweigepflicht (§ 203 StGB)
- Briefgeheimnis (§ 202 StGB)
- Datenschutz (▶ Kap. CE 01 2.5.1)
- Sozialgeheimnis/Sozialdatenschutz (▶ Kap. CE 01 2.5.1)
- Verschwiegenheitspflicht (▶ Kap. CE 01 2.5.4)
- Schutz Persönlichkeitsrecht bei deliktischer Haftung

2.5.1 Datenschutzgesetze und Sozialdatenschutz

Die Bestimmungen der Datenschutzgesetze verfolgen den Zweck, die persönlichen Daten einer Person zu schützen. Dieser Zweck ist inzwischen in der (EU)-Datenschutzgrundverordnung (DSGVO) sowie im Bundesdatenschutzgesetz (BDSG) und weitere Vorschriften festgelegt:

- EU-DSGVO
- BDSG
- Datenschutzgesetze der Bundesländer
- Spezielle Gesetze, z. B. Landeskrankenhausgesetze, Heimrecht

Zweck dieser Regelungen ist, festzulegen:

- die Zulässigkeit der Verarbeitung von Daten,
- die Rechte der Datenschutzbeauftragten,
- die Informationspflichten gegenüber zu pflegenden Menschen,
- das Auskunftsrecht gegenüber den zu Pflegenden,
- das Recht auf Löschung von Daten,
- die Gewährleistung Datensicherheit sowie
- der Rechtsschutz gegen Verstöße.

In der Pflege ist von besonderer Bedeutung der Art. 9 DSGVO. Nach dessen Absatz 1 ist die »Verarbeitung personenbezogener Daten [...] sowie die Verarbeitung von genetischen Daten, [...], Gesundheitsdaten oder Daten zum Sexualleben oder der sexuellen Orientierung einer natürlichen Person [...] untersagt.« Erlaubt ist dies nach Absatz 2 insbesondere und nur, wenn

- die betroffene Person in die Verarbeitung ausdrücklich eingewilligt hat,

- die Verarbeitung erforderlich ist, um die aus dem Arbeitsrecht und dem Recht der sozialen Sicherheit und des Sozialschutzes erwachsenden Rechte ausüben und/oder diesbezüglichen Pflichten nachkommen,
- die Verarbeitung zum Schutz lebenswichtiger Interessen der betroffenen Person oder einer anderen natürlichen Person erforderlich und die betroffene Person aus körperlichen oder rechtlichen Gründen außerstande ist, ihre Einwilligung zu geben,
- die Verarbeitung sich auf personenbezogene Daten bezieht, welche die betroffene Person offensichtlich öffentlich gemacht hat,
- die Verarbeitung zur Geltendmachung, Ausübung oder Verteidigung von Rechtsansprüchen oder bei Handlungen der Gerichte im Rahmen ihrer justiziellen Tätigkeit erforderlich ist,
- die Verarbeitung für Zwecke der Gesundheitsvorsorge oder der Arbeitsmedizin, für die Beurteilung der Arbeitsfähigkeit des Beschäftigten, für die medizinische Diagnostik, die Versorgung oder Behandlung im Gesundheits- oder Sozialbereich oder für die Verwaltung von Systemen und Diensten im Gesundheits- oder Sozialbereich auf der Grundlage des Unionsrechts oder des Rechts eines Mitgliedstaats oder aufgrund eines Vertrags mit einem Angehörigen eines Gesundheitsberufs erforderlich ist oder
- die Verarbeitung aus Gründen des öffentlichen Interesses im Bereich der öffentlichen Gesundheit, wie dem Schutz vor schwerwiegenden grenzüberschreitenden Gesundheitsgefahren oder zur Gewährleistung hoher Qualitäts- und Sicherheitsstandards bei der Gesundheitsversorgung und bei Arzneimitteln und Medizinprodukten erforderlich ist.

In der täglichen Pflegepraxis besonders bedeutsam ist die erste Alternative, also die Einwilligung des zu pflegenden Menschen.

Bereits im Rahmen der Ausbildung »verarbeiten« Pflegekräfte gesundheitliche Daten. Dies gilt insbesondere dann, wenn der Zugriff auf Daten

- für die schriftliche Ausarbeitung eines Praxisbesuches oder
- einer Biografie,

erfolgt. Beides ist zwar im Ausbildungsrecht vorgesehen, jedoch muss folgendes beachtet werden:

- Der zu pflegende Mensch muss der »Verarbeitung« ausdrücklich zustimmen. Insoweit ist eine schriftliche Einwilligung, dies entweder vom Patienten/Bewohner oder dem Betreuer bzw. dem Bevollmächtigten zu empfehlen. In der Einwilligung muss dem Betroffenen im Detail mitgeteilt werden, welche Daten verarbeitet bzw. auch an wen weitergeben werden.

- Die Daten dürfen nicht außerhalb des Krankenhauses oder Heims oder des ambulanten Dienstes verwendet werden. Dies wäre nur möglich, wenn sie besonders gesichert wären. Die Verwendung einer Cloud ist nur möglich, wenn es sich um einen Anbieter in der EU handelt oder die Daten in der Cloud »NSA sicher« verschlüsselt werden (z. B. inzwischen MS »OneDrive«).
- Nach der Erstellung der schriftlichen Ausarbeitung eines Praxisbesuches oder der Biografie darf diese – wegen der Patienten-/Bewohner-Daten – nur von ausgewählten Personen (Fachdozenten etc.) gelesen werden. Die »Leser« müssen in der Einwilligung auch genannt werden.
- Daten zu Patienten/Bewohnern, welche für die vorgenannten Ausarbeitungen benötigt und mit nach Hause genommen werden, müssen sicher vernichtet werden, also nicht in den Papiermüll. Am Besten in der Einrichtung oder zuhause geschreddert werden.

Verschärft wurde auch das in Deutschland bereits existierende Recht am eigenen Bild. Fotos sind nun auch als personenbezogene Daten eingeordnet. Die Verarbeitung von personenbezogenen Daten muss rechtmäßig erfolgen (Art. 5 EU-DSGVO). Derjenige, der die Daten – also Fotos – verarbeitet, muss gegebenenfalls über die Rechtmäßigkeit der Datenverarbeitung Rechenschaft ablegen können, die Rechtmäßigkeit also nachweisen können (= Accountability, Art. 5 Abs. 2 DSGVO). Rechtmäßig ist nach Art. 6 DSGVO unter anderem die Einwilligung. Sofern ein zu pflegender Mensch ohne dessen Einwilligung fotografiert wird, drohen

- ein empfindliches Bußgeld,
- relativ hohe Schmerzensgeldansprüche
- die Rechtsanwaltskosten und
- die fristlose Kündigung des Ausbildungs- oder Arbeitsverhältnisses.

Eine besondere Form des Datenschutzes ist der Sozialdatenschutz. Nach der Vorschrift des § 35 SGB I hat jeder Bürger Anspruch darauf, dass Einzelangaben über seine persönlichen Verhältnisse von dem jeweiligen Sozialleistungsträger, beispielsweise dem Sozialamt oder der Krankenversicherung, als Sozialgeheimnis besonders geschützt werden.

Personen oder Institutionen, denen derartige Sozialdaten zur Durchführung ihrer eigenen Aufgaben, wie Alten- und Pflegeheimen, Krankenhäusern oder ambulanten Diensten übermittelt werden, müssen in demselben Umfang für deren Geheimhaltung Sorge tragen (§ 78 SGB X).

Der Sozialdatenschutz ist folglich eine Ergänzung des sonstigen Datenschutzes im Bereich des Sozialrechts zum Schutz der Empfänger von Sozialleistungen jeder Art.

2.5.2 Zivilrechtlicher Datenschutz

Im Zivilrecht ist der Schutz der persönlichen Daten nicht ausdrücklich vorgesehen. Es ist jedoch anerkannt, dass über den Grundsatz von Treu und Glauben für den Träger der Einrichtung zumindest als Nebenpflicht aus dem Krankenhaus- oder Heimvertrag die Verpflichtung besteht, die Privatsphäre des zu pflegenden Menschen zu schützen. Wird die Geheimhaltungspflicht verletzt, kann der Betroffene Schadensersatz und Schmerzensgeld fordern. Die Verletzung der Privatsphäre durch die Weitergabe von persönlichen Daten ist in jedem Fall auch eine unerlaubte Handlung nach den Vorschriften der §§ 823 ff. BGB[26]. Die unzulässige Weitergabe stellt die Verletzung eines »sonstigen Rechts« nach § 823 Abs. 1 BGB dar.

2.5.3 Arbeitsrechtliche Verschwiegenheitspflicht

Für jeden Mitarbeiter einer Einrichtung besteht in der Regel zusätzlich durch eine Klausel im Arbeitsvertrag (auch im Ausbildungsvertrag) oder durch § 3, Abs. 1 TVöD eine Verschwiegenheitspflicht:

> (1) Die Beschäftigten haben über Angelegenheiten, deren Geheimhaltung durch gesetzliche Vorschriften vorgesehen oder vom Arbeitgeber angeordnet ist, Verschwiegenheit zu wahren; dies gilt auch über die Beendigung des Arbeitsverhältnisses hinaus.

§ 3, Abs. 1 TVöD

Pflegekräfte haben allein aus diesem Grund über Tatsachen, die ihnen im Rahmen der Tätigkeit bekannt werden, Stillschweigen zu bewahren. Wird diese Pflicht nicht beachtet, hat der jeweilige Träger als Arbeitgeber die Möglichkeit der (fristlosen) Kündigung des Arbeitsverhältnisses. Die Folgen drohen zusätzlich zu der Möglichkeit einer Strafanzeige durch den zu pflegenden Menschen.

2.5.4 Schweigepflicht

Wichtigste Vorschrift zum Schutz der Privatsphäre ist im Bereich der Pflege die Schweigepflicht nach § 203 StGB:

> (1) Wer unbefugt ein fremdes Geheimnis, namentlich ein zum persönlichen Lebensbereich gehörendes Geheimnis oder ein Betriebs- oder Geschäftsgeheimnis, offenbart, das ihm als

§ 203 StGB

---

26 Näheres und ergänzend unter CE 05 A (▶ CE 05 A 4.2)

> 1. Arzt, [...] oder Angehörigen eines anderen Heilberufs, der für die Berufsausübung oder die Führung der Berufsbezeichnung eine staatlich geregelte Ausbildung erfordert,
> 2. [...]
> 6. [...]
>
> anvertraut worden oder sonst bekannt geworden ist, wird mit Freiheitsstrafe bis zu einem Jahr oder mit Geldstrafe bestraft.
> (3) Kein Offenbaren [...] liegt vor, wenn die [...] genannten Personen Geheimnisse den bei ihnen berufsmäßig tätigen Gehilfen oder den bei ihnen zur Vorbereitung auf den Beruf tätigen Personen zugänglich machen. [...] dürfen fremde Geheimnisse gegenüber sonstigen Personen offenbaren, die an ihrer beruflichen oder dienstlichen Tätigkeit mitwirken, soweit dies für die Inanspruchnahme der Tätigkeit der sonstigen mitwirkenden Personen erforderlich ist; das Gleiche gilt für sonstige mitwirkende Personen, wenn diese sich weiterer Personen bedienen, die an der beruflichen oder dienstlichen Tätigkeit [...] mitwirken.
> (5) [...] auch anzuwenden, wenn der Täter das fremde Geheimnis nach dem Tod des Betroffenen unbefugt offenbart.

Es handelt sich hier um eine strafrechtliche Vorschrift zum Schutz des besonderen Vertrauens zwischen Patient und dem Arzt etc. sowie sonstigen Angehörigen eines Heilberufes somit ein fremdes Geheimnis aus dem persönlichen Bereich des zu pflegenden Menschen einem Dritten mitteilt, ohne hierzu berechtigt zu sein, wird mit Geld- oder Freiheitsstrafe bestraft. Unter diese Strafandrohung fällt jede Weitergabe von Informationen, bei denen der Betroffene ein schutzwürdiges Interesse an der Geheimhaltung hat. Dies gilt für die Untersuchungsbefunde, Dokumentationen und den Schriftwechsel sowie auch nichtmedizinische Angaben wie beispielsweise die wirtschaftlichen oder die familiären Verhältnisse. Selbst der Name des Bewohners oder Patienten bzw. die Tatsache, dass er sich in der Einrichtung aufhält, fällt unter die Schweigepflicht. Diese Verpflichtung trifft auch die berufsmäßigen Helfer des Arztes etc., also auch Pflegepersonal.

Auskünfte über Bewohner oder Patienten, insbesondere über deren Erkrankungen, dürfen aus den obigen Gründen nicht an Polizeibehörden weitergegeben werden.[27] Bei der stationären Behandlung im Krankenhaus sind allerdings aufgrund der jeweiligen Meldegesetze der Bundesländer Patientenlisten zu führen, in die gegebenenfalls Einsicht genommen werden kann. Dies gilt allerdings nur für die Personalien.

---

27 OLG Bremen, MedR 1984, 112

Es liegt aber keine Strafbarkeit vor, wenn die mitgeteilte Tatsache kein Geheimnis darstellt, weil sie einem weiteren Personenkreis bekannt ist oder es sich um eine Bagatellinformation handelt.[28] Die Strafbarkeit fehlt auch in denjenigen Fällen ...

- in denen die Mitteilung aus übergeordneten Gründen, beispielsweise bei einer Seuchengefahr, erforderlich ist. Bei Seuchengefahr ist die Weitergabe durch ein spezielles Gesetz, das Infektionsschutzgesetz, gerechtfertigt. Dieses verpflichtet sogar bei bestimmten Erkrankungen, wie Typhus, Tuberkulose, Cholera etc. zur Meldung an die Gesundheitsämter.
- der Patient oder Bewohner der Weitergabe ausdrücklich zustimmt. Der Bewohner oder Patient kann seine Einwilligung zur Weitergabe der Informationen erteilen.
- die Weitergabe von Mitteilungen zum Bewohner oder Patienten durch den Notstand gerechtfertigt ist.

Die Offenbarung von Geheimnissen im Sinne von § 203 StGB kann beim Notstand (§ 34 StGB) oder Geschäftsführung ohne Auftrag (§§ 677 ff. BGB) möglich sein. Die Mitteilung ist dann möglich und sogar notwendig, wenn dadurch Gefahren für Leib, Leben, Freiheit oder Eigentum, insbesondere des Bewohners oder Patienten oder auch Dritter, verhindert werden. Es gilt aber der Verhältnismäßigkeitsgrundsatz. Die Verletzung der Schweigepflicht muss deshalb ein angemessenes Mittel zur Gefahrenabwehr sein.

Dies gilt auch, wenn die betroffene Pflegekraft sich in einem Straf- oder Zivilprozess verteidigen muss. Mit der Schweigepflicht ist es dem Angehörigen des Heilberufes nicht nur verwehrt, das Geheimnis zu offenbaren, sondern es steht der Pflegekraft als Angehörige dieser Personengruppe auch ein Zeugnisverweigerungsrecht zu. Dies bedeutet, dass die Pflegekraft in einem Rechtsstreit die Aussage über die Geheimnisse, die ihr anvertraut worden sind, verweigern darf, sogar verweigern muss. Die Schweigepflicht und damit das Zeugnisverweigerungsrecht als dessen Folge bestehen gemäß § 203 Abs. 5 StGB sogar nach dem Tod des Betroffenen fort. Privatgeheimnisse oder Mitteilungen über Erkrankungen etc. dürfen somit selbst nach dem Tod des gepflegten Menschen Bewohners nicht weitergegeben werden.

Bei minderjährigen Kindern (unterhalb dem 14. Lebensjahr) sind die Eltern als Sorgeberechtigte auch berechtigt, über die Schweigepflicht zu entscheiden. Dies gilt in paradoxer Weise auch in Fällen des Kindesmissbrauchs oder der Misshandlung oder sonstiger unangemessener Pflege, Betreuung, Versorgung etc. Ärzte und Pflegepersonal sind jedoch dazu berechtigt, die Schweigepflicht zum Schutz des Kindes – sofern erforderlich – zu »brechen«. Rechtsgrundlage sind:

---

28 Schneider (1990), S. 101

- der Notstand nach § 34 StGB und
- die Geschäftsführung ohne Auftrag nach §§ 677 ff. BGB
- sowie § 4 KKG.

Der *Notstand* stellt einen strafrechtlichen Rechtfertigungsgrund[29] dar:

§ 34 StGB

> Wer in einer gegenwärtigen, nicht anders abwendbaren Gefahr für Leben, Leib, Freiheit, Ehre, Eigentum oder ein anderes Rechtsgut eine Tat begeht, um die Gefahr von sich oder einem anderen abzuwenden, handelt nicht rechtswidrig, wenn […], das geschützte Interesse das beeinträchtigte wesentlich überwiegt. Dies gilt jedoch nur, soweit die Tat ein angemessenes Mittel ist, die Gefahr abzuwenden.

Die Gefährdung des Kindewohls stellt gegenüber der Schweigepflicht (»Ehre«) das höhere Rechtsgut und ein angemessenes Mittel dar, so dass die Schweigepflicht dann ignoriert werden darf.

Dem strafrechtlichen Rechtfertigungsgrund entspricht im Zivilrecht die Geschäftsführung ohne Auftrag (GoA), ist somit in derartigen Fällen das Gegenstück des Notstandes. Nach § 677 BGB kann für jemand ein »Geschäft« geführt werden ohne dessen Auftrag, sofern es dessen vermuteten Willen entspricht:

§ 677 BGB

> Wer ein Geschäft für einen anderen besorgt, ohne von ihm beauftragt oder ihm gegenüber sonst dazu berechtigt zu sein, hat das Geschäft so zu führen, wie das Interesse des Geschäftsherrn mit Rücksicht auf dessen wirklichen oder mutmaßlichen Willen es erfordert.

Der »Andere« ist bei einer Gefährdung des Kindeswohls das Kind. Selbst gegen den Willen des Betroffenen (also auch der Eltern) kann man bei »öffentlichem Interesse« tätig werden (§ 678 BGB). Wie bereits dargestellt[30] ist der Schutz von Kindern und Jugendlichen nicht nur im öffentlichen Interesse, sondern entspricht darüber hinaus dem Schutzauftrag des Staates und seiner Institutionen[31], weshalb Informationen trotz der Schweigepflicht an Jugendämter, Polizei etc. weitergegeben werden, wenn dies zum Schutz des Kindes erforderlich ist.

Nach § 4 KKG ist es »Angehörigen eines anderen Heilberufes, der für die Berufsausübung oder die Führung der Berufsbezeichnung eine staatlich geregelte Ausbildung erfordert«, also Pflegefachkräften ausdrücklich gestattet, das Jugendamt zu informieren, sofern gewichtige

---

29 Ergänzend dazu in CE 01 (▶ Kap. CE 01 2.4) und CE 06 A (▶ Kap. CE 06 A 1.1)
30 Dazu insbesondere Art. 6 GG etc. (▶ Kap. CE 04 A 5)
31 vgl. dazu § 8a SGB VIII (▶ Kap. CE 04 A 5.3)

Anhaltspunkte für die Gefährdung des Wohls eines Kindes oder eines Jugendlichen vorliegen und eine Erörterung mit den Personensorgeberechtigten (also meistens den Eltern) erfolglos oder direkt zum Schutz des Kindes notwendig ist (§ 4 Abs. 3 KKG).

Jugendliche (also ab dem 14. Lebensjahr) entscheiden selbst über die Schweigepflicht.

Eine Schweigepflicht und damit ein Zeugnisverweigerungsrecht bestehen nicht, sofern die jeweilige Pflegekraft nach § 138 StGB zur Strafanzeige verpflichtet ist:

> (1) Wer von dem Vorhaben oder der Ausführung
>
> 1. einer Vorbereitung eines Angriffskrieges [...],
> 2. eines Hochverrats [...],
> 3. eines Landesverrats oder einer Gefährdung der äußeren Sicherheit [...],
> 4. einer Geld- oder Wertpapierfälschung [...] oder einer Fälschung von Vordrucken für Euroschecks oder Euroscheckkarten [...],
> 5. eines Mordes (§ 211) oder Totschlags (§ 212) oder eines Völkermordes (§ 6 des Völkerstrafgesetzbuches) oder eines Verbrechens gegen die Menschlichkeit (§ 7 des Völkerstrafgesetzbuches) oder eines Kriegsverbrechens (§§ 8, 9, 10, 11 oder 12 des Völkerstrafgesetzbuches),
> 6. einer Straftat gegen die persönliche Freiheit [...] soweit es sich um Verbrechen handelt, der §§ 234, 234a, 239a oder 239b,
> 7. eines Raubes oder einer räuberischen Erpressung [...] oder
> 8. einer gemeingefährlichen Straftat in den Fällen der §§ 306 bis 306c oder 307 Abs. 1 bis 3, des § 308 Abs. 1 bis 4, des § 309 Abs. 1 bis 5, der §§ 310, 313, 314 oder 315 Abs. 3, des § 315b Abs. 3 oder der §§ 316a oder 316c
>
> zu einer Zeit, zu der die Ausführung oder der Erfolg noch abgewendet werden kann, glaubhaft erfährt und es unterlässt, der Behörde oder dem Bedrohten rechtzeitig Anzeige zu machen, wird mit Freiheitsstrafe bis zu fünf Jahren oder mit Geldstrafe bestraft.
> (2) Ebenso wird bestraft, wer von dem Vorhaben oder der Ausführung einer Straftat nach § 129a, auch in Verbindung mit § 129b Abs. 1 Satz 1 und 2, zu einer Zeit, zu der die Ausführung noch abgewendet werden kann, glaubhaft erfährt und es unterlässt, der Behörde unverzüglich Anzeige zu erstatten. § 129b Abs. 1 Satz 3 bis 5 gilt entsprechend.

Pikto § 138 StGB

Bei einer Anzeige in den im Gesetz genannten Fällen können Pflegekräfte selbstverständlich nicht wegen Verletzung ihrer Schweigepflicht zur Verantwortung gezogen werden.

Um den Schutz der Privatsphäre zu gewährleisten, sollte folgendes beachtet werden:

- Es sollte die größtmögliche Diskretion gewahrt werden.
- Die Datenerfassung muss auf das erforderliche Maß begrenzt werden.
- Weitergabe und Speicherung von Daten müssen zweckgebunden sein.
- Soweit möglich sollten Daten vor der Weitergabe anonymisiert werden.

Bei der Beachtung dieser Leitlinien wird der Anspruch des zu pflegenden Menschen auf den Schutz seiner Privatsphäre und somit seines Persönlichkeitsrechts erfüllt.

Im Heim und Krankenhaus hat selbstverständlich die Leitungsebene nicht nur die Pflicht, die Privatsphäre der Bewohner bzw. Patienten zu schützen, sondern zusätzlich die Daten der Mitarbeiter.

CE 02 Zu pflegende Menschen in der Bewegung und Selbstversorgung unterstützen

1 Dokumentation

Die Auszubildenden

- […]
- dokumentieren durchgeführte Pflegemaßnahmen und Beobachtungen in der Pflegedokumentation auch unter Zuhilfenahme digitaler Dokumentationssysteme und beteiligen sich auf dieser Grundlage an der Evaluation des Pflegeprozesses (I.1.f)
(BIBB 2019, S. 42)

1.1 Grundlagen Dokumentationspflicht

Sowohl Heime als auch Krankenhäuser sind gesetzlich zur Dokumentation verpflichtet.

- Für den Heimbereich ergibt sich dies unter anderem aus der Pflegeversicherung, d. h. aus §§ 105, 113 SGB XI sowie aus dem Heimrecht (also den jeweiligen Ländergesetzen dazu). Für die ambulante Pflege besteht die Dokumentationspflicht vor allem durch § 132a SGB V. Krankenhäuser sind zur Dokumentation insbesondere durch §§ 294, 302 SGB V verpflichtet.
- Der Gesetzgeber hat inzwischen im Rahmen des Rechts des Dienstvertrages das Rechtsverhältnis Arzt-Patient in den §§ 630a ff BGB geregelt, jedoch im Ergebnis nur dasjenige, was der Bundesgerichtshof und die Oberlandesgerichte bereits als sogenanntes »Richterrecht« festgelegt haben, übernommen.

Aus Platzgründen in Kürze die wesentlichen Regelungen:

- In § 630a Abs. 2 BGB wird festgelegt, dass die Behandlung nach den zum Zeitpunkt der Behandlung bestehenden, allgemein anerkannten fachlichen Standards zu erfolgen hat. Die bereits seit Jahrzehnten bekannte Aufklärungspflicht wurde nun in §§ 630c und e BGB festgelegt. Dies gilt sowohl für die Aufklärung hinsichtlich der Therapie und der Nebenwirkungen als auch über die für den Patienten wirtschaftlichen Folgen. Ebenso wurde die Pflicht zur Einwilligung des Patienten nunmehr bestätigt (§ 630d BGB).

- Der »Behandelnde« ist jetzt gesetzlich aus § 630f BGB zur Dokumentation verpflichtet und der Patient hat aus § 630g BGB ein Recht auf Einsicht in die Patientenakte.
- Für das Arzt-Patientenverhältnis wurden die Fragen der Beweislast in § 630h geregelt. Es gilt dasselbe wie bisher, d. h. der Patient muss den Nachweis des Behandlungsfehlers erbringen. Der Arzt hat hingegen die Aufklärung und die Einwilligung zu beweisen (§ 630h Abs. 2 BGB). Eine Umkehr der Beweislast tritt bei einem groben Behandlungsfehler, fehlender Dokumentation und bei fehlender Eignung des »Behandlers« ein.

Auch das Pflegeberufegesetz enthält Regelungen zur Dokumentation. Zur Vermeidung von Wiederholungen wird dazu auf das vorherige Kapitel verwiesen (▶ Kap. CE 01 2.1).

Ebenfalls die Ausbildungs- und Prüfungsverordnung für die Pflegeberufe (PflAPrV) benennt in der Anlage 4 als eine der notwendigen Kompetenzen unter anderem die Dokumentation.

1.2 Vertragliche und gesetzliche Pflicht

Die Dokumentation als vertragliche und gesetzliche Pflicht gegenüber dem Patienten bzw. Bewohner sowie den Sozialleistungsträgern wie beispielsweise Pflegekassen und Krankenversicherung, soll insbesondere eine vollständige Übersicht der Pflegemaßnahmen enthalten, d. h. der Pflegeplanung und -verläufe für die zu pflegenden Menschen, der Verabreichung der Medikamente inklusive der ordnungsgemäßen Verordnung durch den Arzt, Anwendung von freiheitsentziehenden Maßnahmen einschließlich des Grundes und der jeweiligen Verantwortlichen, eigene und fremde Beobachtungen, besondere Vorkommnisse sowie Anweisungen der Ärzte, jeweils mit Handzeichen.

1.3 Rechtliche Bedeutung Dokumentation

Einer sorgfältigen und ordnungsgemäßen Dokumentation kommt (rechtlich) in vielfältiger Hinsicht wesentliche Bedeutung zu. Es können sowohl Fehler in der Dokumentation zu einer Umkehr der Beweislast führen als auch eine gute Dokumentation umgekehrt das Pflege- und Betreuungspersonal entlasten, sofern sich aus der Dokumentation die Verordnungen des Arztes und die Verantwortlichen für bestimmte Maßnahmen bzw. Fehler ergeben. Deshalb muss bei ärztlichen Verordnungen darauf geachtet werden, dass der jeweilige Arzt oder die Ärztin stets zumindest mit dem Handzeichen die Anordnungen bestätigt. Jedoch wird der haftungsrechtliche Zweck der Pflegedokumentation weder im SGB XI noch im SGB V ausdrücklich beschrieben.

Sofern wesentliche Aussagen fehlen, kann dies, wie bereits oben ausgeführt, zur Umkehr der Beweislast führen, d. h. das Heim oder Krankenhaus muss nachweisen, dass trotz der Lücken in der Dokumentation ein korrektes Verhalten im Umgang mit dem Bewohner oder Patienten vorliegt, also kein »Fehler« gemacht wurde. Die Dokumentation muss deshalb

- richtig,
- vollständig,
- zeitnah und
- kontinuierlich

sein, um die erwähnten rechtlichen Nachteile zu vermeiden. Es gilt deshalb die Dokumentationswahrheit und Dokumentationsklarheit.

Als Zwischenergebnis ist somit festzuhalten, dass eine unzulängliche Dokumentation negative Auswirkungen auf die Beweislage bei Haftungsfällen haben kann, sie eine vertragliche Pflicht gegenüber Bewohnern bzw. Patienten darstellt und das Pflege- und Betreuungspersonal mit einer sorgfältigen Dokumentation auch den Nachweis von professionellem Handeln und von vertretbaren Entscheidungen erbringen kann. Hervorzuheben ist, dass das Pflege- und Betreuungspersonal im eigenen Interesse, d. h. zur Vermeidung eines unberechtigten Vorwurfs und der sich daraus ergebenden Haftung, darauf beharren muss, dass Ärzte und sonstige verantwortliche Personen Anweisungen, Verordnungen etc. beweiskräftig dokumentieren. Deshalb sind beispielsweise telefonische Verordnungen ungeeignet.

1.4 Dokumentation als Urkunde

Die Dokumentation ist eine Urkunde nach § 415 ZPO, d. h. es wird grundsätzlich vermutet, dass die Eintragungen dort korrekt sind. Diese Beweisvermutung wird aber bei Widersprüchlichkeit der Eintragungen nach § 419 ZPO entkräftet. Dies gilt auch bei festgestellten Manipulationen.

- Selbstbestimmungsrecht des zu pflegenden Menschen (▶ Kap. CE 01 1)
- Menschenrechte, Ethikkodizes (▶ Kap. CE 01 1)
- Gesetzlichen Vorgaben sowie ausbildungs- und berufsbezogenen Rechte und Pflichten (▶ Kap. CE 01 2)

CE 02 A Mobilität interaktiv, gesundheitsfördernd und präventiv gestalten

Zu pflegende Menschen

- […]
- Gesundheitsrisiken durch Mobilitätsbeeinträchtigungen, z. B. erhöhtes Sturzrisiko.«

[…]
Kontextbedingungen

- […]
- (technische und digitale Hilfsmittel zur Unterstützung bei der Bewegungsförderung und Positionierung und Regelungen zu deren Verfügbarkeit (z. B. Medizinproduktegesetz).
(BIBB 2019, S. 44)

1 Beratungspflicht Pflegende

Die Pflegefachkraft ist nicht nur aufgrund des von ihr zu erwartenden professionellen Handelns, sondern auch aus haftungsrechtlichen Gründen (▶ Kap. CE 05 4.2) dazu verpflichtet, Gesundheitsrisiken durch Mobilitätsbeeinträchtigungen, beispielsweise ein erhöhtes Sturzrisiko, zu beachten sowie durch entsprechende Maßnahmen zu verringern oder ganz zu vermeiden.

Die Fachkräfte haben dazu eine Hinweis- und Beratungspflicht. Dazu zählt auch der Hinweis auf technische und digitale Hilfsmittel zur Unterstützung bei der Bewegungsförderung und Prävention. Bei der Auswahl und insbesondere der Nutzung der Hilfsmittel sind das Medizinproduktegesetz (MPG) und die Über die Medizinprodukte-Betreiberverordnung (MPBetreibV) zu beachten.

2   Überblick Medizinproduktegesetz

Grundlage des Medizinproduktegesetzes sind verschiedene Richtlinien des Rates der Europäischen Union. Ziel ist deshalb die nationale Umsetzung von europäischem Recht zur Vereinheitlichung des Rechts im gesamten Gebiet der Europäischen Union. Zweck des Gesetzes ist die Schaffung einer höheren Sicherheit im Umgang mit medizinischen Produkten.

Medizinprodukte sind unter anderem:

- Implantate
- medizinische Instrumente (z. B. Spritzen, Klemmen etc.)
- medizinische Geräte (Beatmungsgeräte, Inhalationsgeräte, Sauerstoffgeräte etc.)
- Hilfsmittel (Brillen, Hörgeräte, Prothesen etc.)
- Verbandstoffe
- Erste-Hilfe-Ausrüstungen oder
- Chemikalien (Desinfektionsmittel, Reinigungsmittel etc.)

Wichtig für den Pflegebereich ist, dass nach § 8 MPG Geräte nur noch mit dem so genannten CE-Zeichen in den Verkehr gebracht, d. h. verkauft sowie genutzt werden dürfen. Dies hat selbstverständlich zur Folge, dass Pflegefachkräfte neue Geräte lediglich dann im Umgang mit den Bewohnern oder Patienten verwenden dürfen, wenn die Produktsicherheit mit einem deutlich sichtbaren CE-Zeichen auf dem Gerät bzw. dem Instrument oder Hilfsmittel nachgewiesen ist. Eine Verwendung nicht gekennzeichneter Medizinprodukte kann deshalb verweigert werden.

Weiter dürfen Medizinprodukte nur von denjenigen Mitarbeitern angewendet werden, welche aufgrund ihrer Ausbildung oder ihrer Kenntnisse und praktischen Erfahrungen die Gewähr für eine sachgerechte Handhabung bieten. Dies regelt insbesondere die Medizinprodukte-Betreiberverordnung. Danach muss jeder Mitarbeiter in die ordnungsgemäße Verwendung von Medizinprodukten eingewiesen werden (§ 5 MPBetreibV). Zusätzlich verpflichtet das Heimrecht die jeweiligen Träger zur (regelmäßigen) Schulung der Mitarbeiter.[32]

Eine Verwendung nicht gekennzeichneter Medizinprodukte könnte den Vorwurf der Fahrlässigkeit rechtfertigen und eine Haftung zur Folge haben. Schließlich ist zu beachten, dass geprüfte Medizinprodukte auch der Sicherheit des Pflegepersonals dienen.

---

32 G

3 Finanzierung Hilfsmittel

Die Finanzierung der Hilfsmittel erfolgt durch die Krankenkassen über § 33 SGB V. Danach haben Versicherte Anspruch auf Versorgung mit Hörhilfen, Körperersatzstücken, orthopädischen und anderen Hilfsmitteln, die im Einzelfall erforderlich sind, um den Erfolg der Krankenbehandlung zu sichern, einer drohenden Behinderung vorzubeugen oder eine Behinderung auszugleichen, soweit die Hilfsmittel nicht als allgemeine Gebrauchsgegenstände des täglichen Lebens anzusehen sind. Finanziert werden jedoch nur diejenigen Hilfsmittel, die im Hilfsmittelverzeichnis aufgeführt sind.

Es werden nach dem Sozialrecht »Hilfsmittel« und »Pflegehilfsmittel« unterschieden. Letztere werden nicht von der Krankenversicherung, sondern der Pflegekasse finanziert (§ 40, Abs.1 SGB XI).

CE 02 B Menschen in der Selbstversorgung unterstützen

- Pflegedokumentationssysteme, (▶ Kap. CE 02 1)
- Intimitätsverletzungen, (▶ Kap. CE 03)

Bei den pflegerisch bedingten (und notwendigen) Verletzungen der Intimität der Patienten und Heimbewohnern sei vorab auf die Ausführungen im Kapitel CE 01, dort unter »Grundrechten« beim »Selbstbestimmungsrecht« verwiesen (▶ CE 01, 1.1). Nicht nur bei der Wahrung des Selbstbestimmungsrechts, sondern auch bei den Verletzungen der Intimsphäre kommen sowohl der Menschenwürde (Art. 1 GG) als auch dem Persönlichkeitsrecht (Art. 2 Abs. GG) große Bedeutung zu. Es liegt auf der Hand, dass Eingriffe in die Intimsphäre auch eine Verletzung der Menschenwürde sein können. Daher ist der respektvolle Umgang mit der Intimität der zu pflegenden Menschen bereits verfassungsrechtlich verpflichtend.

Wahrung der Grundrechte bedeutet, die pflegerischen und betreuenden Maßnahmen so zu gestalten, dass notwendige Verletzungen der Intimität das letzte Mittel sind. Dies bedeutet auch, dass pflegerische Maßnahmen dahingehend reflektiert werden,

- was unbedingt erforderlich ist und
- ob es Wege und Methoden gibt, welche die Intimsphäre wahren.

Zu nennen sei dabei beispielhaft, dass der Wunsch einer Frau, bei der Ganzkörperwäsche oder der Versorgung im Intimbereich nicht von einer männlichen Pflegekraft, sondern einer weiblichen versorgt zu werden, respektiert wird. Bedeutung hat im Zusammenhang auch die inzwischen als Standard anzusehende kultursensible Pflege.

CE 03   Erste Pflegerfahrungen reflektieren – verständigungsorientiert kommunizieren

Reflexion und Deutung erlebter Phänomene
Auszubildende

- [...]
- Eindringen in die Intimsphäre fremder Menschen/Verletzen der Intimsphäre, Grenzüberschreitungen [...]
  (BIBB 2019, S. 53)

Im Zusammenhang mit pflegerischen Handlungen ist ein Eindringen in die Intimsphäre fremder Menschen nicht zu vermeiden. Wichtig ist dabei den rechtlich korrekten Umgang zu beachten.
Die rechtlichen Grundlagen finden sich bereits in den vorangegangen Kapiteln:

- zum »Selbstbestimmungsrecht« und vor allem den Grundrechten (▶ Kap. CE 01 1)
- »Schutz Privatsphäre« (▶ Kap. CE 01 2.5)

Verletzungen der Intimsphäre können bei der ausdrücklichen Ablehnung der zu Pflegenden sogar strafrechtliche Folgen haben, nämlich unter anderem dem Tatvorwurf der Nötigung nach § 240 StGB.[33] Dies gilt umso mehr im Falle von Grenzüberschreitungen. Bei Kindern wäre sogar ein weiterer strafrechtlicher Vorwurf nach § 176 ff StGB (sexueller Missbrauch) möglich. Grenzüberschreitungen in rechtlicher Hinsicht liegen schließlich bei dem (unbefugten) Anfertigen von Fotografien vor.

---

33 (▶ Kap. CE 01 2.4, Strafrecht; ▶ Kap. CE 04 1)

CE 04 A Gesundheit alter Menschen fördern und präventiv handeln

1 Selbstbestimmungsrecht vs. Fürsorge

Bildungsziele
Die Auszubildenden reflektieren Widersprüche zwischen der Fürsorge für zu pflegende Menschen vs. gesundheitsbezogener Selbstbestimmung, z. B. Widersprüche zwischen Pflege- und Therapieempfehlungen und biografisch/sozialisatorisch bedingten Gewohnheiten und Bewältigungsstrategien.
(BIBB 2019, S. 56)

Wie bereits unter Kapitel CE 01 (▶ Kap. CE 01 1) dargelegt ist bei jedem der zu pflegenden Menschen das Selbstbestimmungsrecht zu beachten.

Dazu besteht noch die Verpflichtung im Falle von Mobilitätsbeeinträchtigungen, insbesondere bei Sturzrisiken, zur Nutzung von Hilfsmitteln, beispielsweise eines Rollators zu beraten[34].

Es stellt sich die Frage, wie auf eine Weigerung der Nutzung eines Hilfsmittels reagiert werden kann bzw. aus haftungsrechtlichen Gründen muss. Hierbei ist das Selbstbestimmungsrecht des zu pflegenden Menschen zu beachten. Aufgabe der Pflegekräfte ist zwar der Schutz vor (Eigen-) Schädigung der Patienten bzw. Bewohner, jedoch kann dies nur dazu verpflichten, im Wege der Beratung und Aufklärung auf die Sturzgefährdung hinzuweisen. Diese Beratung ist zur Vermeidung haftungsrechtlicher Folgen zu dokumentieren. Weitergehende Maßnahmen sind unzulässig und ein Zwang kann sogar den Straftatbestand der Nötigung nach § 240 StGB erfüllen.

Ergänzend wird auf die früheren Ausführungen zum Selbstbestimmungsrecht[35] verwiesen.

---

34 (▶ Kap. C 02 1)
35 (▶ Kap. CE 01 1)

2 Grundlagen Gesetzgebung

Die Auszubildenden

- [...]
- verfügen über grundlegendes Wissen zur Gesetzgebung im Gesundheits- und Sozialbereich) (IV.2.c).
(BIBB 2019, S. 56 f.)

Nach Art. 20, 28 Abs. 1 Satz 1 GG ist die Bundesrepublik Deutschland ein Rechtsstaat. Dieser ist durch drei Grundsätze gekennzeichnet:

- Gewaltenteilung,
- Bindung der Gesetzgebung an die verfassungsmäßige Ordnung und
- Gesetzmäßigkeit der Verwaltung.

Die Gewaltenteilung besagt, dass drei Gewalten existieren, die voneinander zu trennen sind.
Diese Gewalten sind

- die gesetzgebende Gewalt = Legislative,
- die ausführende Gewalt = Exekutive und
- die richterliche Gewalt = Judikative.

Diese Organe sollen ihre Aufgaben unabhängig voneinander erfüllen und sich gegenseitig kontrollieren. Die Gewaltenteilung ist deshalb ein wesentliches Instrument zur Sicherung der Demokratie.

Für den Erlass von Gesetzen ist die Legislative (Gesetzgebung) zuständig. Die Legislative ist vom Volk gewählt. Auf Bundesebene ist dies der Bundestag, auf Länderebene der Landtag, in Städten und Gemeinden der Stadtrat bzw. Gemeinderat.

Die Länder sind im Gesetzgebungsverfahren über den Bundesrat an jedem Gesetz beteiligt. Sofern das entsprechende Gesetz die besonderen Interessen der Länder betrifft (Zustimmungsgesetze), hat der Bundesrat sogar das Recht, ein vom Bundestag beschlossenes Gesetz zu blockieren. Ist in einem solchen Fall keine Einigung zwischen Bundestag und Bundesrat möglich, so muss der Vermittlungsausschuss eingeschaltet werden (Art. 77 Abs. 2 GG).

Die Anregung zum Erlass neuer Gesetze, die Gesetzesinitiative, kann von

- der Bundesregierung,
- dem Bundestag (mindestens 5 % der Abgeordneten) und
- dem Bundesrat

ausgehen. Das Gesetz wird dann beraten und im Normalfall bei der dritten Lesung beschlossen. Danach wird es dem Bundesrat zur Beschlussfassung (oder Ablehnung bzw. Abrufung des Vermittlungsausschusses) zugeleitet.

Die Bindung der Gesetzgebung an die verfassungsmäßige Ordnung soll sichern, dass der Gesetzgeber sich nicht über die Verfassung hinwegsetzen kann.

Die beschlossenen Gesetze werden vom Bundeskanzler gegengezeichnet und vom Bundespräsidenten ausgefertigt und damit rechtsgültig. Mit der Verkündung im Bundesgesetzblatt tritt das Gesetz in Kraft, sofern kein späterer anderer Zeitpunkt bestimmt ist.

Die Bundesrepublik Deutschland ist ein Bundesstaat. Sie setzt sich aus 16 Bundesländern zusammen:

- Baden-Württemberg
- Bayern
- Berlin
- Brandenburg
- Bremen
- Hamburg
- Hessen
- Mecklenburg-Vorpommern
- Niedersachsen
- Nordrhein-Westfalen
- Rheinland-Pfalz
- Saarland
- Sachsen
- Sachsen-Anhalt
- Schleswig-Holstein
- Thüringen

Die Bundesländer besitzen für bestimmte Bereiche eine verfassungsrechtlich geschützte Selbstständigkeit. So können die Länder in manchen Bereichen eigenständig Gesetze erlassen, wie beispielsweise die

- (Landes)Polizeigesetze,
- Kommunalgesetze,
- Unterbringungsgesetze sowie
- Schul- und Kultusgesetze.

Die Länder müssen sich in ihrem Kompetenzbereich bundesfreundlich verhalten. Deshalb sollen die Schulgesetze soweit übereinstimmen, dass ein Schüler ohne Probleme in ein anderes Bundesland wechseln kann.

3 Sozialrecht

3.1 Grundlage Sozialrecht

Ein wesentliches Merkmal der Staatsordnung der Bundesrepublik Deutschland ist das Sozialstaatsprinzip mit den Sozialversicherungen. Diese sind

- die Arbeitslosenversicherung,
- die (gesetzliche) Krankenversicherung,
- die (gesetzliche) Rentenversicherung,
- die (gesetzliche) Unfallversicherung und
- die (gesetzliche) Pflegeversicherung.

Personen, die unterhalb des Existenzminimums leben müssen, sollen im »untersten sozialen Netz« der Sozialhilfe (SGB XII) oder der Grundsicherung (SGB XII, SGB II) aufgefangen werden.

Gesetzliche Grundlagen des Sozialrechts in Deutschland sind folgende Gesetze:

- Sozialgesetzbücher:
    - Allgemeiner Teil (SGB I)
    - Grundsicherung für Arbeitsuchende (SGB II)
    - Arbeitsförderung (SGB III)
    - Gemeinsame Vorschriften-Sozialversicherung (SGB IV)
    - Krankenversicherung (SGB V)
    - Rentenversicherung (SGB VI)
    - Unfallversicherung (SGB VII)
    - Kinder- und Jugendhilfegesetz (SGB VIII)
    - Rehabilitation und Teilhabe behinderter Menschen (SGB IX)
    - Verwaltungsverfahren (SGB X)
    - Pflegeversicherung (SGB XI)
    - Sozialhilfe mit Grundsicherung im Alter/bei Behinderung (SGB XII)

Dazu noch außerhalb der Sozialgesetzbücher: Das Bundesversorgungsgesetz (BVG), die Berufsausbildungsförderung (BAföG), das Wohngeldgesetz (WoGG) und das Bundeskindergeldgesetz (BKGG). Die Hauptgrundlage sind die Sozialgesetzbücher.

Mit den Sozialgesetzbüchern soll es möglich sein, jeden Bürger im sozialen Netz aufzufangen und zumindest das Existenzminimum zu gewährleisten und wirtschaftliche Notlagen auszugleichen bzw. zu mildern.

Nachfolgend soll die Sozialversicherung im Überblick dargestellt werden, dies soweit es für die Pflege bedeutsam ist.

3.2 Grundlagen Sozialversicherung

Der Versicherte in der Sozialversicherung hat einen Rechtsanspruch auf Leistungen. Diese Leistungen können die notwendigen Maßnahmen zum Schutz vor Krankheit, zu deren Milderung oder der Heilung umfassen (Kranken-, Renten- und Unfallversicherung). Die Leistungen sollen der wirtschaftlichen Sicherung im Fall der Krankheit, der Arbeitslosigkeit, des Alters, der Erwerbsunfähigkeit oder des Todes für die Hinterbliebenen dienen.

Die Sozialversicherung ist in fünf Bereiche, in die »fünf Säulen« des Sozialversicherungssystems gegliedert:

- Krankenversicherung,
- Rentenversicherung,
- Unfallversicherung,
- Arbeitslosenversicherung und
- Pflegeversicherung.

Die jeweiligen Aufgaben können wie folgt als Übersicht gegliedert werden:

Tab. 3: Ermittlung des Pflegegrades

Versicherungszweig	Aufgabenbereich	Leistungen z. B.	Träger
Krankenversicherung	Finanzierung Kosten Krankheitsvorsorge und Therapie bzw. u. U. Reha sowie Hilfsmittel und Ersatzleistungen bei Krankheit und Mutterschaft	Kosten ambulante Therapie, Krankenhausbehandlung, Vorsorge Kinder, Hilfsmittel, Kranken- und Mutterschaftsgeld, »Kur«	gesetzliche Krankenkassen
Rentenversicherung	Rentenzahlung und u. U. Rehabilitation zur Verhinderung einer Erwerbsunfähigkeit	Altersrente, Hinterbliebenenrente, Rente wegen Erwerbsminderung, u. U. Leistungen zur Reha	Rentenversicherung Bund; Rentenversicherung Länder (ehemalige LVA)
Unfallversicherung	Prävention und Leistungen bei Arbeitsunfällen und Berufskrankheiten, u. U. Reha-Maßnahmen	Erlass Unfallverhütungsvorschriften, Zahlung ambulanter und stationärer Therapie bei Arbeitsunfällen und Berufskrankheiten, Finan-	Berufsgenossenschaften

Tab. 3: Ermittlung des Pflegegrades – Fortsetzung

Versicherungszweig	Aufgabenbereich	Leistungen z. B.	Träger
		zierung Reha inkl. Umschulung, Renten an Arbeitnehmer und Hinterbliebene	
Arbeitslosenversicherung	Leistungen bei Arbeitslosigkeit, Kurzarbeit, witterungsbedingten Arbeitsausfällen und bei der Zahlungsunfähigkeit des Arbeitgebers. Finanzierung verschiedener (Wieder-)Eingliederungsmaßnahmen ins Erwerbsleben, allgemeine Arbeitsförderung	Leistungen der aktiven Arbeitsförderung und Entgeltersatzleistungen. dabei u. a. Berufs- und Arbeitsmarktberatung, Ausbildungs- und Arbeitsvermittlung, Leistungen zur Aktivierung und beruflichen Eingliederung, Leistungen zur Berufswahl und -ausbildung, Berufsausbildungsbeihilfe, Arbeitslosen- und Insolvenzgeld, Finanzierung berufliche Weiterbildung und Umschulung, Förderung von Maßnahmen in WfbM	Bundesagentur für Arbeit
Pflegeversicherung	Pflegebedürftigen (finanzielle) Hilfe zur ambulanten und stationären Pflege zu leisten, dabei Sicherstellung einer qualitativ hochwertigen Pflege	Pflegesachleistungen an ambulante Dienste und stationäre Pflegeeinrichtungen, Zahlung »selbstbeschaffter« Pflegepersonen, Beiträge zur Rentenversicherung, Pflegehilfsmittel und Mittel zur Wohnumfeldverbesserung, Leistungen an Behinderteneinrichtungen	

Die Sozialversicherung ist eine Pflichtversicherung. Es handelt sich dabei um eine »Zwangsversicherung«, um zu ermöglichen, dass eine große und leistungsstarke Gemeinschaft die Risiken trägt. Nur bestimmte Personen sind von der Versicherungspflicht befreit.

Durch das Solidaritätsprinzip trägt die gesamte Versichertengemeinschaft die Kosten der sozialen Sicherung. Die Finanzierung erfolgt durch Beiträge, die einkommensbezogen sind. In der Regel werden diese durch den Arbeitgeber aufgrund eines bestimmten Beitragssatzes an die zuständige Krankenkasse entrichtet. Die Krankenkasse ist dabei

Einzugsstelle für die Beiträge zur Kranken-, Renten- und Arbeitslosenversicherung. Den Beitrag hat ungefähr zur Hälfte der Betrieb (Arbeitgeber) zu zahlen und zur anderen Hälfte erfolgt der Abzug vom Bruttoeinkommen der Beschäftigten (Arbeitnehmer). Der Beitragssatz ist je nach Krankenkasse und zusätzlich regional unterschiedlich. Für die Arbeitslosen- und Rentenversicherung gelten bundeseinheitliche Sätze. Die Unfallversicherung wird nur mit den Beiträgen der Unternehmen finanziert.

3.3 Krankenversicherung

Träger der Krankenversicherung sind die Krankenkassen, wobei der Versicherte die Wahl zwischen mehreren Kassen hat. Der Versicherte hat grundsätzlich ein Wahlrecht zwischen den gesetzlichen Krankenkassen (§ 175 Abs. 1 SGB V).

Bei einer Mitgliedschaft in einer Krankenkasse besteht auch die Familienversicherung, d. h. der Ehegatte und die Kinder (bis zum 18. Lebensjahr und bei einer Ausbildung max. bis zum 25. Lebensjahr) sind mitversichert, sofern sie nicht selbst erwerbstätig sind (§ 10 SGB V).

Für Selbstständige und Arbeitnehmer über der Versicherungsgrenze, d. h. diejenigen, die nicht der Versicherungspflicht unterliegen, besteht gemäß § 9 SGB V die Möglichkeit der freiwilligen Versicherung.

Die weiteren Grundlagen sowie spezielle Aufgaben, wie die Krankenhausfinanzierung, finden sich in Kapitel CE 05 (▶ Kap. CE05 2 Krankenversicherung).

3.4 Unfallversicherung

Die gesetzliche Unfallversicherung hat Leistungen bei Unfällen zu erbringen, die sich im Zusammenhang mit der Berufsausübung ereignen (§ 8 SGB VII), somit bei

- Arbeitsunfällen und
- Wegeunfällen.

Ein Unfall ist ein körperlich schädigendes, zeitlich begrenztes plötzliches Ereignis (§ 8 Abs. 1 SGB VII).[36]

Entscheidend dafür, ob ein Arbeitsunfall im Sinne der gesetzlichen Unfallversicherung vorliegt, ist der Zusammenhang mit der Tätigkeit im Betrieb oder einer sonstigen Tätigkeit, die versichert ist. Die Einnahme von Mahlzeiten in der Kantine[37] zählt beispielsweise zum ei-

---

36 BSG, NJW 1978, 2357
37 BSGE 11, 267; 12, 247

genwirtschaftlichen Bereich und ist deshalb nicht versichert, sofern dabei Schäden auftreten. Hat der Weg, der zur Einnahme der Mahlzeit oder des Getränks zurückgelegt wird, betriebsbezogene Merkmale (staubige Luft) und/oder erfolgt dies während der Arbeitszeit, kann nach der Rechtsprechung ein Zusammenhang mit der Tätigkeit bestehen, so dass in derartigen Fällen Versicherungsschutz besteht.[38] Aus diesem Grund liegt bei Schädigungen bei der Einnahme von Mahlzeiten während einer Dienstreise in der Regel ein Arbeitsunfall vor.[39]

Durch die Unfallversicherung ist sogar das ungeborene Kind nach § 12 SGB VII gegen Arbeitsunfälle geschützt. Wird der Embryo bzw. Fetus geschädigt, kann er dieselben Leistungen beanspruchen wie ein Arbeitnehmer oder sonstiger Versicherter.

Der Weg von oder zu der Arbeitsstätte ist als Wegeunfall in die gesetzliche Unfallversicherung eingeschlossen (§ 8 Abs. 2 Nr. 1 SGB VII). Erforderlich ist der direkte Weg zwischen Arbeitsstätte und Wohnung. Der Unfall auf dem Weg zur Abholung eines Kindes im Kindergarten, Schule oder bei der Tagesmutter wird noch als Wegeunfall eingestuft (§ 8 Abs. 2 Nr. 2a SGB VII). Dies gilt nach § 8 Abs. 2 Nr. 2b SGB VII in gleicher Weise für Fahrgemeinschaften.

Zu den versicherten Ereignissen zählt – neben den Arbeitsunfällen – auch die Berufskrankheit (§§ 7 Abs. 1; 9 SGB VII). Als Berufskrankheiten sind anerkannt und im Pflegebereich bedeutsam:

- Infektionserkrankungen,
- Allergien und
- Wirbelsäulenerkrankungen.

Voraussetzung der Anerkennung als Berufskrankheit ist, dass die Erkrankung im Zusammenhang mit der betrieblichen Tätigkeit steht, Ursache der Schädigung folglich der Beruf ist und die jeweilige Krankheit in der Berufskrankheiten-Verordnung (BKVO) aufgeführt ist. Nach einer Neufassung sind in dieser Verordnung seit 1993 auch »bandscheibenbedingte Erkrankungen der Lendenwirbelsäule durch langjähriges Heben und Tragen« aufgeführt[40], so dass nunmehr auch Wirbelsäulenerkrankungen, die für die Pflege typisch sind, anerkannt werden können. In Ausnahmefällen sollen Krankheiten anerkannt werden, obwohl sie nicht in der genannten Verordnung enthalten sind. Der Betroffene hat dabei allerdings die erhöhte Beweislast dafür, dass die Erkrankung durch die Berufsausübung verursacht worden ist.

---

38 BSG, NJW 1990, 1064
39 BSGE 50, 100; 63, 273
40 BKVO in BGBL I, S. 2343

Aufgaben der Unfallversicherung sind:

- Verhütung von Arbeitsunfällen und Berufskrankheiten und
- Entschädigung des Verletzten, der Angehörigen oder Hinterbliebenen durch:
  - Heilbehandlung,
  - Rehabilitationsmaßnahmen oder
  - Zahlung einer Rente.

Nach einem Arbeitsunfall hat die Unfallversicherung die geeigneten medizinischen Maßnahmen zur Wiederherstellung der Gesundheit zu finanzieren (§ 26 SGB VII). Sie erbringt die Leistungen in diesem Fall anstatt der Krankenversicherung. Sofern erforderlich müssen berufsfördernde Leistungen zur Rehabilitation nach §§ 35 ff. SGB VII finanziert werden. Dazu zählt die Zahlung eines Übergangsgeldes während der Rehabilitation (§§ 50 ff. SGB VII). Ansprüche bestehen aber nur bei gesundheitlichen Beeinträchtigungen, die Folge des Unfalles sind. Vorhandene Schädigungen, beispielsweise Verschleißerscheinungen der Wirbelsäule, gehen nur zulasten der Unfallversicherung, wenn sie berufsbedingt sind.

Ist der Betroffene aufgrund des Arbeitsunfalls arbeitsunfähig, erhält er durch die Berufsgenossenschaft Verletztengeld (§§ 45 ff. SGB VII) oder bei dauernder Erwerbsunfähigkeit eine Rente (§§ 56 ff. SGB VII). Die Rente beträgt bei Erwerbsunfähigkeit gemäß § 56 Abs. 3 SGB VII zwei Drittel des Jahresarbeitsverdienstes, d. h. des Gesamtbetrages aller Einkünfte im Kalenderjahr. Tritt der Tod ein, wird eine Rente an die Hinterbliebenen gezahlt.

Die Träger der gesetzlichen Unfallversicherung sind die Berufsgenossenschaften, die staatlichen Körperschaften und die Gemeindeunfallverbände, die sich durch Beiträge der pflichtversicherten Unternehmen finanzieren. Für den Bereich der Heilerziehungs-, Kranken- und Altenpflege ist die Berufsgenossenschaft für Gesundheitsdienst und Wohlfahrtspflege (Pappelallee 35–37, 22089 Hamburg) zuständig.

Leistungen aus der Unfallversicherung können nicht beansprucht werden, sofern der Verletzte den Unfall absichtlich oder vorsätzlich verursacht hat (§ 101 Abs. 1 SGB VII). Es können die Leistungen verweigert werden, wenn der Unfall beim Begehen einer strafbaren Handlung erlitten worden ist (§ 101 Abs. 2 SGB VII).

Bei Arbeitsunfällen ist die Pflicht zum Schadenersatz gegen Kollegen eingeschränkt. Der Arbeitgeber oder Arbeitskollege muss nach § 104 Abs. 1 SGB VII nur Schadenersatz oder Schmerzensgeld an den Geschädigten leisten, wenn

- der Arbeitsunfall vorsätzlich herbeigeführt wurde oder
- die Schädigung bei der Teilnahme am Verkehr bzw. auf dem versicherten Weg eingetreten ist.

3.5 Pflegeversicherung

Die Pflegeversicherung ist als fünfte Säule in das System der Sozialversicherung aufgenommen worden. Ziel dieser Versicherung ist die (teilweise) Absicherung des Pflegerisikos.

Zuständig für die Durchführung der Pflegeversicherung sind die Pflegekassen als Teil der Krankenkassen (§ 1 Abs. 3 SGB XI). Die Mitglieder der Krankenkassen sind gleichzeitig Mitglied in der entsprechenden Pflegekasse (§ 20 Abs. 1 SGB XI). Es handelt sich gleichfalls um eine Pflichtversicherung. Die Familienmitglieder sind wie in der Krankenversicherung beitragsfrei mitversichert. Personen, die eine Befreiung beantragen, müssen den Nachweis einer anderweitigen privaten Pflegeversicherung erbringen (§ 22 SGB XI).

Die Mitgliedschaft in der Pflegeversicherung endet zusammen mit der Mitgliedschaft in der Krankenkasse. Es besteht allerdings die Möglichkeit einer Weiterversicherung in der Pflegeversicherung.

Bei den Leistungen, die aus der Pflegeversicherung gewährt werden, können zwei Arten unterschieden werden:

- Geldleistungen (Pflegegeld) und
- Sach- und Dienstleistungen.

Sachleistungen sind dabei Pflegehilfsmittel und technische Hilfen (§ 40 SGB XI) sowie der Einsatz von Pflegefachkräften (§§ 36–37 SGB XI). Mit den Geld- und Sachleistungen soll der Bedarf des Betroffenen an Grundpflege und hauswirtschaftlicher Versorgung gedeckt werden. Für die Sach- und Dienstleistungen müssen Vertragspartner der Pflegekassen ausgewählt werden (§ 36 Abs. 1 SGB XI). Die Leistungen der Pflegeversicherung sollen nach § 2 SGB XI derart gewährt werden, dass der Pflegebedürftige ein möglichst selbstständiges und selbstbestimmtes Leben führen kann. Es gilt der Vorrang der häuslichen Pflege, so dass darauf hingewirkt werden soll, die Pflegemaßnahmen nach Möglichkeit in der häuslichen Umgebung durchzuführen (§ 3 SGB XI).

Die Pflegeversicherung stellt im Einzelnen folgende Leistungen zur Verfügung:

- Pflegesachleistung,
- Pflegegeld für selbstbeschaffte Pflegekräfte,
- Kombination von Geld- und Sachleistung,
- häusliche Pflege bei Verhinderung der Pflegeperson,
- Pflegehilfsmittel und technische Hilfen,
- Tages- und Nachtpflege,
- Kurzzeitpflege,
- vollstationäre Pflege (inkl. Behinderteneinrichtungen),
- wohnumfeldverbessernde Maßnahmen,

- Leistungen der sozialen Sicherung der Pflegeperson (Unfall- und Rentenversicherung)
- zusätzliche Leistungen für Pflegebedürftige in ambulant betreuten Wohngruppen und
- Pflegekurse.

Die Leistungen werden nur auf Antrag gewährt. Dieser Antrag ist bei der Pflegekasse der Krankenversicherung zu stellen. Die Voraussetzungen der Gewährung von Pflegeleistungen werden vom Medizinischen Dienst überprüft (§ 18 Abs. 1 SGB XI).

Wesentliche Voraussetzung der Leistungen aus der Pflegeversicherung ist die Pflegebedürftigkeit. Dies sind nach § 14 SGB XI:

> [...] Personen, die gesundheitlich bedingte Beeinträchtigungen der Selbständigkeit oder der Fähigkeiten aufweisen und deshalb der Hilfe durch andere bedürfen. Es muss sich um Personen handeln, die körperliche, kognitive oder psychische Beeinträchtigungen oder gesundheitlich bedingte Belastungen oder Anforderungen nicht selbständig kompensieren oder bewältigen können. Die Pflegebedürftigkeit muss auf Dauer, voraussichtlich für mindestens sechs Monate, und mit mindestens der in § 15 festgelegten Schwere bestehen.

§ 14 SGB XI

Nach § 14 Abs. 2 SGB XI müssen dabei folgende Kriterien berücksichtigt werden:

- Mobilität: Positionswechsel im Bett, Halten einer stabilen Sitzposition, Umsetzen, Fortbewegen innerhalb des Wohnbereichs, Treppensteigen;
- kognitive und kommunikative Fähigkeiten: Erkennen von Personen aus dem näheren Umfeld, örtliche Orientierung, zeitliche Orientierung, Erinnern an wesentliche Ereignisse oder Beobachtungen, Steuern von mehrschrittigen Alltagshandlungen, Treffen von Entscheidungen im Alltagsleben, Verstehen von Sachverhalten und Informationen, Erkennen von Risiken und Gefahren, Mitteilen von elementaren Bedürfnissen, Verstehen von Aufforderungen, Beteiligen an einem Gespräch;
- Verhaltensweisen und psychische Problemlagen: motorisch geprägte Verhaltensauffälligkeiten, nächtliche Unruhe, selbstschädigendes und autoaggressives Verhalten, Beschädigen von Gegenständen, physisch aggressives Verhalten gegenüber anderen Personen, verbale Aggression, andere pflegerelevante vokale Auffälligkeiten, Abwehr pflegerischer und anderer unterstützender Maßnahmen, Wahnvorstellungen, Ängste, Antriebslosigkeit bei depressiver Stimmungslage, sozial inadäquate Verhaltensweisen, sonstige pflegerelevante inadäquate Handlungen;

- Selbstversorgung: Waschen des vorderen Oberkörpers, Körperpflege im Bereich des Kopfes, Waschen des Intimbereichs, Duschen und Baden einschließlich Waschen der Haare, An- und Auskleiden des Oberkörpers, An- und Auskleiden des Unterkörpers, mundgerechtes Zubereiten der Nahrung und Eingießen von Getränken, Essen, Trinken, Benutzen einer Toilette oder eines Toilettenstuhls, Bewältigen der Folgen einer Harninkontinenz und Umgang mit Dauerkatheter und Urostoma, Bewältigen der Folgen einer Stuhlinkontinenz und Umgang mit Stoma, Ernährung parenteral oder über Sonde, Bestehen gravierender Probleme bei der Nahrungsaufnahme bei Kindern bis zu 18 Monaten, die einen außergewöhnlich pflegeintensiven Hilfebedarf auslösen;
- Bewältigung von und selbständiger Umgang mit krankheits- oder therapiebedingten Anforderungen und Belastungen:
    - in Bezug auf Medikation, Injektionen, Versorgung intravenöser Zugänge, Absaugen und Sauerstoffgabe, Einreibungen sowie Kälte- und Wärmeanwendungen, Messung und Deutung von Körperzuständen, körpernahe Hilfsmittel,
    - in Bezug auf Verbandswechsel und Wundversorgung, Versorgung mit Stoma, regelmäßige Einmalkatheterisierung und Nutzung von Abführmethoden, Therapiemaßnahmen in häuslicher Umgebung,
    - in Bezug auf zeit- und technikintensive Maßnahmen in häuslicher Umgebung, Arztbesuche, Besuche anderer medizinischer oder therapeutischer Einrichtungen, zeitlich ausgedehnte Besuche medizinischer oder therapeutischer Einrichtungen, Besuch von Einrichtungen zur Frühförderung bei Kindern sowie
    - in Bezug auf das Einhalten einer Diät oder anderer krankheits- oder therapiebedingter Verhaltensvorschriften;
- Gestaltung des Alltagslebens und sozialer Kontakte: Gestaltung des Tagesablaufs und Anpassung an Veränderungen, Ruhen und Schlafen, Sichbeschäftigen, Vornehmen von in die Zukunft gerichteten Planungen, Interaktion mit Personen im direkten Kontakt, Kontaktpflege zu Personen außerhalb des direkten Umfelds.

Bei den Beeinträchtigungen der Selbständigkeit oder der Fähigkeiten, die dazu führen, dass die Haushaltsführung nicht mehr ohne Hilfe bewältigt werden kann, werden bei den obigen Kriterien berücksichtigt.

Aufgrund der obigen Kriterien der Pflegebedürftigkeit bzw. der Beeinträchtigung der Selbständigkeit erfolgt die Einteilung in fünf Pflegegrade (§ 15 SGB XI).

Punktbereich	Voraussetzung
0	keine Beeinträchtigungen der Selbständigkeit oder der Fähigkeiten
1	geringe Beeinträchtigungen der Selbständigkeit oder der Fähigkeiten
2	erhebliche Beeinträchtigungen der Selbständigkeit oder der Fähigkeiten
3	schwere Beeinträchtigungen der Selbständigkeit oder der Fähigkeiten
4	schwerste Beeinträchtigungen der Selbständigkeit

Tab. 2: Überblick Pflegegrade

Jedem Punktbereich in einem Modul werden unter Berücksichtigung der in ihm zum Ausdruck kommenden Schwere der Beeinträchtigungen der Selbständigkeit oder der Fähigkeiten sowie der folgenden Gewichtung der Module Punkte zugeordnet. Die Module des Begutachtungsinstruments werden wie folgt gewichtet:

- Mobilität mit 10 Prozent,
- kognitive und kommunikative Fähigkeiten sowie Verhaltensweisen und psychische Problemlagen zusammen mit 15 Prozent,
- Selbstversorgung mit 40 Prozent,
- Bewältigung von und selbständiger Umgang mit krankheits- oder therapiebedingten Anforderungen und Belastungen mit 20 Prozent,
- Gestaltung des Alltagslebens und sozialer Kontakte mit 15 Prozent.

Zur Ermittlung des Pflegegrades werden die festgestellten Einzelpunkte in jedem Modul addiert sowie dann dem festgelegten Punktbereich und den sich daraus ergebenden gewichteten Punkten zugeordnet. Auf der Basis der erreichten Gesamtpunkte werden pflegebedürftige Personen nach § 15 Abs. 3 SGB XI in einen der nachfolgenden Pflegegrade eingeordnet.

NBA-Punkte	Def. Pflegegrad
ab 12,5 bis unter 27 Gesamtpunkten in den Pflegegrad 1	geringe Beeinträchtigungen der Selbständigkeit oder der Fähigkeiten
ab 27 bis unter 47,5 Gesamtpunkten in den Pflegegrad 2	erhebliche Beeinträchtigungen der Selbständigkeit oder der Fähigkeiten
ab 47,5 bis unter 70 Gesamtpunkten in den Pflegegrad 3	schwere Beeinträchtigungen der Selbständigkeit oder der Fähigkeiten
ab 70 bis unter 90 Gesamtpunkten in den Pflegegrad 4	schwerste Beeinträchtigungen der Selbständigkeit oder der Fähigkeiten

Tab. 3: Ermittlung des Pflegegrades

Tab. 3: Ermittlung des Pflegegrades – Fortsetzung	NBA-Punkte	Def. Pflegegrad
	ab 90 bis 100 Gesamtpunkten in den Pflegegrad 5	schwerste Beeinträchtigungen der Selbständigkeit oder der Fähigkeiten mit besonderen Anforderungen an die pflegerische Versorgung

Pflegebedürftige mit besonderen Bedarfskonstellationen, die einen spezifischen, außergewöhnlich hohen Hilfebedarf mit besonderen Anforderungen an die pflegerische Versorgung aufweisen, können nach § 15 Abs. 4 SGB XI dem Pflegegrad 5 zugeordnet werden, auch wenn ihre Gesamtpunkte unter 90 liegen.

Bei pflegebedürftigen Kindern wird der Pflegegrad durch einen Vergleich der Beeinträchtigungen ihrer Selbständigkeit und ihrer Fähigkeiten mit altersentsprechend entwickelten Kindern ermittelt (§ 15 Abs. 6 SGB XI). Allerdings werden pflegebedürftige Kinder im Alter bis zu 18 Monaten abweichend wie folgt eingestuft:

- ab 12,5 bis unter 27 Gesamtpunkten in den Pflegegrad 2,
- ab 27 bis unter 47,5 Gesamtpunkten in den Pflegegrad 3,
- ab 47,5 bis unter 70 Gesamtpunkten in den Pflegegrad 4,
- ab 70 bis 100 Gesamtpunkten in den Pflegegrad 5.

Für den notwendigen Pflegeaufwand wurden einheitliche Richtlinien für sämtliche Pflegekassen erlassen.

- zu den einzelnen Leistungen für die stationäre Pflege: (▶ Kap. CE 04 A 3.5)
- sowie für ambulante Dienste: (▶ CE 07 A 2.2)

4 Mobbing (Konflikte)

Die Auszubildenden

- [...]
- sind aufmerksam für Spannungen und Konflikte im Team, reflektieren diesbezüglich die eigene Rolle und Persönlichkeit und bringen sich zur Bewältigung von Spannungen und Konflikten konstruktiv im Pflegeteam ein (3.1.f).

[...]
Handlungsanlässe
1./2. Ausbildungsdrittel

- [...]
- Mobbing/Hatespeech«
  (BIBB 2019, S. 58 ff.)

Spannungen und Konflikte im Team sind des Öfteren der Ausgangspunkt bzw. Beginn des »Mobbings«. In Deutschland gibt es zwar kein »Anti-Mobbing-Gesetz«, jedoch hat der Gesetzgeber diese Problematik im Allgemeinen Gleichbehandlungsgesetz (AGG) geregelt. Denn das Mobbing stellt nach § 3 Abs. 3 AGG im Ergebnis die Diskriminierung einer Person dar:

> (3) Eine Belästigung ist eine Benachteiligung, wenn unerwünschte Verhaltensweisen, die mit einem in § 1 genannten Grund in Zusammenhang stehen, bezwecken oder bewirken, dass die Würde der betreffenden Person verletzt und ein von Einschüchterungen, Anfeindungen, Erniedrigungen, Entwürdigungen oder Beleidigungen gekennzeichnetes Umfeld geschaffen wird.

§ 3 Abs 3 AGG

Der in § 1 AGG genannte Grund ist eine unzulässige Diskriminierung.

Das allgemeine Gleichbehandlungsgesetz (AGG) gilt neben verschiedenen anderen Rechtsbereichen nach § 6 AGG auch für Arbeitnehmer/-innen, Auszubildende, Bewerber für einen Arbeits- oder Ausbildungsplatz sowie arbeitnehmerähnliche Personen.

Gemäß § 7 AGG dürfen Beschäftigte nicht wegen eines in § 1 AGG genannten Grundes benachteiligt werden. Derartige Diskriminierungsgründe sind danach beispielsweise:

- die Rasse oder die ethnische Herkunft,
- das Geschlecht,
- die Religion oder Weltanschauung,
- die Behinderung,
- das Alter und
- die sexuelle Identität.

Die nach dem Gesetz verbotenen Verhaltensweisen sind die

- unmittelbare Benachteiligung (§ 3 Abs. 1 AGG),
- die mittelbare Benachteiligung (§ 3 Abs. 2 AGG),
- die Belästigung (§ 3 Abs. 3 AGG) inkl. der sexuellen Belästigung (§ 3 Abs. 4 AGG) sowie
- die Anweisung zu Benachteiligungen (§ 3 Abs. 5 AGG).

Das Gleichbehandlungsgesetz regelt bei Verstößen gegen das Benachteiligungsverbot unter anderem folgende Rechtsfolgen:

- Beschwerderecht (§ 13 AGG) und Maßregelungsverbot (§ 16 AGG),
- Leistungsverweigerungsrecht bei Belästigung (§ 14 AGG),
- Entschädigung und Schadenersatz (§ 15 AGG).

In der Praxis die größte Bedeutung hat die Sanktion gemäß § 15 AGG. Danach ist bei einem Verstoß gegen das Benachteiligungsverbot der Arbeitgeber dazu verpflichtet, den entstandenen Schaden zu ersetzen. Es besteht sogar ein Anspruch auf Schmerzensgeld.

5 Arbeitsschutz

Handlungsanlässe
1./2. Ausbildungsdrittel

- [...]
- institutionelle gesundheitsbezogene Bedingungen, z. B. gesundheitsgefährdende Arbeitsbedingungen/physische und psychische Belastungen am Arbeits- und Lernplatz.
- [...]
- Fokus auf andere Akteure
- [...]
- Maßnahmen der Suchtprävention.
- [...]
- Maßnahmen zur Gewaltprävention (auch sexuelle Gewalt)

[...]
Handlungsmuster
1./2. Ausbildungsdrittel

- [...]
- [...] bewusste Arbeitszeit- und Freizeitgestaltung/Selbstsorge
[...]

Makroebene

- [...]
- Immunisierungsstatus (auch Hepatitis-Impfungen für Angehörige der Gesundheitsberufe), Diskussion der Impfdebatte [...]«
rechtliche Grundlagen: Präventionsgesetz, Finanzierung und Rechtsgrundlagen für Prävention, Haftung und Unterlassung bei Gewalt, Infektionsschutzgesetz.
(BIBB 2019, S. 60 ff.)

5.1 Einleitung Arbeitsschutz

Zum Schutz der Arbeitnehmer, somit auch der Auszubildenden existieren verschiedene Schutzvorschriften, die in speziellen Gesetzen niedergelegt sind. Grundlage des Schutzes des Mitarbeiters eines Krankenhauses oder einer sonstigen Einrichtung ist bereits die Fürsorgepflicht aus der Vorschrift des § 618 BGB. Danach ist die Arbeitsstelle so einzurichten, dass die Arbeitnehmer nicht gefährdet sind. Dieser Schutz umfasst die Gestaltung des Arbeitsplatzes und die Art der Ausführung der Arbeit. Dazu zählt auch der Schutz vor Übergriffen durch Patienten und Bewohner, soweit dies möglich ist. Der Arbeitgeber hat im Rahmen seiner Möglichkeiten den Schutz der Pflegekräfte vor Übergriffen von Bewohnern oder dritten Personen zu gewährleisten.[41]

Neben dem Grundsatz in § 618 BGB existieren spezielle Schutzvorschriften. Dabei handelt es sich im Wesentlichen um folgende Gesetze bzw. Verordnungen:

- Mutterschutzgesetz (MuSchG),
- Jugendarbeitsschutzgesetz (JArbSchG),
- Rehabilitation und Teilhabe von Menschen mit Behinderungen (SGB IX),
- Arbeitszeitgesetz (ArbZG),
- Unfallverhütungsvorschriften (UVV),
- Gewerbeordnung (GewO),
- Arbeitsstättenverordnung (ArbStättV),
- Arbeitsschutzgesetz (ArbSchG),
- Allgemeines Gleichbehandlungsgesetz (AGG),[42]
- Medizinproduktegesetz (MPG)[43] und
- Präventionsgesetz (PrävG).

Die im Bereich der Pflege von Menschen bedeutsamen Schutzvorschriften sollen nachfolgend im Einzelnen dargestellt werden.

5.2 Mutterschutzgesetz

Ziel des Mutterschutzgesetzes ist es, der Frau für die Zeit vor und nach der Entbindung einen besonderen arbeitsrechtlichen Schutz zu gewährleisten. Das Mutterschutzgesetz wird ergänzt durch die Elternzeit nach dem BEEG (Bundeselterngeld- und Elternzeitgesetz), welche die Erziehung des Kleinkindes gewährleistet und der Mutter den Arbeitsplatz erhält. Außerdem wird dadurch das höchste Gut der Gesellschaft, das Menschenleben (hier das ungeborene Leben), das besondere Sorgfalt notwendig hat, geschützt. Der Schutz der erwerbstätigen Mütter ruht auf drei Säulen, nämlich dem

---

41 Ausführlich dazu: Kienzle/Kotschenreuther/Farnkopf, (2020)
42 (▶ Kap. CE 04 A 4)
43 (▶ Kap. CE 02 A 2)

- Gefahrschutz,
- Arbeitsplatzschutz und
- Entgeltschutz.

Um die Anwendung der Schutzvorschriften (§ 5 Abs. 1 Satz 1 MuSchG) auszulösen, soll die Schwangere dem Arbeitgeber unmittelbar nach Kenntnis die Schwangerschaft mitteilen. Eine zwingende Mitteilungspflicht besteht nicht.

Jeder Arbeitgeber ist dazu verpflichtet, auch ohne, dass eine schwangere Frau beschäftigt ist, eine Gefährdungsbeurteilung durchzuführen (§ 10 MuSchG i. V. mit ArbSchG). Es sollen die Gefährdungen nach Art, Ausmaß und Dauer beurteilt werden, denen eine schwangere oder stillende Frau oder ihr Kind ausgesetzt ist oder sein kann (§ 10 Abs. 1 Ziff. 1 MuSchG).

In § 2 MuSchG ist grundsätzlich die Gestaltung des Arbeitsplatzes für »werdende und stillende Mütter« geregelt. Am Arbeitsplatz müssen die erforderlichen Vorkehrungen und Maßnahmen sowohl zum Schutz der schwangeren Arbeitnehmerin als auch der stillenden Mutter getroffen werden (§ 2 Abs. 1 MuSchG). Die Verpflichtung zum Schutz bedeutet auch, dass Sitzgelegenheiten zum Ausruhen bereitgestellt werden müssen und selbstverständlich auch die Gelegenheit gegeben werden muss, sich auszuruhen. Es ist sogar in § 31 ArbStättV vorgesehen, dass Liegeräume für werdende und stillende Mütter zur Verfügung gestellt werden müssen, wenn dies aus gesundheitlichen Gründen notwendig ist. Der Arbeitgeber hat das Recht zur Umsetzung der werdenden Mutter an einen anderen Arbeitsplatz.[44]

Werdende Mütter dürfen in den letzten sechs Wochen vor der Entbindung und acht Wochen danach nicht beschäftigt werden (§ 3 Abs. 2; § 6 Abs. 1 MuSchG). Bei einer Früh- oder Mehrlingsgeburt sowie bei Geburt eines Kindes mit Behinderung erhöht sich die letzte Frist auf zwölf Wochen. Die Mitarbeiterin hat auch Anspruch auf die Schutzfrist von acht Wochen bei einer Totgeburt. Es handelt sich vor der Geburt zwar um ein Beschäftigungsverbot, jedoch besteht eine Einschränkung dahingehend, dass eine (freiwillige) Tätigkeit der Schwangeren innerhalb der Schutzfrist vor der Geburt erfolgen kann, sofern die werdende Mutter sich zur »Arbeitsleistung ausdrücklich bereit erklärt« (§ 3 Abs. 2 Satz 1 2. Halbsatz MuSchG). Diese Bereitschaft kann jederzeit widerrufen werden.

Ein Verzicht auf das Beschäftigungsverbot nach der Geburt ist nicht möglich. Es ist zusätzlich unzulässig, die Schwangere vor dieser Zeit, d. h. zwischen Kenntnis der Schwangerschaft und den sechs Wochen vor der Entbindung, zu beschäftigen, sofern aufgrund eines ärztlichen Attestes durch die Arbeitstätigkeit eine Gesundheitsgefährdung für sie selbst oder den Embryo eintreten könnte (§ 3 Abs. 1 MuSchG). Das

---

44 BAG, AP Nr. 2 zu § 11 MuSchG 1968; AP Nr. 6 zu § 11 MuSchG 1968

Gesetz nennt darüber hinaus in § 4 MuSchG weitere Beschäftigungsverbote, wie

- das regelmäßige Heben von Lasten über 5 kg und gelegentlich über 10 kg (§ 4 Abs. 2 Ziff. 1 MuSchG),
- Arbeiten mit erhöhten Unfallgefahren (§ 4 Abs. 2 Ziff. 8 MuSchG),
- nach Ablauf des fünften Schwangerschaftsmonats Verrichtungen, bei denen die werdende Mutter ständig stehen muss, sofern die Arbeitszeit täglich mehr als vier Stunden dauert (§ 4 Abs. 2 Ziff. 2 MuSchG),
- Arbeiten in Zwangshaltung (Strecken, Hocken etc.; § 4 Abs. 2 Ziff. 3 MuSchG) und
- Tätigkeiten, bei denen die Schwangere der besonderen Gefahr einer Berufskrankheit für sich oder das ungeborene Kind ausgesetzt ist (§ 4 Abs. 2 Ziff. 6 MuSchG).

Da die schwangere Arbeitnehmerin vor Infektionen geschützt werden muss, ist nur ein Umgang mit Krankheitserregern möglich, sofern nachgewiesen wird, dass die Arbeitnehmerin durch Immunisierung ausreichend geschützt ist. In derartigen Fällen gebietet es die Fürsorgepflicht des Arbeitgebers, eine umgehende Versetzung zu veranlassen. Besonders in kirchlichen Einrichtungen ist die Einrichtung aufgrund von § 1 Abs. 4 AVR-Diakonie bzw. AVR-Caritas zu derartigen Schutzmaßnahmen verpflichtet. Für ein mutterschutzrechtliches Beschäftigungsverbot, mit dem der Gefahr einer Infektion mit Aids- oder Hepatitisviren vorgebeugt werden soll, genügt bereits eine sehr geringe Infektionswahrscheinlichkeit.[45]

Schließlich ist bei werdenden Müttern die Nachtarbeit zwischen 20.00 Uhr und 6.00 Uhr (§ 8 Abs. 1 MuSchG) sowie die Tätigkeit an Sonn- und Feiertagen (§ 8 Abs. 1 MuSchG) untersagt. Im Bereich der Pflege darf aber gemäß § 8 Abs. 4 MuSchG eine Beschäftigung an Sonn- und Feiertagen erfolgen, sofern einmal in der Woche eine Ruhezeit von 24 Stunden gewährt wird. Hinsichtlich gilt seit dem Jahr 2018, dass die Aufsichtsbehörde (Gewerbeaufsichtsamt) auf Antrag des Arbeitgebers genehmigen kann, dass eine schwangere oder stillende Frau zwischen 20 Uhr und 22 Uhr beschäftigt wird. Die Voraussetzungen sind nach § 28 MuSchG aber, dass

- sich die Frau dazu ausdrücklich bereit erklärt,
- nach ärztlichem Zeugnis nichts gegen die Beschäftigung der Frau bis 22 Uhr spricht und
- insbesondere eine Gefährdung für die schwangere Frau oder ihr Kind durch Alleinarbeit ausgeschlossen ist.

---

45 BVerwG, NJW 1994, 401

Dem Antrag ist die Dokumentation der Beurteilung der Arbeitsbedingungen beizufügen. Die schwangere oder stillende Frau kann ihre Zustimmung jederzeit mit Wirkung für die Zukunft widerrufen.

Für den Fall einer Schwangerschaft besteht zusätzlich ein besonderer Kündigungsschutz. Dieser Schutz gilt unabhängig davon, ob die betroffene Arbeitnehmerin beim Erhalt der Kündigung von der Schwangerschaft wusste.[46] In diesem Fall muss die Schwangerschaft dem Arbeitgeber innerhalb von zwei Wochen mitgeteilt werden (§ 17 Abs. 1 MuSchG). Selbst wenn die schwangere Mitarbeiterin unverschuldet diese Frist versäumt und danach unverzüglich dem Arbeitgeber die Schwangerschaft mitteilt, gilt der Kündigungsschutz noch. Kündigt die Arbeitnehmerin selbst, d. h. erfolgt eine Eigenkündigung, kann sie diese nicht mit dem Hinweis darauf wegen Irrtums anfechten, dass sie von der Schwangerschaft keine Kenntnis hatte.[47] Die Kündigung ist ansonsten bis zum Ablauf von vier Monaten nach der Geburt des Kindes unzulässig (§ 17 MuSchG).

5.3 Schwerbehindertenrecht

Personen, die an einer körperlichen, geistigen oder seelischen Behinderung leiden und deren Erwerbsfähigkeit dadurch gemindert ist, genießen besonderen sozialen Schutz, der auch im Bereich des Arbeitsrechts gilt. Der Schutz erfolgt allerdings inzwischen nicht mehr durch das Schwerbehindertengesetz, sondern durch das Gesetz zur Rehabilitation und Teilhabe behinderter Menschen (SGB IX).

Schwerbehinderung liegt vor, wenn der Grad der Behinderung (GdB) wenigstens 50 % beträgt.

Die Leistungen zum Ausgleich behinderungsbedingter Nachteile (Nachteilsausgleich) setzen voraus, dass der Grad der Behinderung festgestellt wurde. Sie erhalten nach dem SGB IX besondere Hilfen, wie

- Arbeit und Beruf
  - Freistellung von Mehrarbeit (§ 207 SGB IX)
  - Zusätzlicher Urlaub (§ 208 SGB IX)
  - Besonderer Kündigungsschutz (§ 168 SGB IX)
  - Teilzeit (§ 164 Abs. 5 SGB IX)
  - Besondere Hilfen zur Erlangung und zum Erhalt eines Arbeitsplatzes (§§ 49 ff. SGB IX)
  - Altersrente für schwerbehinderte Menschen (§§ 37, 236a SGB VI)
- Kommunikation
  - Ermäßigung/Befreiung bei Rundfunkgebühren
  - Ermäßigung bei Telefonanschlussgebühren (Sozialtarif)

---

46 BAG, NJW 1997, 610
47 BAG, NJW 1992, 2173

- Mobilität
  - Behindertenparkplätze
  - Parkerleichterungen
  - Befreiung von der Infrastrukturabgabe (Pkw-Maut)
  - Unentgeltliche Beförderung im öffentlichen Nahverkehr (§§ 228 ff. SGB IX)
- Steuerliche Nachteilsausgleiche
  - Pauschbeträge für Menschen mit Behinderungen (§ 33b EStG)
  - Werbungskosten (§ 9 Abs. 2 EStG)
  - Vergünstigungen bei der Kraftfahrzeugsteuer (§ 3a Kraftfahrzeugsteuergesetz)
  - Befreiung von der Hundesteuer
- Wohnen
  - Freibeträge beim Wohngeld (§ 17 Nr. 1 Wohngeldgesetz)
  - Freibetrag bei der sozialen Wohnraumförderung (Ländergesetze sowie § 24 Abs. 1 Nr. 1, 2 Wohnraumförderungsgesetz)
  - Wohnungskündigung – Sozialklausel
  - Barrierefreies Wohnen
- Anderweitige Nachteilsausgleiche
  - Pauschale für behinderungsbedingten Mehrbedarf bei Bezug von Sozialhilfe (§ 30 Abs. 1, 4, 5 SGB XII) und der Grundsicherung für Arbeitsuchende (§ 21 Abs. 4, 5 SGB II)
  - Blindenhilfe des Bundes (§ 72 SGB XII) und Landesblindengeld

Die Nachteilsausgleiche sind im Sozialgesetzbuch – Neuntes Buch (SGB IX), aber auch in anderen Vorschriften geregelt.

5.4 Arbeitszeitrecht

Die regelmäßige Arbeitszeit beträgt für Pflegekräfte aufgrund tarifvertraglicher Regelungen zur Zeit 38,5 Stunden in der Woche. Die Pausen sind dabei nicht enthalten (vgl. § 6 Abs. 1 TVöD).

Zur Arbeitszeit werden in vollem Umfang gerechnet:

- die konkrete Arbeitstätigkeit,
- die Arbeitsbereitschaft und
- der Bereitschaftsdienst, sofern eine unmittelbare Prägung durch den Arbeitszusammenhang gegeben ist.

Die Arbeitszeit kann nach dem Arbeitszeitgesetz (ArbZG) zwar über das normale Maß hinaus bis zu 10 Stunden täglich oder 60 Stunden wöchentlich (Höchstarbeitszeit) verlängert werden, jedoch ist in diesem Fall ein Ausgleich an anderen Tagen zu schaffen, so dass die durchschnittliche Wochenarbeitszeit von 48 Stunden über einen Zeitraum von 24 Wochen nicht überschritten wird (§ 14 ArbZG). Der Arbeitgeber kann den Ausgleich des Arbeitszeitkontos innerhalb einer Zeit von 6 Monaten durchführen, muss aber im Durchschnitt die Grenze von höchstens 48 Stunden wöchentlich beachten. Sofern erforderlich kann der Betrieb, insbesondere im Pflegebereich und in Krankenhäusern, auch die Arbeitsleistung an Sonn- und Feiertagen anordnen (§ 10 ArbZG). Es müssen nach § 11 Abs. 1 ArbZG mindestens 15 Sonntage jährlich arbeitsfrei sein. Bei der Beschäftigung an einem Sonntag muss ein Ersatzruhetag innerhalb von zwei Wochen gewährt werden (§ 11 Abs. 3 ArbZG). Dies gilt ebenfalls für einen Feiertag, wobei hier jedoch der Ausgleichszeitraum acht Wochen beträgt. Die Sonn- und Feiertagsruhe sowie der Ersatzruhetag müssen den Beschäftigten im Zusammenhang, d. h. in unmittelbarer Verbindung mit der Ruhezeit, gewährt werden (§ 11 Abs. 4 ArbZG). Ein Arbeitsvertrag, in dem das Überschreiten der Höchstarbeitszeit vorgesehen ist, kann insoweit nichtig sein.[48] Dies lediglich dann nicht, wenn die Überschreitung nur geringfügig ist oder nur gelegentlich erfolgt.

Die Arbeitnehmer haben gemäß § 4 ArbZG Anspruch darauf, dass in angemessenem Umfang Pausen gewährt werden. Die Pausen betragen bei einer Arbeitszeit von sechs bis zu neun Stunden 30 Minuten (§ 4 Satz 1 ArbZG) und bei einer Tätigkeit über neun Stunden 45 Minuten. Länger als sechs Stunden darf der Arbeitnehmer nach § 4 Satz 3 ArbZG nicht ohne Pause arbeiten, so dass spätestens nach sechs Stunden die erste Pause zu gewähren ist. Die Praxis in einigen Krankenhäusern und Heimen, die Pause nach Schichtende, d. h. in der Regel nach sieben Stunden, zu gewähren, ist deshalb rechtswidrig. Die Pausen dürfen allerdings in Teilabschnitte von 15 Minuten aufgeteilt werden, so dass es möglich wäre, nach sechs Stunden eine erste Pause von 15 Minuten zu gewähren und später den »Rest«. Davon lässt aber § 7 Abs. 1 Nr. 2 ArbZG wiederum eine Ausnahme dahingehend zu, dass der Arbeitgeber berechtigt ist, in Schichtbetrieben Kurzpausen zu gewähren. Das Gesetz legt dazu keine Dauer fest. Es muss jedoch davon ausgegangen werden, dass eine Dauer unter 10 Minuten keinen arbeitsmedizinischen Nutzen hat und folglich die Kurzpause nicht geringer sein darf. Die Beschäftigten können auf der Grundlage des Arbeitszeitgesetzes fordern, dass die Pausen im Voraus, d. h. spätestens zu Beginn des Arbeitstages, festgelegt werden.[49] Sie können gleichfalls fordern, dass während der Pause keinerlei Arbeit, auch nicht Bereitschaftsdienst oder ähnliches, geleistet wird. Sie müssen die Möglichkeit haben, ihren Arbeitsplatz während der Pause zu verlassen.[50] Der Betrieb soll für die Pausenzeiten geeignete Räume zur Verfügung stellen. Hinsichtlich der Festlegung der Pausen hat der Betriebs- bzw. Personalrat ein Mitbestimmungsrecht (§ 87 BetrVerfG).

---

48 BAG, NJW 1959, S. 1746
49 BT-Dr. 12/5888, S. 24
50 BAG, Urt. v. 23.09.1992, Az.: 4 AZR 562/91; BAG, Urt. v. 29.10.2002, Az. 1 AZR 603/01; BAG, Urt. v. 16.12.2009, Az. 5 AZR 157/09

Neben den Pausen stehen den Arbeitnehmern noch bestimmte Ruhezeiten zu. Als Ruhezeit ist derjenige Zeitraum zu verstehen, der zwischen zwei Arbeitsperioden als Freizeit zu gewähren ist. Dies bedeutet, dass als Ruhezeit der Zeitraum zwischen Ende der Arbeit und Wiederbeginn bzw. zwischen zwei Bereitschaftsdiensten gilt. Es sind vom Gesetzgeber für die Ruhezeit Mindestzeiten festgelegt. Die Ruhezeit muss mindestens 11 Stunden betragen (§ 5 Abs. 1 ArbZG). Der Bereitschaftsdienst ist von der Ruhezeit abzuziehen. Dieser ist wie die Arbeitszeit zu bewerten und mit einem Anteil von 15 % bis 55 % als Arbeitszeit anzurechnen. Auch die Rufbereitschaft zählt nun als Arbeitszeit und wird mit einem Anteil von 12,5 % als Arbeitszeit gerechnet. In Krankenhäusern, Heimen etc. ist es allerdings möglich, die Ruhezeit, um eine Stunde auf 10 Stunden zu verkürzen. Diese Verkürzung muss aber innerhalb von vier Wochen durch eine Verlängerung der Ruhezeit auf 12 Stunden ausgeglichen werden (§ 5 Abs. 2 ArbZG).

Nach der Rechtsprechung des Europäischen Gerichtshofs sind als Arbeitszeit zu werten:

- Arbeitstätigkeit,
- Bereitschaftsdienst und
- Rufbereitschaft.

Die Arbeitnehmer sind grundsätzlich zur Leistung von Überstunden verpflichtet, sofern eine betriebliche Notwendigkeit besteht. Überstunden sind Arbeitsstunden, die über die regelmäßige Arbeitszeit hinausgehen.[51] Die Überstunden sind vom Betrieb zu dokumentieren (§ 16 Abs. 2 ArbZG). Für besondere Arbeitsleistungen sind Zeitzuschläge vorgesehen. Die Festlegung von Überstunden bei einzelnen Beschäftigten stellt die Ausübung des Direktionsrechts dar. Der Arbeitgeber muss dabei jedoch nach billigem Ermessen diese festlegen und den Grundsatz der Gleichbehandlung beachten. Er darf deshalb ohne sachlichen Grund nicht einzelne Arbeitnehmer von der Leistung von Überstunden ausschließen.[52]

Bei der Nacht- und der Schichtarbeit muss die Arbeitszeit nach gesicherten arbeitswissenschaftlichen Kriterien festgelegt werden (§ 6 ArbZG). Für besondere Arbeitsleistungen sind Zeitzuschläge vorgesehen.

Zu der weit verbreiteten Problematik der »Minusstunden« wird auf § 615 BGB hingewiesen. Der Arbeitnehmer kann trotzdem die volle Vergütung einfordern.

Im Jahre 2020 kam es zur weltweiten »Corona-Krise«. Mit den verschiedenen Gesetzespaketen zu deren Bewältigung wurde auch die ge-

---

51 Fundstelle BAG, Urt. v. 19.12.2018, Az.: 10 AZR 231/18
52 Dies könnte als Diskriminierung und damit Verstoß gegen das Antragsgegnerin gesehen werden.

setzliche Grundlage zur Änderung des Arbeitszeitgesetzes geschaffen.[53] In dessen Art. 8 werden das Bundesarbeitsministerium und das Bundesgesundheitsministerium zu einer Rechtsverordnung mit dem Zweck der Änderung der Arbeitszeiten für Pflegekräfte ermächtigt. Mit der »COVID-19-Arbeitszeitverordnung – COVID-19-ArbZV vom 07.04.2020 wurde dann den Arbeitgebern das Recht eingeräumt, die Arbeitszeit bis auf 12 Stunden zu verlängern sowie die Ruhezeit auf neun Stunden zu verkürzen. Es wurde auch die Sonn- und Feiertagsbeschäftigung ausgeweitet.[54]

5.5 Unfallverhütungsvorschriften

Die Unfallverhütungsvorschriften für bestimmte Berufsgruppen werden von den jeweiligen Berufsgenossenschaften festgelegt. Sie dienen dazu, den Arbeitnehmer vor vermeidbaren Gefährdungen infolge des Berufes zu schützen. Für den Bereich der Pflege ist die Berufsgenossenschaft für Gesundheitsdienst und Wohlfahrtspflege zuständig. Die staatlichen und kommunalen Einrichtungen sind jedoch der Aufsicht eigener Unfallversicherungen unterstellt.

Der Regelungsbereich der Unfallverhütungsvorschriften ist sehr weit. Es finden sich darin Richtlinien zur Entsorgung von Abfällen, zur Durchführung von Vorsorgeuntersuchungen, zur Auswahl der Mitarbeiter, zu Besonderheiten der Reinigung und Desinfektion sowie zur Benutzung von Schutzkleidung, wie z. B. spezieller Handschuhe. Die Vorschriften regeln jedoch auch den Umgang mit den zu pflegenden Menschen, insbesondere den Schutz der Pflegekräfte vor Gesundheitsschädigungen, beispielsweise beim Heben und Umlagern.

5.6 Gewerbeordnung

Die Gewerbeaufsichtsämter sind nach der Gewerbeordnung dazu verpflichtet und berechtigt, besondere Anlagen und Einrichtungen, wozu auch Krankenhäuser und Heime zählen, zu überwachen und gegebenenfalls Genehmigungen zu erteilen (§ 24 GewO). Bei schwerwiegenden Verstößen gegen Sicherheitsvorschriften kann eine Stilllegung oder bei Unzuverlässigkeit des Betriebsinhabers die Gewerbeuntersagung erfolgen.

---

53 Art. 8 des Gesetzes vom 27. März 2020, Gesetz für den erleichterten Zugang zu sozialer Sicherung und zum Einsatz und zur Absicherung sozialer Dienstleister aufgrund des Coronavirus SARS-CoV-2 (Sozialschutz-Paket, (BGBl. I S. 575).
54 Verordnung zu Abweichungen vom Arbeitszeitgesetz infolge der COVID-19-Epidemie vom 7.04.2020

5.7 Arbeitsstättenverordnung

Die Arbeitsstättenverordnung regelt die Ausstattung des Arbeitsplatzes, der Arbeitsräume, der Pausen- und Sanitärräume sowie von Bereitschaftsräumen. Die Arbeitsstättenverordnung regelt beispielsweise die Lichtverhältnisse am Arbeitsplatz und den Schutz von Nichtrauchern. Diese Verordnung dient damit dem Schutz der Arbeitnehmer vor Beeinträchtigungen durch den Arbeitsplatz.

5.8 Arbeitsschutzgesetz

Ziel des Gesetzes ist die Verbesserung der Sicherheit und des Gesundheitsschutzes der Arbeitnehmer durch Maßnahmen des Arbeitsschutzes (§ 1 Abs. 1 ArbSchG).

Der Arbeitgeber trägt die Verantwortung für den Arbeitsschutz im Betrieb (§ 3 ArbSchG). Er hat diese Pflichten selbst zu erfüllen, kann sie aber auch auf verantwortliche Personen, die den Ablauf der Arbeit bestimmen, übertragen (§ 13 Abs. 2 ArbSchG). Der Arbeitgeber muss nach § 3 Abs. 2 ArbSchG eine geeignete Organisation für den Arbeitsschutz schaffen. Außerdem muss er gemäß § 4 ArbSchG

- die Arbeit so gestalten, dass eine Gefährdung für die Gesundheit möglichst vermieden bzw. eine verbleibende Gefährdung soweit möglich verringert wird,
- Gefahren an ihrer Quelle bekämpfen,
- bei den Schutzmaßnahmen den aktuellen Stand der Technik sowie Hygiene und Arbeitsmedizin berücksichtigen,
- Schutzmaßnahmen so planen, dass Technik, Arbeitsorganisation, Arbeitsbedingungen, soziale Beziehungen und Einfluss der Umwelt optimal verknüpft werden,
- allgemeine Schutzmaßnahmen vorrangig vor individuellen Schutzmaßnahmen treffen,
- spezielle Gefahren für besonders schutzwürdige Beschäftigte berücksichtigen,
- den Mitarbeitern geeignete Anweisungen geben und
- geschlechtsspezifische Maßnahmen nur dort treffen, wo dies unbedingt notwendig ist.

Vor den gesetzlich vorgeschriebenen Arbeitsschutzmaßnahmen muss jeder »Betrieb« eine Gefährdungsanalyse erstellen und dokumentieren (§ 5 Abs. 1 und 2; § 6 Abs. 1 ArbSchG), auch hinsichtlich psychischer Gefahren, inklusive Maßnahmen der Suchtprävention. Im Rahmen der Beurteilungen von Risiken sind nach § 5 ArbSchG folgende Gefährdungen zu beurteilen:

- Gestaltung und Einrichtung des Arbeitsplatzes
- Physikalische, chemische und biologische Einflüsse

- Gestaltung, Auswahl, Einsatz und Nutzung von Arbeitsmitteln, wie zum Beispiel Arbeitsstoffe, Maschinen, Geräte und Anlagen
- Gestaltung von Arbeitsabläufen und Arbeitszeit
- Qualifikation und Unterweisung der Beschäftigten
- Psychische Belastungen am Arbeitsplatz

Zu den Pflichten des Arbeitgebers zählen beim Arbeitsschutz auch Maßnahmen zur Gewaltprävention (auch bei sexueller Gewalt) Bei sexueller Gewalt[55] ergibt sich die Pflicht auch aus den Allgemeinen Gleichbehandlungsgesetz, dort den § 3 Abs. 4 und § 12 AGG.

Hinsichtlich der persönlichen Schutzausrüstung gilt nach der PSA-Benutzungsverordnung, einer Verordnung zum Arbeitsschutzgesetz, Folgendes:

Unter persönlicher Schutzausrüstung ist jede Ausrüstung zu verstehen, die getragen wird, um den Arbeitnehmer vor Gefährdungen zu schützen (§ 1 PSA-BV).

Unter den Begriff fallen folglich im Pflegebereich Handschuhe, Schürzen, Berufskleidung im weitesten Sinn, Mundschutz etc. Die Regelungen dazu werden durch die Unfallverhütungsvorschriften ergänzt, wodurch ein lückenloser Schutz der Beschäftigten gewährleistet werden soll. Der Arbeitgeber muss diejenigen Schutzausrüstungen auswählen, die tatsächlich Schutz vor den konkreten Gefahren bieten, für die Bedingungen geeignet sind, die am Arbeitsplatz herrschen sowie den ergonomischen und gesundheitlichen Anforderungen genügen (§ 2 PSA-BV). Die Schutzausrüstung muss individuell für den jeweiligen Beschäftigten angepasst sein und ist grundsätzlich für den Gebrauch einer Person bestimmt.[56] Der Arbeitgeber ist selbstverständlich auch für die Pflege der Ausrüstung zuständig, was auch den hygienisch einwandfreien Zustand einschließt (§ 2 Abs. 4 PSA-BV). Die Verordnung geht wie das Arbeitsschutzgesetz davon aus, das die persönliche Schutzausrüstung nur für einzelne Beschäftigte und spezielle Gefahrensituationen bestimmt sein kann (§ 4 Nr. 5 ArbSchG). Bei einer Gefährdung mehrerer Arbeitnehmer müssen die gesundheitlichen Gefahren oder hygienischen Probleme durch andere Schutzmaßnahmen verhindert bzw. beseitigt werden.

Nach der Lasthandhabverordnung muss jeder Arbeitgeber seinen Betrieb so organisieren, dass die manuelle Handhabung von Lasten (Tragen, Heben) so weit wie möglich vermieden wird. Diese Verordnung gilt auch für den Gesundheitsdienst.[57] Ist das Bewegen von Lasten, beispielsweise eines Patienten oder Heimbewohners, nicht zu vermeiden, müssen Maßnahmen getroffen werden, um die Gefahr für die Beschäftigten möglichst gering zu halten (§ 2 LasthandhabV). Müssen

---

55 siehe auch nachfolgend unter Ziff. 8
56 Wlotzke, NJW 1997, 1469, 1471
57 Wlotzke, a. a. O.

Lasten von Hand bewegt werden, hat der Arbeitgeber die körperliche Eignung der Beschäftigten besonders zu berücksichtigen.

Zur Abwehr bestehender Sicherheits- und Gesundheitsgefahren hat das Arbeitsschutzgesetz besondere Rechte für die Arbeitnehmer vorgesehen: Gemäß § 17 ArbSchG können die Beschäftigten aufgrund konkreter Gefahren beim Arbeitgeber Beschwerde erheben. Bleibt dies erfolglos, können sich die Arbeitnehmer an die zuständige Behörde wenden. Dabei müssen sie keine Nachteile, beispielsweise eine Kündigung, befürchten. Sowohl die Arbeitnehmer als auch der Betriebs- oder Personalrat oder die Mitarbeitervertretung sind über die Arbeitsschutzmaßnahmen zu unterrichten und anzuhören. Zu den Aufgaben des Betriebs- oder Personalrats bzw. der Mitarbeitervertretung zählt, die Einhaltung von Schutzvorschriften zu kontrollieren (§ 80 Abs. 1 Satz 1 BetrVerfG).

5.9 Schutz vor sexueller Belästigung

Vor allem Frauen sind Belästigungen sexueller Art am Arbeitsplatz ausgesetzt. Nach dem Allgemeinen Gleichbehandlungsgesetz liegt eine sexuelle Belästigung nach dessen § 3 Abs. 4 vor:

> (4) Eine sexuelle Belästigung ist eine Benachteiligung […] ein unerwünschtes, sexuell bestimmtes Verhalten, wozu auch unerwünschte sexuelle Handlungen und Aufforderungen zu diesen, sexuell bestimmte körperliche Berührungen, Bemerkungen sexuellen Inhalts sowie unerwünschtes Zeigen und sichtbares Anbringen von pornographischen Darstellungen gehören, bezweckt oder bewirkt, dass die Würde der betreffenden Person verletzt wird, insbesondere wenn ein von Einschüchterungen, Anfeindungen, Erniedrigungen, Entwürdigungen oder Beleidigungen gekennzeichnetes Umfeld geschaffen wird.

§ 3 Abs. 4 AGG

Die Definition der sexuellen Belästigung ist dabei bewusst weit gefasst. Unter sie fallen somit alle Handlungen mit sexuellem Bezug, welche für die Betroffenen unerwünscht sind.

Der Arbeitgeber ist zwar bereits im Rahmen seiner Fürsorgepflicht dazu verpflichtet, sexuelle Belästigungen zu verhindern und Schutzmaßnahmen zu treffen. Der Begriff der sexuellen Belästigung war jedoch bisher kaum bestimmt. Teilweise war zusätzlich der Vorgesetzte selbst »Täter«, was den Schutz der Betroffenen erheblich erschwert und in der Praxis des Öfteren keinerlei Schutz geboten hat.

Mit § 3 Abs. 4 AGG ist die gesetzliche Basis für Maßnahmen gegenüber den Belästigern geschaffen, gleichgültig, ob es sich um andere Arbeitnehmer oder Vertreter des Arbeitgebers (Vorgesetzte) handelt. Der Arbeitgeber ist durch § 12 AGG zu geeigneten Maßnahmen verpflichtet. Denkbar und möglich sind:

- Abmahnung,
- Umsetzung,
- Versetzung oder
- Kündigung.

Dies bedeutet in schwerwiegenden Fällen, dass gegenüber dem Belästiger die außerordentliche, also fristlose Kündigung ausgesprochen werden muss. Liegt zusätzlich eine strafbare Handlung, beispielsweise eine sexuelle Nötigung oder Vergewaltigung, vor, kann der oder die Betroffene Strafanzeige erstatten. Liegt, was in der Mehrzahl der Fälle zu bejahen sein dürfte, eine Verletzung des Persönlichkeitsrechts der oder des betroffenen Beschäftigten vor, kann er oder sie Schadenersatz bzw. Schmerzensgeld fordern.

Die Rechte des Betriebsrates (§ 87 Abs. 1 Nr. 1, §§ 99, 102 BetrVerfG) und des Personalrates (§ 75 Abs. 1 Nr. 2–4a, Abs. 3 Nr. 15, § 77 Abs. 2, § 79 BPersVG sowie die entsprechenden Vorschriften der Personalvertretungsgesetze der Länder) müssen berücksichtigt werden.

Die Betroffenen haben gemäß § 13 AGG ein Beschwerderecht sowie nach § 14 AGG ein Leistungsverweigerungsrecht und nach § 15 AGG das Recht auf Schadensersatz und Schmerzensgeld, wenn sie sich sexuellen Belästigungen vonseiten anderer Beschäftigter, von Vorgesetzten, vom Arbeitgeber oder von Dritten am Arbeitsplatz ausgesetzt fühlen. Problematisch kann in der Praxis die Frage der Beweislast sein. Deshalb wurde mit § 22 AGG geregelt:

§ 22 AGG | Wenn im Streitfall die eine Partei Indizien beweist, die eine Benachteiligung [...] vermuten lassen, trägt die andere Partei die Beweislast dafür, dass kein Verstoß gegen die Bestimmungen zum Schutz vor Benachteiligung vorgelegen hat.

Dies bedeutet, dass die betroffene Person nur Indizien benennen muss, welche die Belästigung als wahrscheinlich darstellen.

Nach einer Entscheidung des Bundesverwaltungsgerichts[58] stellt die sexuelle Belästigung ein Dienstvergehen dar, das selbst bei Beamten Sanktionen (Disziplinarmaßnahmen) rechtfertigt. Die Rechtsordnung akzeptiert derartige Übergriffe folglich nicht mehr und gewährt den Betroffenen, insbesondere den Frauen, nunmehr Schutz.

5.10 Allgemeines Gleichbehandlungsgesetz

- Mobbing: (▶ Kap. CE 04 A 4)
- Allgemeines Gleichbehandlungsgesetz: (▶ Kap. CE 04 A 5.10)

---

58 BVerwG, NJW 1997, 958

5.11 Präventionsgesetz

Zweck des Präventionsgesetzes[59] ist die Stärkung der »Zusammenarbeit der Akteure in der Prävention und Gesundheitsförderung«. In die Prävention, d. h. in die Zusammenarbeit einbezogen werden die gesetzlichen Krankenversicherung und Rentenversicherung sowie die gesetzliche Unfallversicherung und Pflegeversicherung. Dazu noch die Unternehmen der privaten Krankenversicherung.

- In einer Nationalen Präventionskonferenz legen die Sozialversicherungsträger unter Beteiligung insbesondere von Bund, Ländern, Kommunen, der Bundesagentur für Arbeit, der Interessenvertretungen der Patientinnen und Patienten und der Sozialpartner gemeinsame Ziele fest und verständigen sich auf ein gemeinsames Vorgehen;
- Auch in der Pflegeversicherung werden Präventionsleistungen bezahlt;
- Verschiedene Maßnahmen sollen die Schutzimpfung fördern: Es besteht die Pflicht der Eltern und sonstigen Sorgeberechtigten, alle Gesundheits-Untersuchungen von Kindern, Jugendlichen und Erwachsenen in Anspruch zu nehmen, auch um den Impfschutz zu überprüfen und wichtige Schutzimpfungen vorzunehmen. Deshalb wird der Nachweis über die ärztliche Impfberatung Voraussetzung für die Aufnahme in die Kita.[60] Darüber hinaus wurden die Landesbehörden dazu ermächtigt, ungeimpften Kindern vorübergehend den Besuch von Gemeinschaftseinrichtungen zu untersagen, wenn dort Masernfälle auftreten.
- Auch Betriebsärzte sollen künftig – zusätzlich zu Vertragsärzten – allgemeine Schutzimpfungen durchführen können. Medizinische Einrichtungen dürfen den Impfstatus ihrer Beschäftigten abfragen,[61] die Einstellung von Beschäftigten vom Bestehen eines erforderlichen Impf- und Immunschutz abhängig machen und ihre Beschäftigten so einsetzen, dass vermeidbaren Infektionsrisiken vorgebeugt wird.
- Schließlich sind die Krankenkassen durch das Präventionsgesetz verpflichtet worden, mehr Leistungen für die »Primäre Prävention und Gesundheitsförderung« (§ 20 SGB V) vorzusehen. Genannt sind unter anderem ausdrücklich arbeitsmedizinische und auch suchtpräventive Aspekte.

Für Pflegekräfte gilt nun aber auch, dass die Krankenhäuser zum Erheben, Verarbeiten und Nutzen von personenbezogenen Daten von Beschäftigten zum Impfstatus berechtigt sind (§ 23a IfSG). Jeder Beschäf-

---
59 Gesetz zur Stärkung der Gesundheitsförderung und der Prävention v. 17.07.2015
60 Quelle: Bundesministerium für Gesundheit
61 dazu auch: (▶ Kap. CE 04 A 6.11)

tigte ist dann zur wahrheitsgemäßen Auskunft verpflichtet. Dies ergibt sich insbesondere aus der Verantwortung für die Patientensicherheit.

5.12 Betriebliches Gesundheitsmanagement

Der wichtigste Faktor in jedem Unternehmen, also auch im Bereich der Pflege, sind die sogenannten personellen Ressourcen, also eine motivierte und gesunde Belegschaft. Das Betriebliche Gesundheitsmanagement (BGM) beinhaltet das »systematische und nachhaltige Bemühen um die gesundheitsförderliche Gestaltung von Strukturen und Prozessen und um die gesundheitsförderliche Befähigung der Beschäftigten«.[62] Dabei geht es darum, gesundheitsgerechte Rahmenbedingungen zu schaffen und die Mitarbeiter dazu zu animieren, sich gesundheitsgerecht zu verhalten, dadurch unter anderem die Fehlzeiten zu verringern.

Ein gutes Betriebliches Gesundheitsmanagement enthält daher folgende Elemente:

- Arbeitsschutz: Vermeidung von Arbeitsunfällen und Berufskrankheiten,
- Berufliches Eingliederungsmanagement (BEM): Überwindung von Arbeitsunfähigkeit und Vermeidung von Fehlzeiten inkl. Wiedereingliederung von chronisch kranken Mitarbeitern,
- Maßnahmen zur Gesundheitsförderung und
- Organisationsentwicklung.

Im betrieblichen Gesundheitsmanagement muss ganzheitlich zur Verbesserung oder Erhaltung der Gesundheit der Mitarbeiter vorgegangen werden. Auf der Ebene der Organisation, also der Organisationsentwicklung die Verbesserung:

- der Kommunikation,
- der Unternehmenskultur und
- der internen Abläufe und Tätigkeitsfelder inklusive des Informationsflusses sowie
- Schulung/Begleitung Mitarbeiter bei Konflikten, Unsicherheit, Rivalität und
- Verbesserung der Zusammenarbeit im Team.

Im Rahmen eines guten Gesundheitsmanagements sind unter anderem eine Verhaltensänderung inklusive dem Hinterfragen von alten Gewohnheiten etc. notwendig.

---

62 Expertenkommission: Zukunftsfähige betriebliche Gesundheitspolitik, 2004:113, hrsg. von Bertelsmann Stiftung – Hans-Böckler-Stiftung

CE 04 B Gesundheit von Kindern und Jugendlichen fördern und präventiv handeln

1 Schutz Kindeswohl

Handlungsanlässe
1./2. Ausbildungsdrittel

- [...]
- beeinträchtigte Familienprozesse und fehlende individuelle und familiäre Schutz- und Risikofaktoren für das Kindeswohl.
(BIBB 2019, S. 60)

1.1 Schutzauftrag für Kinder

Der Gesetzgeber hat inzwischen sowohl die bestehenden Gesetze zum Schutz von Kindern und Jugendlichen verbessert als auch Kinderschutzgesetze (auf Bundes- und Landesebene) erlassen.

Grundlage des staatlichen Schutzauftrages gegenüber Kindern und Jugendlichen ist auch unser Grundgesetz, dort unter anderem Art. 6 GG:

> (1) Ehe und Familie stehen unter dem besonderen Schutze der staatlichen Ordnung.
> (2) Pflege und Erziehung der Kinder sind das natürliche Recht der Eltern und die zuvörderst ihnen obliegende Pflicht. Über ihre Betätigung wacht die staatliche Gemeinschaft.
> (3) Gegen den Willen der Erziehungsberechtigten dürfen Kinder nur auf Grund eines Gesetzes von der Familie getrennt werden, wenn die Erziehungsberechtigten versagen oder wenn die Kinder aus anderen Gründen zu verwahrlosen drohen.
> [...]

Art. 6. GG

Wichtig ist, dass dieser Artikel des Grundgesetzes den Eltern zwar das Recht gibt, über die Erziehung und die »Pflege« ihrer Kinder selbst zu bestimmen, jedoch auch ein Pflicht ist, über welche der Staat zum Wohl der Kinder wachen darf und muss. Dies ergibt sich auch daraus, dass auch Kindern die Grundrechte der Menschenwürde[63] sowie das Persönlichkeitsrecht und das Recht auf körperliche Unversehrtheit bzw. Leben zustehen. Dies bedeutet im Pflegebereich unter anderem, dass medizinisch notwendige Maßnahmen nicht durch die Eltern abgelehnt werden dürfen.[64]

1.2 Sorgerecht

Die leiblichen Eltern haben die Pflicht und das Recht, für ihr minderjähriges Kind zu sorgen, sie haben somit nach § 1626 BGB die elterliche Sorge. Diese umfasst die Personen- und Vermögenssorge:

§ 1626 BGB

> (1) Die Eltern haben die Pflicht und das Recht, für das minderjährige Kind zu sorgen (elterliche Sorge). Die elterliche Sorge umfasst die Sorge für die Person des Kindes (Personensorge) und das Vermögen des Kindes (Vermögenssorge).

Das Sorgerecht ist verfassungsrechtlich durch Art. 6 GG garantiert, gibt aber Eltern nicht nur das Sorge*recht*, sondern auch die *Pflicht*.

Die Personensorge beinhaltet das Recht der Eltern, ihre Kinder selbst zu erziehen und den Aufenthalt des Kindes zu bestimmen. Das Sorgerecht muss stets *zum Wohl des Kindes ausgeübt* werden (§ 1627 BGB). Bei Gefährdung des Kindes kann das Familiengericht zusammen mit dem zuständigen Jugendamt Maßnahmen ergreifen (§ 1666 BGB). Dies gilt im Pflegebereich vor allem dann, wenn die Eltern medizinisch notwendige Maßnahmen verweigern.[65] In einem derartigen Fall verstößt die Ablehnung eindeutig gegen das Wohl des Kindes, da es den Eltern selbstverständlich nicht gestattet ist, aufgrund eigener – beispielsweise weltanschaulicher Erwägungen – die Gesundheit oder das Leben des Kindes zu gefährden. Das Familiengericht kann deshalb das Sorgerecht (teilweise) entziehen und anstatt der Eltern durch einen Vormund die Einwilligung in die medizinische Maßnahme anstatt der Eltern über § 1666 BGB erteilen.[66] Ein völliger Entzug des Sorgerechts ist allerdings im Einzelfall nicht möglich, kommt jedoch bei wiederholter Missachtung des Wohls des Kindes in Betracht.

Da die Ausübung des Sorgerechts zum Wohl des Kindes erfolgen muss, sind die Bedürfnisse des Kindes in körperlicher und in psychischer Hinsicht zu berücksichtigen. Der Gesetzgeber hat dazu festgelegt, dass die wachsende Fähigkeit und das wachsende Bedürfnis des Kindes zu selbstständigem verantwortungsbewusstem Handeln berücksichtigt werden und das Kind ab einem entsprechenden Entwicklungsstand, d. h. bei entsprechender altersbedingter Reife, in die Entschei-

---

63 siehe ausführlich unter: (▶ Kap. CE 01 1.1)
64 vgl. unter anderem: (▶ Kap. CE 01 1.3)
65 Palandt (2020) § 1666, Rdn. 25
66 OLG Celle, NJW 1995, 792

dungsprozesse, die seine Person betreffen, einbezogen werden muss (§ 1626 Abs. 2 BGB). Es ist daher eine Berücksichtigung der Wünsche und der intellektuellen Anlage des Kindes erforderlich und vom Gesetzgeber zwingend vorgesehen. Erfolgt diese Berücksichtigung nicht, kann durch das Kind oder Dritte (z. B. Jugendamt) das Familiengericht angerufen werden.

Die obigen Grundsätze bedeuten für die Pflegepraxis, dass die Pflegekräfte ihre fachliche Kompetenz einbringen können, sofern die Eltern eines minderjährigen Patienten dessen Bedürfnisse nicht berücksichtigen.

Das Gericht muss jedoch vor einer Trennung des Kindes von den Eltern, beispielsweise zur Unterbringung in einem Heim oder einer Pflegefamilie, zuerst prüfen, ob andere Maßnahmen möglich und sinnvoll sind (§ 1666a BGB).

Entwürdigende Erziehungsmaßnahmen, wozu unter anderem die körperliche Misshandlung zählt, sind gemäß § 1631 Abs. 2 BGB ausgeschlossen.

Die freiheitsentziehende Unterbringung eines Kindes, beispielsweise auf Veranlassung der Eltern in einem Heim oder der Kinder- und Jugendpsychiatrie, muss vom Familiengericht nach § 1631b BGB genehmigt werden. Diese ist nur zu erteilen, sofern das Wohl des Kindes gefährdet ist.

Mit der Neuregelung des Vormundschafts- und Pflegschaftsrechts seit dem 1.01.1992 ist die Möglichkeit einer Sterilisation von Minderjährigen, von Kindern und von Jugendlichen durch § 1631c BGB ausgeschlossen.

1.3 Jugendhilfe

Neben dem Sorgerecht aus dem BGB enthält auch das Recht der Jugendhilfe im SGB VIII verschiedene Regelungen zum Schutz von Kindern.

Nach dessen § 1 Abs. 1 hat jeder junge Mensch ein Recht auf Förderung seiner Entwicklung und auf Erziehung zu einer eigenverantwortlichen und gemeinschaftsfähigen Persönlichkeit. In § 1 Abs. 2 wird nochmals festgelegt, dass zwar die Pflege und Erziehung der Kinder das »natürliche Recht der Eltern« sind, jedoch auch ihre Pflicht.

Die Jugendhilfe, d. h. die Jugendämter sollen zur Verwirklichung des Rechts der Kinder und Jugendlichen beitragen (§ 1 Abs. 3 SGB VIII). Dazu sollen die Jugendämter Eltern und andere Erziehungsberechtigte beraten und unterstützen sowie Kinder und Jugendliche vor Gefahren für ihr Wohl schützen.

Einen besonderen Schutzauftrag für Kinder und Jugendliche, also bei Kindeswohlgefährdung haben die Jugendämter gemäß § 8a SGB VIII. Dazu kann das Jugendamt nicht nur das Familiengericht anrufen, sondern bei dringender Gefahr das Kind oder den Jugendlichen in Obhut nehmen (§§ 8a und 42 SGB VIII). Vorgesehen ist, sofern erforderlich, auch die Nutzung von »Einrichtungen der Gesundheitshilfe« oder der Polizei (§ 8a Abs. 3 SGB VIII).

1.4 Kinderschutzgesetz(e)

In diesem Bereich ist wieder zwischen Bundesrecht bzw. Bundesgesetz und Ländergesetzen zu unterscheiden. Die »richtigen« Kinderschutzgesetze gibt es nur als Landesrecht, da die Jugendhilfe (wie auch Schulrecht) Angelegenheit der Bundesländer ist.

Auf Bundesebene gibt es das Bundeskinderschutzgesetz (BKiSchG), welches ein sogenanntes Artikelgesetz ist, das in mehreren Artikeln den Schutz von Kindern und Jugendlichen regelt. Dies in Art. 1 mit dem »Gesetz zur Kooperation und Information im Kinderschutz« (KKG) vom 22. Dezember 2011, das zuletzt durch Artikel 20 Absatz 1 des Gesetzes vom 23. Dezember 2016 geändert worden ist.

Ziel des KKG ist, »das Wohl von Kindern und Jugendlichen zu schützen und ihre körperliche, geistige und seelische Entwicklung zu fördern« (§ 1 Abs. 1 KKG). Diese Vorschrift nennt in den Absätzen 3 und 4 das Erkennen von Risiken für die Entwicklung von Kindern und Jugendlichen sowie die Vermeidung von Gefährdungen des Kindeswohls und Maßnahmen zur Beseitigung. Zu diesem Zweck ist die Unterstützung der Eltern insbesondere durch Information, Beratung und Hilfe vorgesehen. Es sind ausdrücklich möglichst frühzeitige, koordinierte und multiprofessionelle Angebote genannt. Bei den multiprofessionellen Angeboten sind auch Pflegefachkräfte einzubeziehen. Das (Bundes)Kinderschutzgesetz sieht aber keine eigenen Maßnahmen vor, verweist lediglich auf die Pflicht der Bundesländer »Netzwerkstrukturen im Kinderschutz« zur Zusammenarbeit der Jugendämter, Schulen, Krankenhäuser etc. zu schaffen (§ 3 KKG).

Mit Art. 2 des KKG wurde das Kinder- und Jugendhilfegesetz (SGB VIII) unter anderem mit § 8b, der fachlichen Beratung ergänzt:

§ 8b SGB VIII
(1) Personen, die beruflich in Kontakt mit Kindern oder Jugendlichen stehen, haben bei der Einschätzung einer Kindeswohlgefährdung im Einzelfall gegenüber dem örtlichen Träger der Jugendhilfe Anspruch auf Beratung durch eine insoweit erfahrene Fachkraft.

Diese Vorschrift gibt Personen, die Kinder und Jugendliche betreuen, das Recht, sich bei den Jugendämtern beraten zu lassen. Dies gilt selbstverständlich auch für Pflegekräfte, welche den Verdacht auf Kindesmissbrauch haben oder die Gefahr des beeinträchtigten Kindeswohls wahrnehmen.

Die Kinderschutzgesetze der Bundesländer verpflichten die Eltern (und die anderen »Personensorgeberechtigten«) dazu die Früherkennungsuntersuchungen durchführen zu lassen.⁶⁷ Werden die Früherkennungsuntersuchungen nicht durchgeführt, kann das Gesundheitsamt eingeschaltet werden.

1.5 UN-Kinderrechtskonvention

Das Übereinkommen über die Rechte des Kindes, die UN-Kinderrechtskonvention (KRK) wurde am 20.11.1989 von der UN-Generalversammlung angenommen und trat am 02.09.1990 in Kraft.

Die für die Pflege wichtigsten Artikel sind:

- Art. 2 – Diskriminierungsverbot,
- Art. 3 – Wohl des Kindes,
- Art. 6 – Recht auf Leben und Entwicklung,
- Art. 9 – Trennung von den Eltern; persönlicher Umgang,
- Art. 12 – Berücksichtigung des Kindeswillens, rechtliches Gehör,
- Art. 19 – Schutz vor Gewaltanwendung, Misshandlung, Verwahrlosung,
- Art. 23 – Förderung und Rechte behinderter Kinder,
- Art. 24 – Gesundheitsvorsorge,
- Art. 25 – Unterbringung von Kindern mit körperlichen oder geistigen Erkrankungen,
- Art. 26 – Soziale Sicherheit,
- Art. 28 – Recht auf Bildung; Schule; Berufsausbildung,
- Art. 33 – Schutz vor Suchtstoffen,
- Art. 34 – Schutz vor sexuellem Missbrauch und
- Art. 39 – Genesung und Wiedereingliederung geschädigter Kinder

Der Deutsche Bundestag hat der Kinderrechtskonvention mit dem Gesetz vom 17.02.1992 zugestimmt. Die Konvention ist am 05.04.1992 für die Bundesrepublik Deutschland in Kraft getreten. Mit dem nationalen Aktionsplan (NAP) für ein kindergerechtes Deutschland 2005–2010 soll die Umsetzung der Kinderrechtskonvention erreicht werden. Es ist Pflicht und Aufgabe aller deutschen Behörden und Gerichte, dem Vorrang des Kindeswohls Geltung zu verschaffen.

1.6 Aufsichtspflicht

Beim Umgang mit Kindern und Jugendlichen muss beachtet werden, dass diese einerseits besondere Aufsicht und Betreuung benötigen, jedoch auch Inhaber von Freiheits- und Persönlichkeitsrechten sind.

---

67 als Beispiel § 1 Kinderschutzgesetz Baden-Württemberg

Diese Rechte der Kinder können nur dort beschränkt werden, wo eine Fremd- oder Eigengefährdung vorliegt.

Jede Pflegekraft sollte sich folgender Tatsache bewusst sein: Die Betreuung von Kindern und Jugendlichen erfolgt auf einem schmalen Grat zwischen der Möglichkeit einer Haftung wegen unzulässiger Einschränkung der Freiheitsrechte einerseits und andererseits der Haftung wegen der Verletzung der Aufsichts- und der Betreuungspflicht mit der Folge einer Schädigung des Kindes oder Jugendlichen bzw. Dritter, wobei Schadenersatzansprüche in Betracht kommen. Das Bewusstsein über diese Problematik kann in der Praxis helfen, rechtliche Nachteile zu verhindern.

Die Aufsichtspflicht von Pflegenden besteht – entgegen verbreiteter Ansicht – nur bei Personen vor, die aufgrund Erkrankungen oder Behinderungen, beispielsweise einer schweren geistigen Behinderung oder einer schweren psychischen Erkrankung, nicht für die Schadensverursachung verantwortlich sind. Dies gilt auch bei Kindern unterhalb des siebten Lebensjahres (§ 828 Abs. 1 BGB) und darüber, sofern sie noch nicht die notwendige Einsichtsfähigkeit haben (§ 828 Abs. 3 BGB). Dann besteht eine Aufsichtspflicht, nämlich infolge der Aufsichtsbedürftigkeit wegen einer fehlenden oder beschränkten Deliktsfähigkeit.

Die rechtlichen Grundlagen der Aufsichtspflicht finden sich in § 832 Abs. 1 BGB, somit im Deliktsrecht:

§ 832 Abs. 1. BGB	(1) Wer kraft Gesetzes zur Führung der Aufsicht über eine Person verpflichtet ist, die wegen Minderjährigkeit oder wegen ihres geistigen oder körperlichen Zustands der Beaufsichtigung bedarf, ist zum Ersatz des Schadens verpflichtet, den diese Person einem Dritten widerrechtlich zufügt. Die Ersatzpflicht tritt nicht ein, wenn er seiner Aufsichtspflicht genügt oder wenn der Schaden auch bei gehöriger Aufsichtsführung entstanden sein würde. (2) Die gleiche Verantwortlichkeit trifft denjenigen, welcher die Führung der Aufsicht durch Vertrag übernimmt.

Bereits aus dem Gesetzeswortlaut ergibt sich, dass eine Verletzung der Aufsichtspflicht nur dann gegeben ist, wenn ein Dritter geschädigt wird, folglich nicht bei der Eigenschädigung des minderjährigen Patienten. Dann liegt »nur« eine Verletzung der Obhuts- oder Betreuungspflicht vor. Durch diese Obhutspflicht muss das Krankenhaus zwar die körperliche Unversehrtheit des jeweiligen Kindes schützen, jedoch kann nicht generell, sondern nur aufgrund einer sorgfältigen Abwägung sämtlicher Umstände des jeweiligen Einzelfalls entschieden werden, welchen konkreten Inhalt die Verpflichtung hat. Dabei sind einerseits die Menschenwürde und das Freiheitsrecht des Kindes und Jugendlichen zu achten und andererseits sein Leben und seine körperliche Unversehrtheit zu schützen. Die Schlussfolgerung ist, dass nur Maßnahmen zum Schutz der Patienten getroffen werden dürfen, welche nicht zu sehr in seine Grundrechte eingreifen.

Bei öffentlichen Trägern besteht die Besonderheit, dass nur der öffentliche Dienstherr, beispielsweise das Bundesland, nicht der jeweilige Mitarbeiter haftet (§ 839 BGB, Art. 34 GG). Dies gilt aber nur, sofern die jeweilige Pflegekraft hoheitliche Rechte ausübt, was in der Regel nur in den Psychiatrischen Krankenhäusern im Rahmen von Unterbringungen der Fall sein dürfte.

Besondere Aufsichtsmaßnahmen sind bei Kindern hinsichtlich des möglichen Umgangs mit Zündmitteln (Streichhölzern, Feuerzeug etc.) erforderlich, d.h. es ist eine gesteigerte Aufsichtspflicht notwendig.[68] Dieses Risiko, das für Dritte von diesen Personen ausgeht, soll nach dem Grundgedanken des § 832 BGB in erster Linie von den Aufsichtspflichtigen getragen werden, denen es eher zumutbar ist als dem außenstehenden Geschädigten, und die eher die Möglichkeit haben, in der gebotenen Weise auf das Kind einzuwirken.

2 Sexueller Missbrauch

3. Ausbildungsdrittel

- [...]
- Gefahr von Kindesmissbrauch/Gefahr des beeinträchtigten Kindeswohls. (BIBB 2019, S. 61)

- Menschrechte: (▶ Kap. CE 01 1.1)
- Kindesmisshandlung: (▶ Kap. CE 04 B 1)
- Kinderschutzgesetze: (▶ Kap. CE 04 B 1.4)
- Jugendhilfe: (▶ Kap. CE 04 B 1)

Sexueller Missbrauch oder sexuelle Gewalt an Kindern ist jede sexuelle Handlung, die an oder vor Mädchen und Jungen gegen deren Willen vorgenommen wird oder der sie aufgrund körperlicher, seelischer, geistiger oder sprachlicher Unterlegenheit nicht wissentlich zustimmen können. Der Täter oder die Täterin nutzt dabei seine/ihre Macht- und Autoritätsposition aus, um eigene Bedürfnisse auf Kosten des Kindes zu befriedigen.[69]

---

68 BGH, NJW 1996, S. 1404; BGH, NJW 1997, 2047
69 Beauftragter für Fragen des sexuellen Missbrauchs beim Bundesministerium für Familie, Senioren, Frauen und Jugend (BMFSFJ)

Das Sexualstrafrecht kennt drei unterschiedliche Schutzaltersgrenzen:

- unter 14 Jahre (= Kind),
- unter 16 Jahren
- und unter 18 Jahren.

Der besondere Schutz wird Kindern und Jugendlichen durch das Strafrecht gewährt, um deren sexuelle Entwicklung, insbesondere in psychischer Hinsicht, nicht zu beeinträchtigen. In diesem Zusammenhang sind neben den bereits genannten Vorschriften zwei bedeutsam:

§ 176 StGB

Sexueller Missbrauch von Kindern

(1) Wer sexuelle Handlungen an einer Person unter vierzehn Jahren (Kind) vornimmt oder an sich von dem Kind vornehmen lässt, wird mit Freiheitsstrafe von sechs Monaten bis zu zehn Jahren, in minder schweren Fällen mit Freiheitsstrafe bis zu fünf Jahren oder mit Geldstrafe bestraft.
(2) Ebenso wird bestraft, wer ein Kind dazu bestimmt, dass es sexuelle Handlungen an einem Dritten vornimmt oder von einem Dritten an sich vornehmen lässt.
(3) Mit Freiheitsstrafe bis zu fünf Jahren oder mit Geldstrafe wird bestraft, wer

1. sexuelle Handlungen vor einem Kind vornimmt,
2. ein Kind dazu bestimmt, dass es sexuelle Handlungen an sich vornimmt, oder
3. auf ein Kind durch Vorzeigen pornographischer Abbildungen oder Darstellungen, durch Abspielen von Tonträgern pornographischen Inhalts oder durch entsprechende Reden einwirkt.

(4) Der Versuch ist strafbar; dies gilt nicht für Taten nach Absatz 3 Nr. 3.

Es sollen damit Kinder bis zum Alter von vierzehn Jahren vor sexuellen Handlungen und vor einem sexuellen Missbrauch geschützt werden. Für diese Altersgruppe ist besonderer Schutz notwendig, da bei Kindern sowohl die physischen als auch die psychischen Auswirkungen schwerwiegend sind. Durch die Neufassung des § 182 StGB erfolgte ein Schutz der Altersgruppe zwischen dem vierzehnten und sechzehnten Lebensjahr unabhängig vom Geschlecht:

Sexueller Missbrauch von Jugendlichen § 182 StGB

(1) Wer eine Person unter achtzehn Jahren dadurch missbraucht, dass er unter Ausnutzung einer Zwangslage

1. sexuelle Handlungen an ihr vornimmt oder an sich von ihr vornehmen lässt oder
2. diese dazu bestimmt, sexuelle Handlungen an einem Dritten vorzunehmen oder von einem Dritten an sich vornehmen zu lassen, wird mit Freiheitsstrafe bis zu fünf Jahren oder mit Geldstrafe bestraft.

(2) Ebenso wird eine Person über achtzehn Jahren bestraft, die eine Person unter achtzehn Jahren dadurch missbraucht, dass sie gegen Entgelt sexuelle Handlungen an ihr vornimmt oder an sich von ihr vornehmen lässt.

(3) Eine Person über einundzwanzig Jahre, die eine Person unter sechzehn Jahren dadurch missbraucht, dass sie

1. sexuelle Handlungen an ihr vornimmt oder an sich von ihr vornehmen lässt oder
2. diese dazu bestimmt, sexuelle Handlungen an einem Dritten vorzunehmen oder von einem Dritten an sich vornehmen zu lassen,

und dabei die fehlende Fähigkeit des Opfers zur sexuellen Selbstbestimmung ausnutzt, wird mit Freiheitsstrafe bis zu drei Jahren oder mit Geldstrafe bestraft.

(1) Der Versuch ist strafbar.
(2) In den Fällen des Absatzes 3 wird die Tat nur auf Antrag verfolgt, es sei denn, dass die Strafverfolgungsbehörde wegen des besonderen öffentlichen Interesses an der Strafverfolgung ein Einschreiten von Amts wegen für geboten hält.
(3) In den Fällen der Absätze 1 bis 3 kann das Gericht von Strafe nach diesen Vorschriften absehen, wenn bei Berücksichtigung des Verhaltens der Person, gegen die sich die Tat richtet, das Unrecht der Tat gering ist.

Strafrechtlich bedeutsam ist dabei entweder die Ausnutzung einer Zwangslage oder die Unerfahrenheit bzw. der mangelnden Widerstandsfähigkeit.
Wie bereits ausgeführt dürfen diese Straftaten trotz der Schweigepflicht angezeigt werden.

3 Handlungsfähigkeit

3.1 Zivilrechtliche Handlungsfähigkeit

3.1.1 Rechtsfähigkeit

Durch die Rechtsfähigkeit ist jedes Rechtssubjekt Träger von Rechten und Pflichten. Rechte und Pflichten sind in der Rechtsordnung an ein Rechtssubjekt gebunden. Nur ein Rechtssubjekt kann die von der Rechtsordnung eingeräumten Rechte ausüben. Es werden dabei zwei Gruppen unterschieden:

- natürliche Personen und
- juristische Personen.

Natürliche Personen sind alle Menschen. Unter den Begriff juristische Personen fallen insbesondere Vereinigungen von Personen wie Vereine, staatliche Institutionen, Kirchen, Gesellschaften (z.B. GmbH, AG, KG) und Stiftungen, auch die öffentlichen Träger von Heimen, Krankenhäusern etc. sowie die politischen Parteien. Natürliche und juristische Personen sind Träger von Rechten und Pflichten, sie besitzen somit die Rechtsfähigkeit.

3.1.1.1 Natürliche Personen

Bei natürlichen Personen ist die Rechtsfähigkeit unabhängig vom körperlichen und geistigen Zustand gegeben, d.h. auch ein schwerstbehinderter Mensch ist rechtsfähig und bleibt dies auch, selbst im Zustand der Demenz und anderer schwerer psychischer Erkrankungen. Jede natürliche Person ist dabei besonders Träger von Grundrechten, insbesondere derjenigen auf Menschenwürde und körperliche Unversehrtheit bzw. Leben.

Die Rechtsfähigkeit beginnt beim Menschen gemäß § 1 BGB grundsätzlich mit der Vollendung der Geburt, wobei als Ausnahmen gelten:

- Das Leben des ungeborenen Kindes ist von der Verfassung (vgl. Art. 2 Abs. 2 GG; §§ 218 ff. StGB) geschützt. Das Recht auf Leben nach Art. 2 Abs. 2 GG existiert damit bereits vor der Geburt.
- Im Rahmen der Unfallversicherung besteht außerdem der Schutz des Embryos bei einem Arbeitsunfall bzw. einer Berufskrankheit (§ 12 SGB VII), d.h. einer Schädigung durch die Arbeitstätigkeit der Mutter.

- Der Embryo bzw. Fetus ist zudem bereits erbberechtigt, d. h. er »erbt mit«, obwohl er noch nicht geboren ist und sein Erbe nicht selbst in Besitz nehmen kann (§ 1923 BGB).
- Er hat im Rahmen der unerlaubten Handlung bei der deliktischen Haftung nach §§ 823 ff. BGB Schutz und damit Ansprüche auf Unterhaltszahlungen gemäß § 844 Abs. 2 BGB, sofern der Unterhaltspflichtige, beispielsweise der Vater, getötet wird.

Die Rechtsfähigkeit endet mit dem Tod, und dabei sind wiederum die Ausnahmen:

- Die Leiche ist unter anderem durch § 168 StGB geschützt:

> (1) Wer unbefugt aus dem Gewahrsam des Berechtigten den Körper oder Teile des Körpers eines verstorbenen Menschen, eine tote Leibesfrucht, Teile einer solchen oder die Asche eines verstorbenen Menschen wegnimmt oder wer daran beschimpfenden Unfug verübt, wird mit Freiheitsstrafe bis zu drei Jahren oder mit Geldstrafe bestraft.

§ 168 StGB

Die unangemessene Behandlung einer Leiche ist folglich mit Strafe bedroht. Vergleichbares gilt für die Entnahme von Organen. Das Transplantationsgesetz sieht dies nur bei Zustimmung der Berechtigten vor.

- Das allgemeine Persönlichkeitsrecht besteht gleichfalls über den Tod hinaus. Auch ein Verstorbener darf nicht verunglimpft werden.
- Ebenfalls gilt nach dem Tod noch die Schweigepflicht (§ 203 Abs. 4 StGB), d. h. Auskünfte an Angehörige sind auch nach dem Tod des Heimbewohners/Patienten nur in wenigen Ausnahmefällen möglich.
- Schließlich kann der Verstorbene in Form eines Testaments etc. über sein Vermögen dessen Empfänger nach dem Tod bestimmen, übergibt gewissermaßen für die Zeit nach dem Tod sein Vermögen.

Sofern Rechtsfähigkeit besteht, besitzt die natürliche oder juristische Person gleichzeitig auch die Parteifähigkeit. Dies bedeutet, dass ein Mensch bereits kurz nach der Geburt selbst in einem Rechtsstreit Kläger oder Beklagter sein kann, wobei jedoch keine Aussage getroffen ist, ob der Betroffene, z. B. ein Kind, selbst oder durch andere Personen seine Rechte geltend macht.

Die Rechtsfähigkeit beim Menschen hat daher nicht nur theoretische, sondern auch erhebliche praktische Bedeutung.

3.1.1.2 Juristische Personen

Der Beginn der Rechtsfähigkeit einer juristischen Person ist an bestimmte Rechtsakte gebunden. So erhält ein Verein seine Rechtsfähigkeit erst mit der Eintragung in das Vereinsregister. Sie endet bei juristischen Personen mit der Auflösung.

3.1.2 Handlungsfähigkeit

Von der Rechtsfähigkeit zu unterscheiden ist die Handlungsfähigkeit eines Menschen. Ob eine Person Träger von Rechten ist, sagt allein nichts darüber aus, ob das Rechtssubjekt, beispielsweise der Mensch, in der Lage ist, diese Rechte selbst auszuüben. Dies ist eine Frage der Handlungsfähigkeit. Die Wahrnehmung von Rechten durch einen selbst setzt Handlungsfähigkeit voraus.

Handlungsfähigkeit besteht, sobald ein Mensch in der Lage ist, Rechtsgeschäfte selbst abzuschließen, d. h. Handlungen mit rechtlicher Wirkung vorzunehmen und für sein Handeln selbst verantwortlich zu sein, mit der Folge, für verursachte Schäden Ersatz zu leisten.

Die zivilrechtliche Handlungsfähigkeit gliedert sich in die beiden Bereiche:

- Geschäftsfähigkeit und
- Deliktsfähigkeit.

Diese werden nachfolgend unter Berücksichtigung der Altersstufen und/oder geistiger Einschränkungen dargestellt.

3.1.3 Geschäftsfähigkeit

Kann ein Mensch rechtlich verbindliche Handlungen vollziehen, ist die Geschäftsfähigkeit als Teil der Handlungsfähigkeit gegeben.

Die Geschäftsfähigkeit beginnt nicht wie die Rechtsfähigkeit mit dem Augenblick der Geburt, sondern ist an bestimmte Altersstufen und/oder an die geistigen Fähigkeiten gebunden.

Es werden drei Stufen unterschieden:

- Geschäftsunfähigkeit (= Geschäftsfähigkeit fehlt ganz),
- beschränkte Geschäftsfähigkeit (= der Betroffene kann nur bestimmte Handlungen vornehmen) und
- volle Geschäftsfähigkeit.

3.1.3.1 Geschäftsunfähigkeit

Kinder unterhalb des siebten Lebensjahres sind geschäftsunfähig, d. h. ihre Rechtsgeschäfte sind nichtig (§§ 104, 105 BGB) und die wechselseitigen Leistungen müssen zurückerstattet werden.

Bei einer schweren krankhaften Störung der Geistestätigkeit wie

- einer (schweren) psychischen Erkrankung oder
- einer (schweren) geistigen Behinderung,

kann gleichfalls Geschäftsunfähigkeit vorliegen. Dabei kommt es auf das Ausmaß der Erkrankung bzw. Behinderung an. Leichtere Formen führen in der Regel nicht zur Geschäftsunfähigkeit. Falls jedoch eine Geschäftsunfähigkeit vorliegt, ist ein gesetzlicher Vertreter, meist ein Betreuer, notwendig. Bei volljährigen geschäftsunfähigen Personen, z. B. Personen mit Betreuung bzw. Heimbewohnern oder erheblich psychisch Kranken, besteht allerdings aufgrund der neuen Vorschrift des § 105a BGB die Besonderheit, dass ein sogenanntes Geschäft des täglichen Lebens, das mit geringen Mitteln bewirkt werden kann, wirksam wird, sobald Leistung und Gegenleistung erfüllt sind. Dies gilt nur dann nicht, wenn eine erhebliche Gefahr für die Person oder das Vermögen des Geschäftsunfähigen besteht, beispielsweise in der manischen Phase einer bipolaren affektiven Störung, bei Personen mit Spielsucht oder ähnlichem.

3.1.3.2 Beschränkte Geschäftsfähigkeit

Minderjährige zwischen dem siebten und dem achtzehnten Lebensjahr sind nach § 106 BGB beschränkt geschäftsfähig. Rechtsgeschäftliche Erklärungen dieser Altersgruppe sind schwebend unwirksam. Das Geschäft bzw. der Vertrag wird erst (voll) wirksam, wenn die Zustimmung durch den gesetzlichen Vertreter (Eltern, Vormund) erteilt wird. Es wird allerdings endgültig unwirksam, wenn sie verweigert wird. Gesetzliche Vertreter sind auch zur Vertretung der geschäftsunfähigen Kinder beim Abschluss von Verträgen befugt, wobei manche Verträge vom Familiengericht genehmigt werden müssen.

Das Gesetz sieht in § 110 BGB einen Ausnahmefall von der beschränkten Geschäftsfähigkeit vor: Wird einem Minderjährigen zwischen dem siebten und achtzehnten Lebensjahr oder einem psychisch kranken bzw. geistig behinderten Menschen ein bestimmter Geldbetrag zur freien Verfügung zugeteilt, kann er dieses Geld ohne die Zustimmung des gesetzlichen Vertreters verbrauchen und damit Geschäfte ausführen. Diese Vorschrift ist auf das Taschengeld und auf den Barbetrag des Sozialhilfeträgers nach § 35 Abs. 2 SGB XII sowie weitere Beträge zur freien Verfügung anzuwenden. Es ist daher auch für den Bewohner einer Einrichtung nicht erforderlich, die Verwendung des Barbetrages oder Taschengeldes nachzuweisen. Der Bewohner muss über die Verwendung des Taschengeldes keinerlei Rechenschaft ablegen und muss jederzeit Zugriff auf diese Beträge haben. Diese Vorschrift ist selbst dann anzuwenden, wenn der Bewohner vom Taschengeld Beträge anspart, um eine größere Anschaffung zu machen. In der Praxis muss bei Menschen mit Behinderung allerdings eine pragmatische Lösung insoweit gefunden werden, dass in Absprache mit dem jeweiligen Bewohner eine bestimmte Zweckbestimmung für Teilbeträge (beispielsweise für Freizeiten etc.) gefunden wird. Der Betreuer ist allerdings nicht dazu berechtigt, dem Bewohner ohne vernünftige Gründe die Verwendung des Taschengeldes für eine Freizeit zu untersagen oder diesen zur Freizeit zu zwingen, da einerseits der Betreute selbst über die Verwendung bestimmen kann und der Betreuer nach § 1901 BGB die Wünsche und das Wohl des behinderten Menschen berücksichtigen muss.

Schließlich kann der Minderjährige frei entscheiden, d.h. muss der gesetzliche Vertreter einem Rechtsgeschäft nicht zustimmen, welches dem Minderjährigen lediglich einen rechtlichen Vorteil bringt (§ 107 BGB). Entscheidend sind dabei allein die rechtlichen Folgen, nicht die wirtschaftlichen. Deshalb sind Schenkungen an den Minderjährigen bzw. an den Heimbewohner mit Betreuung (mit Ausnahme einer Grundstücksschenkung) ohne Zustimmung der Eltern bzw. des Betreuers wirksam.

Bei Minderjährigen steht die Vermögenssorge zusammen mit der Personensorge entweder den Eltern als gesetzlichen Vertretern oder einem Vormund zu. Bei Personen, die zwar volljährig, aber aufgrund einer Erkrankung oder Behinderung nicht geschäftsfähig sind, wird diese Funktion durch den Betreuer erfüllt.

Eine besondere Form der »beschränkten Geschäftsfähigkeit« ist die Sozialmündigkeit nach § 36 Abs. 1 SGB I. Durch diese Vorschrift wird Minderjährigen, die das fünfzehnte Lebensjahr vollendet haben, eine beschränkte Handlungsfähigkeit eingeräumt. Dies bedeutet, dass ab diesem Alter Anträge auf Sozialleistungen gestellt werden und derartige Leistungen entgegen genommen werden können. Die gesetzlichen Vertreter sollen jedoch informiert werden. Die Handlungsfähigkeit geht durch die genannte Vorschrift sogar so weit, dass die Minderjährigen ab dem fünfzehnten Lebensjahr sogar vor dem Sozialgericht prozessfähig sind.

Außerdem liegt in der Regel ab dem 14. Lebensjahr die notwendige Einsichts- bzw. Einwilligungsfähigkeit vor, d.h. der jeweilige Jugendliche kann selbst, unter Umständen mithilfe des Familiengerichts, in medizinische Maßnahmen auch gegen den Willen der Eltern einwilligen oder diese verweigern. Bei medizinischen Maßnahmen können daher die Eltern ab dem 14. Lebensjahr nicht mehr allein »über den Kopf des Kindes hinweg« entscheiden. Davon zu unterscheiden sind allerdings nicht notwendige Eingriffe, wie Piercing, Tätowierung und Schönheitsoperationen.

3.1.3.3 Volle Geschäftsfähigkeit

Personen, die das achtzehnte Lebensjahr vollendet haben, sind voll geschäftsfähig, sofern keine psychischen oder geistigen Beeinträchtigungen bestehen. Sofern volle Geschäftsfähigkeit besteht, können voll verantwortlich Rechtsgeschäfte abgeschlossen werden, und die Volljährigen haften selbst im gesamten von der Rechtsordnung vorgesehenen Umfang. Ausnahmen sind nur in Einzelfällen möglich.

Die Geschäftsfähigkeit besteht nur bei natürlichen Personen. Juristische Personen können am Rechtsverkehr nur über ihre gesetzlichen Vertreter, beispielsweise beim Verein über den Vorstand oder bei der Gesellschaft über den Geschäftsführer, teilnehmen.

Vor Gericht entspricht der Geschäftsfähigkeit die Prozessfähigkeit, d. h. die Fähigkeit, wirksam vor Gericht zu handeln. Jeder Mensch kann unabhängig vom Alter und der psychischen Gesundheit klagen und verklagt werden. Da jeder Mensch die Rechtsfähigkeit besitzt, ist jeder parteifähig. Er kann jedoch nicht in jedem Falle die notwendigen Prozesshandlungen selbst vornehmen. Hierzu ist er nur befugt, sofern zusätzlich die Prozessfähigkeit vorliegt. Prozessfähig ist derjenige, der geschäftsfähig ist (§ 51 ZPO).

Liegt keine oder nur beschränkte Geschäftsfähigkeit vor, muss der Betroffene sich durch seinen gesetzlichen Vertreter wie Eltern oder Vormund, Betreuer, Ergänzungspfleger oder Prozesspfleger vertreten lassen.

3.1.4 Deliktsfähigkeit

Die Deliktsfähigkeit ist die volle Verantwortlichkeit für die Verursachung eines fremden Schadens.

Sie ist nur bei natürlichen Personen gegeben. Sie ist gleichfalls Teil der Handlungsfähigkeit. Deliktsfähigkeit liegt nur vor, wenn eine Person in der Lage ist zu erkennen, dass sie einen anderen rechtswidrig schädigt. Fehlt diese Einsicht, ist der Schädiger, beispielsweise der psychisch kranke oder geistig behinderte Mensch, nicht verantwortlich, er ist deshalb nicht zum Ersatz des Schadens verpflichtet. Diese Eigenverantwortlichkeit kann jedoch nicht im Umfang und mit derselben Großzügigkeit, d. h. mit weiten Altersgrenzen, geregelt werden wie bei der Geschäftsfähigkeit, denn der Geschädigte hat Anspruch darauf, dass nur in Ausnahmefällen der Schaden nicht ersetzt wird und er ihn selbst zu tragen hat.

Es werden auch bei der Deliktsfähigkeit drei (Alters)Stufen unterschieden:

- Deliktsunfähigkeit (=keine Verantwortung für Schädigung Dritter),
- beschränkte Deliktsfähigkeit (=Verantwortung im Rahmen der Einsichtsfähigkeit) und
- volle Deliktsfähigkeit.

Im Einzelnen gilt, dass derjenige, der geschäftsfähig ist, in der Regel auch gleichzeitig deliktsfähig ist. Umgekehrt jedoch kann auch der beschränkt Geschäftsfähige unter bestimmten Voraussetzungen deliktsfähig sein. Die beschränkte Geschäftsfähigkeit ist also nicht mit der beschränkten Deliktsfähigkeit gleichzusetzen. Die Deliktsfähigkeit ist der Regelfall, die Deliktsunfähigkeit hingegen die Ausnahme. Dies bedeutet, dass eine Person zwar durch eine Erkrankung geschäftsunfähig sein kann, aber trotzdem die notwendige Einsicht hat, dass sie andere Personen keinen Schaden zufügen darf, somit deliktsfähig ist.

3.1.4.1 Deliktsunfähigkeit

Stets deliktsunfähig sind

- Kinder unterhalb des siebten Lebensjahres,
- auch Erwachsene,
    - die im Zustand der Bewusstlosigkeit oder
    - in einem Zustand schwerer krankhafter Störung der Geistestätigkeit

einer natürlichen oder juristischen Person einen Schaden zufügen (§ 827 BGB). Folglich sind durch Krankheit oder Behinderung deliktsunfähig
- schwer psychisch kranke Menschen (z. B. akute Psychose),
- erheblich seelisch behinderte Menschen (z. B. Alzheimer-Krankheit) und
- schwer geistig behinderte Menschen.

Eine bloße Minderung der Geistes- und Willenskraft sowie krankhafte Gleichgültigkeit ist dafür aber nicht ausreichend. Auch eine bestehende Betreuung allein führt nicht automatisch zur Deliktsunfähigkeit.

Wurde der Schaden im Zustand der Deliktsunfähigkeit verursacht, haftet nicht der Schädiger, sondern derjenige, der ihn zu beaufsichtigen hatte. Es liegt dann unter Umständen ein Fall der Aufsichtspflichtverletzung[70] vor. Dies allerdings nur dann, wenn die Aufsicht tatsächlich verletzt wurde, d. h. beim Aufsichtspflichtigen (beispielsweise Pflegekraft) ein Verschulden vorliegt.

Es haftet aber der Deliktsunfähige selbst, wenn nach besonderen Umständen die Billigkeit einen Ersatz des Schadens erfordert. Die Voraussetzungen dafür sind in § 829 BGB geregelt:

§ 829 BGB	[...] für einen von ihm verursachten Schaden [...] nicht verantwortlich ist, hat gleichwohl [...] den Schaden insoweit zu ersetzen, als die Billigkeit nach den Umständen, insbesondere nach den Verhält-

---

70 Zur Aufsichtspflicht: (▶ Kap. CE 11 A 4)

> nissen der Beteiligten, eine Schadloshaltung erfordert und ihm nicht die Mittel entzogen werden, deren er zum angemessenen Unterhalte sowie zur Erfüllung seiner gesetzlichen Unterhaltspflichten bedarf.

Es müssen bei der Prüfung der Billigkeit folglich alle Umstände, insbesondere die Vermögensverhältnisse von Schädiger und Geschädigtem, abgewogen werden. Sofern die Vermögensverhältnisse desjenigen, der den Schaden verursacht hat, erheblich besser sind als diejenigen des Geschädigten, ist die Zahlung von Schadenersatz aufgrund der so genannten Billigkeit notwendig und es tritt die Billigkeitshaftung ein.

3.1.4.2 Beschränkte Deliktsfähigkeit

Minderjährige sind zwischen dem siebten und dem achtzehnten Lebensjahr beschränkt deliktsfähig, d. h. nur für den verursachten Schaden verantwortlich, sofern der Minderjährige die erforderliche Einsicht bei der Tat hatte (§ 828 BGB). Der Schädiger, also der Minderjährige, muss daher im Zeitpunkt der Handlung die geistige Entwicklung besitzen, die es ihm ermöglicht, das Unrecht seiner Handlung gegenüber den Mitmenschen zu erkennen und gleichzeitig die Verpflichtung, für die Folgen selbst einzustehen. Es wird daher vergleichbar mit dem Strafrecht die geistige Reife überprüft und gewürdigt.

4 Funktion Gesetzgebung Sozialrecht

Die Auszubildenden

- [...]
- erkennen die Funktion der Gesetzgebung im Gesundheits- und Sozialbereich zur Sicherstellung des gesellschaftlichen Versorgungsauftrags in stationären, teilstationären und ambulanten Handlungsfeldern (IV.2.c).
(BIBB 2019, S. 70)

Die Gesetzgebung im Sozialrecht bezweckt die soziale Sicherheit und die soziale Gerechtigkeit. Sie erfüllt damit den Auftrag des Grundgesetzes der Bundesrepublik Deutschland, nämlich die Verpflichtung zum Sozialstaat aus Art. 20 Abs. 1 GG. Danach ist die Bundesrepublik Deutschland ein demokratischer und sozialer Bundesstaat. Damit wurde die verfassungsrechtliche Grundlage für den Sozialstaat geschaffen. Das Sozialstaatsgebot verpflichtet den Staat, wirtschaftlich schwachen Menschen ein menschenwürdiges Dasein zu ermöglichen. Jeder soll einen wirtschaftlichen und kulturellen Mindeststandard, zumindest das

Existenzminimum, haben. Besonders den Hilfsbedürftigen, den sozial Schwachen und Menschen mit Behinderung soll diese besondere Fürsorge des Staates zukommen, und es sollen soziale Gegensätze ausgeglichen werden. Unterstützt wird die oben genannte Pflicht durch das Benachteiligungsverbot für Menschen mit Behinderung in Art. 3 Abs. 3 Satz 2 GG:

Merkmale des Sozialstaats sind insbesondere die Sozialversicherungen. Diese sind

- die Arbeitslosenversicherung,
- die Krankenversicherung,
- die Rentenversicherung,
- die (gesetzliche) Unfallversicherung und
- die Pflegeversicherung.

Personen, die unterhalb des Existenzminimums leben müssten, sollen im »untersten sozialen Netz« der Sozialhilfe oder der Grundsicherung aufgefangen werden (▶ Kap. CE 04 3).

Das Sozialstaatsprinzip übt auch einen Einfluss auf die Wirtschaftsordnung aus. Die Wirtschaftsordnung der Bundesrepublik ist die soziale Marktwirtschaft. Soziale Marktwirtschaft bedeutet, dass der Staat die (gesetzlichen) Rahmenbedingungen dafür schafft, dass sich eine funktionsfähige Wirtschaft als soziale Wettbewerbswirtschaft ohne marktbeherrschende Einflüsse entfalten kann.

CE 04 C Gesundheit alter Menschen fördern und präventiv handeln

- Selbstbestimmungsrecht alter Menschen: (▶ Kap. CE 01 1)
- Funktion der Gesetzgebung im Gesundheits- und Sozialbereich: (▶ Kap. CE 04 A 2)
- Rechtliche Rahmenbedingungen zu Gesundheitsförderung: (▶ Kap. CE 04 A 6.11)
- Konflikte im Team: (▶ Kap. CE 04 A 4)
- Gewaltprävention: (▶ Kap. CE 04 A 6)

CE 05 A Menschen in kurativen Prozessen pflegerisch unterstützen und Patientensicherheit stärken

Die Auszubildenden

- […]
- wirken entsprechend den rechtlichen Bestimmungen an der Durchführung ärztlich veranlasster Maßnahmen der medizinischen Diagnostik und Therapie im Rahmen des erarbeiteten Kenntnisstands mit (III.2.b).
- […]
- führen entsprechend den rechtlichen Bestimmungen eigenständig ärztlich veranlasste Maßnahmen der medizinischen Diagnostik und Therapie bei Menschen aller Altersstufen durch (III.2.b).
- […]
- üben den Beruf im Rahmen der gesetzlichen Vorgaben sowie unter Berücksichtigung ihrer ausbildungs- und berufsbezogenen Rechte und Pflichten eigenverantwortlich aus (IV.2.a).
- […]
- delegieren unter Berücksichtigung weiterer rechtlicher Bestimmungen ausgewählte Maßnahmen an Personen anderer Qualifikationsniveaus und überwachen die Durchführungsqualität (III.1.b).
(BIBB 2019, 128 f.)

1 Delegation ärztlicher Maßnahmen

Sowohl im Krankenhaus als auch in Einrichtungen der stationären Altenhilfe wirken Pflegekräfte an der Durchführung ärztlich veranlasster Maßnahmen der medizinischen Diagnostik und Therapie mit. Diese Delegation ist im Rahmen des Kenntnisstands und weiterer Voraussetzungen rechtlich zulässig.

1.1 Einwilligung

Es muss sowohl die Einwilligung des Patienten oder Bewohners hinsichtlich der medizinischen Maßnahme als auch hinsichtlich der Durchführung durch das Pflegepersonal gegeben sein. Dies ist erforderlich, da jede medizinische Maßnahme grundsätzlich eine Körperverletzung darstellt, die nur durch die Einwilligung des Patienten ihre Rechtswidrigkeit verliert.[71] Außerdem gebietet das Selbstbestimmungsrecht des Bewohners oder Patienten aus Art. 2 GG,[72] medizinische Maßnahmen nicht ohne seine Zustimmung durchzuführen (§ 630d BGB). Diese Einwilligung ist allerdings nur rechtswirksam, wenn eine Aufklärung des Bewohners oder Patienten durch den Arzt vorausgegangen ist (§ 630e Abs. 1 BGB).

Es kann nur in Ausnahmefällen von einer stillschweigenden Einwilligung ausgegangen werden. Eine derartige mutmaßliche Einwilligung gilt lediglich bei den Bewohnern bzw. Patienten, mit denen eine Verständigung nicht möglich und der gesetzliche Vertreter, wie Eltern (bei Minderjährigen) oder Betreuer (bei Volljährigen), nicht erreichbar sowie die Maßnahme dringend zur Abwendung gesundheitlicher Nachteile, z. B. in Notfällen, angezeigt ist. Die mutmaßliche Einwilligung ist zulässig, wenn nicht abgewartet werden kann, bis die Entscheidungs- und Artikulationsfähigkeit des Patienten oder Bewohners wiederhergestellt ist.[73] Da die Äußerung des wirklichen Willens nicht möglich ist, tritt an dessen Stelle der sogenannte hypothetische Wille des Betroffenen. Liegt allerdings eine Patientenverfügung vor, ist der darin enthaltene Wille bei Ermittlung des hypothetischen Willens maßgeblich zu berücksichtigen. Diese ist auch für die Fälle der Sterbehilfe durch Behandlungsabbruch von großer Bedeutung.[74] Der mutmaßliche Wille ist derjenige, der vom Bewohner oder Patienten geäußert worden wäre, wenn eine Verständigung mit ihm möglich gewesen wäre. Sofern keine gegenteiligen Anhaltspunkte vorliegen, kann davon ausgegangen werden, dass der mutmaßliche Wille eines Menschen darauf gerichtet ist, die Krankheit zu heilen und die Beschwerden zu beseitigen oder zu lindern. Es muss daher die Überlegung angestellt werden, ob ein »verständiger Patient« in der konkreten (Notfall-)Situation einwilligen würde.[75] Sofern dieses möglich ist, muss immer der Patient bzw. Bewohner selbst oder sein gesetzlicher Vertreter in die medizinische Maßnahme einwilligen. Die Durchführung aufgrund des mutmaßlichen Willens muss eine Ausnahme bleiben. Die Angehörigen sind selbst in denjenigen Fällen, in denen Betreuer oder Eltern eines Minderjährigen unerreichbar sind, nicht dazu befugt, stellvertretend ein Einverständnis zu erklären. Sie können lediglich Anhaltspunkte für den mutmaßlichen Willen liefern.

Entscheidend ist folglich *nur* der Wille oder der mutmaßliche Wille des Bewohners oder Patienten. Bei Minderjährigen ist zwar grundsätzlich der Wille der Eltern als gesetzliche Vertreter maßgebend, jedoch muss eine Einschaltung des Familiengerichts erfolgen, sofern die Eltern eine medizinische Behandlung ablehnen und das Kind bzw.

---

71 Siehe dazu ausführlich: (▶ Kap. CE 05 A 1.1)
72 Dazu bereits unter: (▶ Kap. CE 01 1)
73 Münchener Kommentar zum Strafgesetzbuch, Bd. 1, 2. Aufl. 2011, vor § 32 Rn. 163.
74 Dazu ausführlich Kienzle (2017), dort Teil 4, Kapitel 5.1
75 Steffen, MedR 1983, 88 ff.

der Jugendliche dadurch einen gesundheitlichen Schaden erleiden kann oder das Leben bedroht ist.[76] Zusätzlich ist zu beachten, dass bei Minderjährigen ab dem 14. Lebensjahr in der Regel davon auszugehen ist, dass die Einwilligungsfähigkeit des Jugendlichen selbst gegeben ist.

1.2 Ordnungsgemäße ärztliche Verordnung

Da es sich bei sämtlichen medizinischen Maßnahmen grundsätzlich um ärztliche Tätigkeiten handelt, hat allein der Arzt die Entscheidungsbefugnis darüber, welche Therapiemaßnahmen durchzuführen sind. Er hat die Gesamtverantwortung für Diagnose und Therapie.[77] Fehlt es an einer ärztlichen Verordnung, dürfen Pflegekräfte nicht tätig werden.

Es kann vom Arzt gefordert werden, dass eine genaue Verordnung erfolgt und der Arzt diese gegebenenfalls selbst abändert.[78] Die in der Praxis üblichen Bedarfsverordnungen mit einem Spielraum hinsichtlich der Dosis sind grundsätzlich nicht zulässig und für das Pflegepersonal haftungsrechtlich gefährlich,[79] da in diesem Fall die Verantwortlichkeit vom Arzt auf die Pflegekräfte verlagert wird. Bei Bedarfsmedikationen übernimmt das Pflegepersonal ein (vermeidbares) Risiko.[80] Diejenigen Personen, die in das hierarchische System des Krankenhauses eingebunden sind, haften nur für eigene Fehler deliktisch.[81] Eine Haftung besteht deshalb dann, wenn die Behandlung zur selbstständigen Ausführung überlassen worden ist, wenn durch voreiliges Handeln den ärztlichen Anweisungen zuwidergehandelt wird, pflichtwidrig der gebotene Einwand unterlassen wird oder ein Übernahmeverschulden[82] nachgewiesen werden kann. Die Unzulässigkeit der Bedarfsmedikation ergibt sich vor allem daraus, dass der jeweilige Arzt für Diagnose und Therapie zuständig ist.[83] Eine Bedarfsmedikation ist nur zulässig, wenn gewissermaßen ein »Fahrplan« für die Gabe aufgestellt wird.

---

76 Dazu auch: (▶ Kap. CE 04 B 1)
77 Rieger, NJW 1979, S. 582; Steffen, MedR 1996, S. 265; Hofmann, Irmgard, Ärztliche und pflegerische Verantwortung: Partnerschaftlicher Dialog ist gefordert, Dtsch. Ärzteblatt 1999; 96
78 Steffen, a. a. O.
79 Zum Haftungsrecht ausführlich: (▶ Kap. CE 05 A 4.2)
80 Zur Problematik: Barth, Lutz, Die Arzneimitteltherapie des Alterspatienten – ein Beitrag zu den rechtlichen Aspekten Teil 1, 2004, Online-Beitrag unter http://iqb-info.de/Juristische Aspekte einer Arzneimittelbehandlung
81 Steffen/Dressler, Arzthaftungsrecht, RdNr. 89 m. w. N.; Pfälzisches OLG in ArztR 2000, 69
82 dazu auch: (▶ Kap. CE 05 A 1.4)
83 vgl. dazu Rieger in NJW 1979, 582; Steffen, MedR 1996, 265; Bundesgerichtshof in NJW 1976, 2245

Sobald die Verordnung getroffen ist, muss diese unbedingt in die Dokumentation eingetragen[84] und vom Arzt abgezeichnet werden. Im Falle einer Komplikation kann die Pflegekraft den Nachweis für ihr fehlendes Verschulden bzw. das eventuelle Verschulden des Arztes mit diesen schriftlichen Aufzeichnungen führen. Die Verordnung soll immer schriftlich erfolgen,[85] Dies wird von der weit überwiegenden Fachliteratur so gesehen.[86] Dies liegt wegen der Möglichkeit der zivil- und der strafrechtlichen Haftung im Interesse des Pflegepersonals.

Es ist noch ein weiterer rechtlicher Aspekt zu berücksichtigen: Sofern ohne Wissen des Arztes oder ohne dessen schriftliche Verordnung verschreibungspflichtige Medikamente durch das Pflegepersonal verabreicht werden, verstößt dies bereits gegen das Arzneimittelrecht. Nach § 48 AMG dürfen verschreibungspflichtige Arzneimittel nur nach Vorlage einer ärztlichen oder zahnärztlichen Verschreibung abgegeben werden. Für Medikamente, die Betäubungsmittel sind oder solche enthalten, ist die Verschreibungspflicht in §§ 12 f. BtMG besonders geregelt. Für die Verschreibung ist ein spezielles Formblatt (§ 8 BtMVV) notwendig. Der Arzt hat die Verantwortung für die Verwendung des Formblattes. Lässt der verantwortliche Arzt es an den notwendigen Sicherungs-, Kontroll- und Überwachungsmaßnahmen fehlen und kommt ein Bewohner oder Patient durch die Einnahme eines ohne ärztliche Verordnung verabreichten Medikaments zu Schaden, so trifft den Arzt hierfür neben dem Pflegepersonal die zivil- und strafrechtliche Verantwortung.[87]

Unabhängig davon, dass das Pflegepersonal aus haftungsrechtlichen Gründen stets eine schriftliche Verordnung fordern sollte und für bestimmte Arzneimittelgruppen die Verschreibung vom Gesetz zwingend vorgeschrieben wird, ist es erforderlich, pflegerische und medizinische Maßnahmen stets zu dokumentieren. Der Arzt ist dazu verpflichtet, die Medikation in das Krankenblatt oder ähnliche Dokumentationssysteme aufzunehmen.[88] Insoweit besteht beim Krankenhaus eine vertragliche Dokumentationspflicht zu Gunsten des Patienten.[89] Dies muss in gleicher Weise für sonstige Einrichtungen gelten, die medizinische und pflegerische Betreuung durchführen. Der Arzt ist folglich nicht dazu

---

84 Steffen a. a. O.
85 Dies ergibt sich bereits aus der Berufsordnung für Ärzte: »Der Arzt hat über die in Ausübung seines Berufes gemachten Feststellungen und getroffenen Maßnahmen die erforderlichen Aufzeichnungen zu machen. Ärztliche Aufzeichnungen sind nicht nur Gedächtnisstützen für den Arzt, sie dienen auch dem Interesse des Patienten an einer ordnungsgemäßen Dokumentation« («Berufsordnung für die deutschen Ärzte« (MBO), dort § 15 Abs. 1 MBO (veröffentlicht in Deutsches Ärzteblatt vom 10.1.1994).
86 Unter anderem: Großkopf, Volker, »Fehlinjektionen« in »Pflegezeitschrift«, 10/1994
87 Rieger, DMW 1977, 585
88 BGH, NJW 1986, 2365 (2366); Schneider (1990), S. 75
89 BGH, NJW 1978, 2337 (ständige Rechtsprechung)

befugt, mündliche Anordnungen zu erteilen, sofern er nicht zumindest persönlich kontrolliert, ob die Anweisung korrekt notiert worden ist.

Der Arbeitgeber ist dazu verpflichtet, die beschäftigten Ärzte im Rahmen seiner Fürsorgepflicht zur schriftlichen Dokumentation zu verpflichten.

Schließlich ist der Arzt dazu verpflichtet, sich selbst einen Eindruck vom Patienten bzw. Heimbewohner zu verschaffen. Er muss daher die Diagnose persönlich erstellen. Es muss ausdrücklich darauf hingewiesen werden, dass aufgrund mehrerer Entscheidungen[90] das Unterlassen von Hausbesuchen[91] und die Ferndiagnose bzw. die Telefondiagnose unzulässig ist sowie ein Schmerzensgeld, eine berufsrechtliche Maßnahme und ein strafrechtlicher Vorwurf der unterlassenen Hilfeleistung nach § 323c StGB möglich ist. Jede Pflegekraft kann die Durchführung von Verordnungen verweigern, sofern der Arzt den Patienten nicht selbst untersucht, stattdessen beispielsweise Diagnose und Therapie telefonisch erledigt. Diagnose und Therapie sind, wie bereits ausgeführt, Sache des Arztes, denn er trägt die Gesamtverantwortung für Diagnose und Therapie.[92]

Bei der Gabe von Psychopharmaka ist noch zu beachten, dass es sich um hochwirksame Arzneimittel mit teilweise erheblichen Nebenwirkungen handelt. Zudem wird durch die Gabe von Psychopharmaka in der Regel die Bewegungsfreiheit, beispielsweise bei Sedativa, eingeschränkt, so dass die ungerechtfertigte Verabreichung als strafbare Freiheitsberaubung (§ 239 StGB) gewertet werden kann.[93] Mit Ausnahme von Notfällen muss aus den genannten Gründen bei wiederholter bzw. dauernder Gabe von Psychopharmaka mit sedierender Zielrichtung eine betreuungsgerichtliche Genehmigung (§ 1906 Abs. 4 BGB) beantragt werden,[94] sofern der Betroffene einwilligungsunfähig ist. Die Verordnung des Arztes und die Zustimmung des Betreuers sind nicht ausreichend, sofern die Wirkung des Medikamentes die persönliche Bewegungsfreiheit beeinträchtigt. Dies gilt auch bei der längeren Verabreichung von Neuroleptika,[95] da bei dieser Medikamentengruppe mit Folgeschäden (Persönlichkeitsveränderungen, Spätdyskinesien etc.) zu rechnen ist. Es handelt sich dabei um einen »schweren und länger andauernden gesundheitlichen Schaden« im Sinne von § 1904 BGB[96], so dass selbst der Betreuer nur mit der Genehmigung des Betreuungsgerichts zustimmen kann.

---

90 AG Jever, ArztR 1991, 360; OLG Köln, a.a.O.; LBerufG Koblenz, ArztR 1991, 361
91 LBerufsG Stuttgart, ArztR 2000, 77 (Geldbuße: 1.000,00 DM)
92 Steffen, MedR 1996, 265
93 Dazu ausführlich: (▶ Kap. CE 11 A 1.5; ▶ Kap. CE 11 A 2)
94 Dazu näheres im Betreuungsrecht: (▶ Kap. CE 08 2)
95 ständige Rechtsprechung, u. a. LandG Berlin, Beschl. v. 05.11.1992, Az.: 83 T 423 u. 426/92 = BtPrax 1993, 66 (längerfristigen Gabe von Neuroleptika); BGH, Beschl. v. 5.12.2012, Az.: XII ZB 665/11
96 Jürgens u. a. (1994), Rdn. 207

Als vorläufige Zusammenfassung kann festgestellt werden, dass die Verordnung und Verabreichung von Arzneimitteln mit großer Sorgfalt vorzunehmen ist, um Patient bzw. Bewohner zu schützen. Die Anwendung der größtmöglichen Sorgfalt schützt gleichzeitig die Pflegekräfte vor haftungsrechtlichen Ansprüchen.

1.3 Delegationsfähigkeit

Grundsätzlich ist möglich, dass ärztliche Tätigkeiten auf die jeweiligen Pflegekräfte übertragen, d.h. delegiert werden können. Ob eine Delegation erfolgen kann, hängt in erster Linie von der Gefährlichkeit der medizinischen Maßnahme und von der Qualifikation, dabei insbesondere der Ausbildung, des jeweiligen pflegerischen Mitarbeiters ab. Bei den wichtigsten medizinischen Tätigkeiten ist zwischenzeitlich entscheidend, unter welchen Voraussetzungen das nichtärztliche Personal, somit Pflegefachkräfte, qualifiziert und damit berechtigt sind.

Eine Delegation auf die Pflegekraft darf nur dann erfolgen, sofern diese zur Ausführung der ärztlichen Tätigkeit aufgrund ihres Ausbildungsstandes bzw. ihrer Vorkenntnisse überhaupt in der Lage ist. Insbesondere bei Auszubildenden kann deshalb die selbstständige Durchführung nur bei entsprechendem Ausbildungsstand erfolgen. Dies ergibt sich bereits aus § 18 Abs. 2 PflBG:

> (1) Der oder dem Auszubildenden dürfen nur Aufgaben übertragen werden, die dem Ausbildungszweck und dem Ausbildungsstand entsprechen; die übertragenen Aufgaben müssen den physischen und psychischen Kräften der Auszubildenden angemessen sein.

§ 18 Abs. 2 PflBG

Eine Delegation darf daher nur in Ausnahmefällen an Auszubildende oder sonstige nicht-examinierte Pflegekräfte erfolgen. Es ist nach der Rechtsprechung davon auszugehen, dass bei Pflegehilfskräften in Ausnahmefällen bestimmte medizinische Tätigkeiten zulässig sind:

- Vom Arzt dürfen ausnahmsweise an erfahrene Pflegekräfte ohne die dreijährige Ausbildung das Injizieren von Insulin und die orale Gabe von Arzneimitteln übertragen werden, auch an Auszubildende, sofern dies ihrem jeweiligen Ausbildungsstand entspricht und sich der Arzt davon überzeugt hat, dass die jeweilige Pflegekraft hinreichend dafür qualifiziert ist. Dies muss allerdings die Ausnahme bleiben, denn grundsätzlich darf sowohl die orale Verabreichung von Medikamenten als auch das Injizieren von Insulin nur durch Fachkräfte erfolgen.[97]

---

[97] vgl. u.a. Bachstein, PflegeAktuell Heft 4/2004, 222; Schell, Rechtsalmanach, Nr. 20

- Dies gilt selbst für die Vorbereitung von Medikamenten, was nur an Fachpersonal delegiert werden kann.
- Bei intramuskulärer Injektion sind besondere Kenntnisse notwendig. In welchem Umfang intramuskuläre Injektionen – und vergleichbare Tätigkeiten wie beispielsweise das Legen von Magensonden oder das Katheterisieren – seitens der Pflegekräfte durchgeführt werden kann, ist inzwischen kaum noch umstritten und war vereinzelt Gegenstand von höchstrichterlichen Entscheidungen. Leider gibt es selbst bei Pflegefachkräften weder eine gesetzliche Regelung noch eine eindeutige Rechtsprechung. Klarheit sollte für den Bereich der Krankenhäuser mit einem Beschluss der Bundesärztekammer geschaffen werden: »Injektionen, Infusionen und Blutentnahmen sind Eingriffe, die zum Verantwortungsbereich des Arztes gehören.«[98]

Grundlage dieses Beschlusses waren die sogenannten »medizinischen Assistenzberufe.« Dieser Beschluss ist später abgeändert worden:[99]

> Dem Arzt obliegen in eigener Verantwortung alle diagnostischen und therapeutischen Entscheidungen für den Patienten. [...] Wenn der Arzt die Durchführung [...] überträgt, müssen folgende Voraussetzungen erfüllt sein:
> Der Arzt muss sorgfältig prüfen und danach entscheiden, welche Maßnahmen die Krankenpflegepersonen durchführen sollen [...]
> Der Arzt darf nur Krankenschwestern, [...] und unter diesen nur solche beauftragen, die für die jeweils zu übernehmende Aufgabe qualifizierte Kenntnisse, Fertigkeiten und Fähigkeiten nachweisen. Für die Durchführung von intramuskulären und intravenösen Injektionen, Infusionen und Blutentnahmen muss die Qualifikation der Krankenpflegeperson durch einen Arzt festgestellt und durch den leitenden Abteilungsarzt schriftlich bestätigt worden sein; die Anerkennung einer erfolgreich verlaufenen Weiterbildung in der Intensivpflege ersetzt diese Bestätigung.

Diese Rechtsauffassung ist im Bereich der Krankenpflege überholt und entspricht nicht der Praxis.

Im Zusammenhang dazu ist ein Urteil des Bundesgerichtshofes[100] zu erwähnen, in dem unter anderem ausgeführt wird:

> [...] spricht vieles dafür, dass auch heute noch die Verabreichung von intramuskulären Injektionen durch Krankenpflegehelfer*innen grundsätzlich nicht geduldet werden darf. [...] geübten Schwesternhelferinnen ausnahmsweise selbstständige intramuskuläre Injektionen anvertraut werden dürfen [...]

Dieses Urteil und die Verlautbarung der Ärztekammer sprechen dafür, dass grundsätzlich (nur) Pflegefachkräfte zur intramuskulären Injektion befugt sind. Selbst für diese Berufsgruppe wird zudem von der herrschenden Meinung die Befugnis zu intravenösen Injektionen verneint.

---

98 Beschl. v. 20.05.1974, abgedruckt bei Schell (1992), S. 78
99 Beschl. Ärztekammer v. 18.04.1980, Schneider (1990), S. 269 m.w.N.
100 BGH, NJW 1979, 1935

Eine Delegation ist nach einem neueren Urteil des OLG Dresden immer möglich, wenn das nichtärztliche Fachpersonal über die erforderlichen Kenntnisse und Erfahrungen verfügt und sich der Arzt von der durch Ausbildung und Erfahrung gewonnenen spezifischen Qualifikation in der Punktions- und Injektionstechnik überzeugt hat und wenn er sich in unmittelbarer Nähe aufhält.[101] Wenn der Eingriff im Einzelfall wegen besonderer Schwierigkeiten oder bestehender Gefahren die Vornahme durch den Arzt erforderlich macht, hat die Delegation zu unterbleiben. Anderenfalls haftet er für die Fehler des nichtärztlichen Personals.[102]

Grundsätzlich gilt: Jeder darf das, was er aufgrund seiner Ausbildung bzw. einer entsprechenden Fortbildung erlernt und auch praktisch geübt hat.

Sofern die betroffenen Pflegekräfte dazu in der Lage sind, Injektionen zu verabreichen, können sie in der pflegerischen Praxis diese auch ausführen. Dazu müssen folgende Voraussetzungen[103] vorliegen:

- Wissen und Können in der Injektionstechnik sowie
- keine Gefährdung des Patienten oder Bewohners und
- (ohne pflegerische Ausbildung) Überprüfung und Kontrolle durch den Arzt.

Es gilt folglich der Grundsatz: Je höher die Qualifikation, desto eher darf die Pflegekraft zur Injektion herangezogen werden.[104]

Die intravenösen Injektionen oder Infusionen (Anlegen einer Infusion) können in Abhängigkeit von der applizierten Substanz auf eine Pflegefachkraft übertragen werden. Die Anwesenheit des Arztes ist in der Regel erforderlich. Die intravenöse Erstapplikation von Medikamenten ist nicht delegierbar.[105]

Aus der neuen Vorschrift des § 4 PflBG (Vorbehaltene Tätigkeiten) ergibt sich keine Klärung der Rechtslage:

> (1) Pflegerische Aufgaben nach Absatz 2 dürfen beruflich nur von Personen mit einer Erlaubnis nach § 1 Absatz 1 durchgeführt werden. Ruht die Erlaubnis nach § 3 Absatz 3 Satz 1, dürfen pflegerische Aufgaben nach Absatz 2 nicht durchgeführt werden.

§ 4 PflBG

---

101 Bundesärztekammer, Empfehlungen persönliche Leistungserbringung, Möglichkeit und Grenzen der Delegation ärztlicher Leistungen, Stand 29.08.2008
102 OLG Dresden, Urt. v. 24.07.2008, Az.: 4 U 1857/07
103 vgl. Schell (1991), Injektionstechnik, S. 37
104 Rieger, NJW 1979, 1937
105 vgl. dazu u. a. Bekanntmachungen der Bundesärztekammer und der Kassenärztlichen Bundesvereinigung zur Persönlichen Leistungserbringung und zu den Möglichkeiten und Grenzen der Delegation ärztlicher Leistungen vom 29.08.2008 = Deutsches Ärzteblatt v. 10.10.2008, S. A 2173 ff

> (2) Die pflegerischen Aufgaben im Sinne des Absatzes 1 umfassen
>
> 1. die Erhebung und Feststellung des individuellen Pflegebedarfs nach § 5 Absatz 3 Nummer 1 Buchstabe a,
> 2. die Organisation, Gestaltung und Steuerung des Pflegeprozesses nach § 5 Absatz 3 Nummer 1 Buchstabe b sowie
> 3. die Analyse, Evaluation, Sicherung und Entwicklung der Qualität der Pflege nach § 5 Absatz 3 Nummer 1 Buchstabe d.

Die Verpflichtung, pflegerische Aufgaben nur von Pflegefachkräften ausführen zu lassen, betrifft nur die Erhebung und Feststellung des individuellen Pflegebedarfs, die Organisation, Gestaltung und Steuerung des Pflegeprozesses sowie die Analyse, Evaluation, Sicherung und Entwicklung der Qualität der Pflege.

In einigen Bundesländern liegen »Kataloge« der Heimaufsicht vor, in welchen geregelt ist, wer was im Heimbereich darf. Als Übersicht können die Befugnisse bzw. die an die jeweilige Berufsgruppe delegierbare Tätigkeit wie folgt dargestellt werden:

- Pflegefachkräfte:
  - Absaugen,
  - Blutdruckmessen,
  - Injektionen, s. c. und i. m. (im Einzelfall i. v.),
  - Katheterisierung der Harnblase,
  - Blutabnehmen,
  - Stellen und Verteilen von Medikamenten,
  - Verbandswechsel,
  - einfache Laborleistungen,
  - physikalischmedizinische Leistungen,
  - einfache Messverfahren
  - und vergleichbares.

Pflegekräfte sind nur Verrichtungsgehilfen des Arztes, sofern es sich um den (angestellten) Arzt einer Einrichtung handelt. Nur dieser ist zur Anweisung gegenüber den Pflegefachkräften berechtigt. Ein niedergelassener Arzt, der von außerhalb Bewohner im Heim betreut, ist nur in Absprache mit der Heim- bzw. Pflegedienstleitung zu Anweisungen hinsichtlich der medizinischen Versorgung berechtigt, da gegenüber diesem die Mitarbeiter eines Heims nicht derartige Verrichtungsgehilfen sind.

In Einzelfällen haben Pflegefachkräfte ein Weigerungsrecht. Nämlich dann, wenn

- bei Durchführung von speziellen ärztlichen Tätigkeiten eine Gefährdung des Patienten zu befürchten ist.

- Ein Weigerungsrecht besteht auch bei ungenauen Anordnungen des Arztes. Sofern keine schriftliche Verordnung erfolgt, können die betroffenen Pflegekräfte die Ausführung verweigern.
- Ein Recht zur Verweigerung der Durchführung besteht schließlich dann, wenn durch die Ausführung gegen ein Strafgesetz verstoßen werden würde, beispielsweise die medizinische Maßnahme eine Körperverletzung darstellt. Dies gilt im Fall einer durch den Patienten verweigerten Einwilligung.

Das Weigerungsrecht ist in Notfällen stark eingeschränkt. Dann hat die Rettung des Lebens des Patienten Vorrang vor rechtlichen Erwägungen.

1.4 Durchführungs- und Anordnungsverantwortung

Die medizinische Tätigkeit im Pflegebereich kann in zwei Verantwortungsbereiche unterteilt werden, die Durchführungs- und Anordnungsverantwortung.

Sofern die vorgenannten Voraussetzungen (Einwilligung, Qualifikation etc.) vorliegen, kann eine Durchführung von medizinischen Tätigkeiten durch Pflegekräfte erfolgen. Werden diese Tätigkeiten an Pflegekräfte zulässigerweise delegiert, ändert sich der Verantwortungsbereich. Nach der Delegation trägt die Pflegekraft die Durchführungsverantwortung für diejenige Maßnahme, die an sie delegiert wurde. Stimmt der Pflegende der Delegation zu und wird die medizinische Maßnahme danach fehlerhaft durchgeführt, haftet er grundsätzlich allein aus Übernahmeverschulden[106] für den Schaden und kann im Falle des Körperschadens auch strafrechtlich zur Verantwortung gezogen werden. Beim Übernahmeverschulden wird eine Aufgabe übernommen, obwohl Zweifel daran bestehen, ob sie ordnungsgemäß durchgeführt werden kann oder ob die dafür erforderliche Qualifikation besteht.

Die Pflegekraft haftet aber nur dafür, dass die Tätigkeit fachgerecht durchgeführt wird. Im Falle einer fehlerhaften Anordnung des Arztes haftet dieser selbst.

Der Arzt trägt die Anordnungsverantwortung. Der Arzt ist für die korrekte Diagnose und die Wahl der sachgerechten Therapie verantwortlich (= Gesamtverantwortung). Der Arzt kann allerdings darauf vertrauen, dass diejenigen Maßnahmen, die er an examinierte Pflegekräfte delegiert hat, ordnungsgemäß durchgeführt werden (= vertikaler Vertrauensgrundsatz). Bei einer korrekten Anordnung seitens des Arz-

---

106 vgl. dazu auch die »Fahrlässigkeit«: (▶ Kap. CE 01 2.4; ▶ Kap. CE 05 A 4.2)

tes, jedoch fehlerhafter Durchführung durch eine Pflegekraft, haftet unter Umständen auch das Heim oder das Krankenhaus neben der Pflegekraft nach den oben dargestellten Grundsätzen. Das Heim und das Krankenhaus haften außerdem in diesem Zusammenhang für eine fehlerhafte Auswahl, Anleitung und Überwachung seines Personals.

Die Abgrenzung der Verantwortungsbereiche sollte jede Pflegekraft dazu veranlassen, beim Arzt auf die schriftliche Anordnung zur Beweisführung, d. h. zum späteren Nachweis des Verursachers einer Schädigung des Patienten oder Bewohners, zu drängen. Nur auf diese Weise kann in der Praxis eine zivil- und strafrechtliche Entlastung erfolgen. Die sicherste Methode, unberechtigte Schadenersatzansprüche abzuwehren oder den Vorwurf einer strafbaren Handlung zu entkräften, ist eine sorgfältige und ausführliche Dokumentation. Damit ist es in der Regel möglich, ordnungsgemäßes Verhalten nachzuweisen und den Vorwurf von Pflichtverletzungen zu entkräften.

2 Krankenversicherung

Kontextbedingungen
1./2. Ausbildungsdrittel

- […]
- Grundlagen Krankenversicherung, Krankenhausfinanzierung, Personalbemessung.
(BIBB 2019, S. 87)

2.1 Grundlagen Krankenversicherung

Die gesetzliche Krankenversicherung hat verschiedene Aufgaben, die im Sozialgesetzbuch V in der Vorschrift des § 11 SGB V bezeichnet sind:

- Förderung der Gesundheit (§ 20 SGB V),
- Verhütung von Krankheiten (§§ 21–24 SGB V),
- Früherkennung von Krankheiten (§§ 25–26 SGB V) und
- Behandlung der Krankheit (§§ 27–52 SGB V).

Bei den Leistungen der Krankenversicherung gilt nach § 12 SGB V das Wirtschaftlichkeitsgebot. Dies bedeutet, dass die Leistungen ausreichend, zweckmäßig und wirtschaftlich sein müssen. Sie dürfen das Maß des Notwendigen nach § 12 Abs. 1 SGB V nicht überschreiten:

> (1) ¹Die Leistungen müssen ausreichend, zweckmäßig und wirtschaftlich sein; sie dürfen das Maß des Notwendigen nicht überschreiten. ²Leistungen, die nicht notwendig oder unwirtschaftlich sind, können Versicherte nicht beanspruchen, dürfen die Leistungserbringer nicht bewirken und die Krankenkassen nicht bewilligen.

§ 12 SGB V

In den Grenzen der Wirtschaftlichkeit hat der Versicherte Anspruch auf Gewährung der Leistung.

Zu den Leistungen der gesetzlichen Krankenversicherung zählen unter anderem:

- diagnostische Maßnahmen,
- ärztliche und zahnärztliche Behandlung,
- Hilfsmittel (z. B. Prothesen) und
- Arzneimittel, Verbandstoffe.

Für die Inanspruchnahme der genannten Leistungen besteht nach § 76 Abs. 1 SGB V die freie Arztwahl sowohl bei Ärzten als auch bei Zahnärzten, sofern der jeweilige Arzt die kassenärztliche Zulassung besitzt. Der Patient hat ebenfalls die freie Wahl zwischen den zugelassenen Krankenhäusern. Ist eine Krankenhausbehandlung nicht möglich oder kann sie durch häusliche Krankenpflege vermieden werden, muss die Kasse dazu Leistungen erbringen. Diese bestehen nach § 37 SGB V aus:

- Grund- und Behandlungspflege und
- hauswirtschaftlicher Versorgung.

Eine der wichtigsten Leistungen zur wirtschaftlichen Sicherung ist das Krankengeld nach §§ 44 ff. SGB V, das im Falle der ärztlich nachgewiesenen Arbeitsunfähigkeit bezahlt wird. Die Zahlung beginnt grundsätzlich erst ab der siebten Woche, somit nach Ende der Entgeltfortzahlung des Betriebes (§ 49 Nr. 1 SGB V), jedoch längstens für die Dauer von 78 Wochen innerhalb von drei Jahren wegen derselben Erkrankung.

2.2 Finanzierung Krankenhausbehandlung

Die Finanzierung der Krankenhäuser in Deutschland erfolgt mittels verschiedener Gesetze.
Im Recht der Krankenversicherung wird dazu definiert, was ein Krankenhaus ist: Nach § 107 Abs. 1 SGB V sind Krankenhäuser Einrichtungen, die

1. der Krankenhausbehandlung oder Geburtshilfe dienen,
2. fachlich-medizinisch unter ständiger ärztlicher Leitung stehen, über ausreichende, ihrem Versorgungsauftrag entsprechende diagnostische und therapeutische Möglichkeiten verfügen und nach wissenschaftlich anerkannten Methoden arbeiten,
3. mit Hilfe von jederzeit verfügbarem ärztlichem, Pflege-, Funktions- und medizinisch-technischem Personal darauf eingerichtet sind, vorwiegend durch ärztliche und pflegerische Hilfeleistung Krankheiten der Patienten zu erkennen, zu heilen, ihre Verschlimmerung zu verhüten, Krankheitsbeschwerden zu lindern oder Geburtshilfe zu leisten, und in denen
4. die Patienten untergebracht und verpflegt werden können.

Nach § 70 SGB V muss die Krankenhausbehandlung »eine bedarfsgerechte und gleichmäßige, dem allgemein anerkannten Stand der medizinischen Erkenntnisse entsprechende Versorgung der Versicherten gewährleisten. Die Versorgung der Versicherten muß ausreichend und zweckmäßig sein, darf das Maß des Notwendigen nicht überschreiten und muß in der fachlich gebotenen Qualität sowie wirtschaftlich erbracht werden«. Bei den Krankenhausleistungen lassen sich folgende Bereiche unterscheiden:

1. Voll- und teilstationär (§ 39 SGB V),
2. Vor- und nachstationär (§ 115a SGB V),
3. Ambulant (§§ 115b, 116a ff. SGB V).

Die wirtschaftliche Sicherung von Krankenhäusern erfolgt in Deutschland nach dem Prinzip der »dualen Finanzierung«: Für laufende Betriebskosten sind die Krankenkassen zuständig und für notwendige Investitionen, wie bauliche Maßnahmen und medizinische Ausstattung, ist es das jeweilige Bundesland. Viele Krankenhäuser kämpfen inzwischen um das wirtschaftliche Überleben. Ein wesentlicher Grund dafür ist, dass Investitionsfördermittel von den Bundesländern an Qualitätsbedingungen geknüpft sind, z. B. an die Unterhaltung von zertifizierten medizinischen Zentren, in denen mehrere Fachbereiche ihre Kompetenzen und Erfahrungen bündeln und nach neuesten Erkenntnissen behandeln.

Die Rahmenbestimmungen für die Krankenhausfinanzierung werden in Deutschland vom Bund festgelegt. Über die bedarfsgerechte Anzahl von Krankenhäusern und Betten entscheiden dann die Bundesländer in ihrem jeweiligen Krankenhausplan. Ausschließlich darin aufgenommene Einrichtungen, sogenannte Plankrankenhäuser, haben Anspruch auf Investitionsmittel aus den Landeshaushalten und auf Versorgungsverträge mit den Krankenkassen.

Im Einzelnen regeln die Finanzierung der Krankenhäuser:

- Sozialgesetzbuch V (SGB V)
- Krankenhausfinanzierungsgesetz (KHG)
- Krankenhausentgeltgesetz (KHEntgG)
- Bundespflegesatzverordnung (BPflV) und
- Vereinbarung über die pauschalierenden Entgelte für die Psychiatrie und Psychosomatik (PEPPV)

Die voll- und teilstationären Leistungen werden über das DRG-System (Diagnosis Related Groups) nach § 17b KHG vergütet. Einzelheiten der Vergütung der DRG-Krankenhäuser werden im Krankenhausfinanzierungsgesetz (KHG), im Krankenhausentgeltgesetz (KHEntgG) und in der Fallpauschalenvereinbarung der Selbstverwaltungspartner geregelt. Diese Selbstverwaltungspartner sind unter anderem die Deutsche Krankenhausgesellschaft (DKG), der Spitzenverband Bund der Gesetzlichen Krankenversicherung (GKV), Verband der privaten Krankenversicherung (PKV). Die Grundlagen für die Vergütung voll- und teilstationärer Leistungen von psychiatrischen und psychosomatischen Krankenhäusern und Fachabteilungen (Psych-Einrichtungen) sind im KHG, in der Bundespflegesatzverordnung (BPflV) und in der von den Selbstverwaltungspartnern auf Bundesebene zu treffenden Vereinbarung über die pauschalierenden Entgelte für die Psychiatrie und Psychosomatik (PEPPV) niedergelegt.

Ab dem Jahr 2003 wurde das DRG-System 2019 mit den Fallpauschalen eingeführt. Bis zu dieser Neufassung der Finanzierung wurden allgemeine Krankenhausleistungen über krankenhausindividuelle Pflegesätze vergütet, die je Tag des Krankenhausaufenthaltes zu zahlen waren. Diese tagesbezogenen Pflegesätze wurden unabhängig davon berechnet, wie hoch der Behandlungsaufwand für einzelne Patientinnen und Patienten tatsächlich war. Die Krankenversicherung zahlte damit bei gleicher Behandlungsdauer für leicht erkrankte Patientinnen und Patienten genauso viel wie für schwer kranke Patientinnen und Patienten, die in der gleichen Fachabteilung eines Krankenhauses behandelt wurden. Die stationäre Verweildauer war im internationalen Vergleich sehr hoch. Der Gesetzgeber hat deshalb beschlossen, diese Vergütungsform durch ein »durchgängiges, leistungsorientiertes und pauschalierendes Vergütungssystem« (§ 17b Abs. 1 Satz 1 KHG) zu ersetzen. Nach einer Übergangsphase müssen seit dem Jahr 2010 grundsätzlich alle allgemeinen Krankenhäuser ihre Leistungen zu einem landeseinheitlichen Preisniveau (Landesbasisfallwert) abrechnen.

Die Eingruppierung in die DRG-Fallpauschale wird insbesondere bestimmt durch die Krankheitsart (Diagnose), den Schweregrad der Erkrankung sowie die erbrachten Leistungen (Operationen und Prozeduren) vorgenommen. Bei Patientinnen und Patienten mit leichten Erkrankungen sind die Vergütungen geringer als bei schweren, aufwändig zu behandelnden Erkrankungen. Mit der Fallpauschale wird die Vergütung einer definierten Erkrankung und deren Behandlung in einer bestimmten Bandbreite der Verweildauer kalkuliert. Innerhalb dieser Bandbreite wird die gleiche Pauschale unabhängig von der tatsächlichen Verweildauer gezahlt. Einer Über- oder Unterschreitung der ermittelten Bandbreite der Verweildauer wird durch Vergütungszuschläge oder -abschläge Rechnung getragen. Grundsätzlich ergibt sich der Preis einer Fallpauschale durch Multiplikation der Bewertungsrelation der jeweiligen DRG mit dem Landesbasisfallwert.

Der DRG-Katalog 2019 wurde auf der Grundlage der Kosten- und Leistungsdaten von 272 Krankenhäusern (davon 12 Universitätskliniken) und insgesamt rund 4,1 Mio. Fällen kalkuliert. Der Katalog für das Jahr 2019 weist 1.318 Fallpauschalen und 214 Zusatzentgelte – überwiegend für teure Medikamente und Medizinprodukte – aus, die in eng begrenzten Ausnahmefällen zusätzlich zu den Fallpauschalen abgerechnet werden können. Je Krankenhausaufenthalt kann nur eine DRG abgerechnet werden.

Mit der neuesten Reform der Finanzierung von Krankenhäusern, dem Gesetz zur Stärkung des Pflegepersonals (Pflegepersonal-Stärkungsgesetz; PpSG), das zum 1. Januar 2019 in Kraft getreten ist, wird das Sofortprogramm Pflege umgesetzt. Mit dem Gesetz soll die Verbesserung der Ausstattung von Krankenhäusern mit Pflegepersonal und die Verbesserung der Arbeitsbedingungen der Pflegekräfte in Krankenhäusern erreicht werden. Ab dem Jahr 2020 ist die Ausgliederung der Pflegepersonalkosten aus dem DRG-System vorgesehen. Mit der Bildung eines Pflegebudgets wird sichergestellt, dass die Personalkosten des einzelnen Krankenhauses für die Pflege am Bett umfassend finanziert werden.

Ebenfalls ab 2020 werden aus dem Pflegezuschlag etwa 200 Millionen Euro in die Landesbasisfallwerte überführt, um die finanzielle Lage der Krankenhäuser zu stärken. Zusätzlich wird eine Verbesserung der Versorgung in ländlichen Gebieten angestrebt. Dafür werden für bedarfsnotwendige Krankenhäuser etwa 50 Millionen Euro bereitgestellt.

Das neueste Vergütungssystem ist das Entgeltsystem für psychiatrische und psychosomatische Krankenhäuser. Dieses wird durch das KHG und die BPflV geregelt. Die voll- und teilstationären Leistungen psychiatrischer und psychosomatischer Krankenhäuser und Krankenhausabteilungen wurden bis einschließlich 2012 überwiegend mit tagesgleichen Abteilungspflegesätzen sowie Basispflegesätzen für die nicht-medizinischen Kosten des Krankenhauses finanziert. Mit dem Psych-Entgeltgesetz vom 21. Juli 2012 wurde ein neues leistungsorientiertes und pauschalierendes Vergütungssystem auf der Grundlage von tagesbezogenen Entgelten eingeführt. Der Entgelt-Katalog wird seit dem Jahr 2013 kontinuierlich, im Rahmen des lernenden Systems, weiterentwickelt. Im Jahr 2019 enthielt er insgesamt 82 pauschalierte tagesbezogene Entgelte für voll- und teilstationäre Leistungen und 116 Zusatzentgelte. Zusätzlich wurden auf der Grundlage einer entsprechenden Vereinbarung der Selbstverwaltungspartner auf Bundesebene vier ergänzende Tagesentgelte ermittelt. Eine Übergangsphase wurde verlängert. Mit dem Gesetz zur Weiterentwicklung der Versorgung und Vergütung für psychiatrische und psychosomatische Leistungen (PsychVVG) erfolgt die Förderung der sektorenübergreifenden Versorgung psychisch kranker Menschen sowie die Verbesserung von Transparenz und Leistungsorientierung. Wesentliche Elemente des PsychVVG sind:

- Die sektorenübergreifende Versorgung wird durch Einführung einer stationsäquivalenten psychiatrischen Behandlung im häuslichen Umfeld als stationäre Leistung gestärkt.
- Sowohl Mengen als auch Preise werden dauerhaft hausindividuell vereinbart.
- An die Stelle der bislang vorgesehenen Empfehlungen des G-BA zur Personalausstattung der Einrichtungen treten ab dem 1. Januar 2020 verbindliche Mindestvorgaben für die Ausstattung mit dem für die Behandlung erforderlichen therapeutischen Personal. Bis dahin gelten weiterhin die Vorgaben der Psychiatrie-Personalverordnung.
- Die Transparenz über die Einhaltung der jeweiligen Personalvorgaben wird erhöht.
- Zur Erhöhung von Transparenz und Leistungsorientierung in den Budgetvereinbarungen wurde ein leistungsorientierter Vergleich eingeführt.
- Seit dem Jahr 2018 ist das neue Entgeltsystem von allen psychiatrischen und psycho-somatischen Einrichtungen anzuwenden. Die ökonomische Wirksamkeit beginnt im Jahr 2020.

Der ständige »Reformprozess« zur Krankenhausfinanzierung dürfte immer noch nicht abgeschlossen sein. Dies vor allem deshalb, da viele Krankenhäuser sich in einer wirtschaftlich schwierigen Lage befinden, diese jedoch aufgrund des Versorgungsauftrages des Staates notwendig sind.

3 Recht Arbeitsbedingungen Krankenhaus

3. Ausbildungsdrittel zusätzlich

- [...]
- Arbeitsbedingungen (im Krankenhaus) vor dem Hintergrund rechtlicher und ökonomischer Rahmenbedingungen.«
(BIBB 2109, S. 88)

Die rechtlichen Rahmenbedingungen im Krankenhaus (und Heim) werden durch die Rechte des Krankenhausträgers sowie durch diejenigen der pflegerischen und sonstigen Mitarbeiter bestimmt.

3.1 Überblick Rechtsgrundlagen

Die arbeitsrechtlichen Rahmenbedingungen sind in verschiedenen Gesetzen dazu im Grundgesetz und im Europarecht sowie dem Arbeitsvertrag geregelt:

- Das Europarecht (u. a. mit Richtlinien zum Arbeitsschutz),
- das Grundgesetz, vor allem
  - die Menschenwürde,
  - das Persönlichkeitsrecht,
  - der Gleichheitsgrundsatz,
  - das Recht der freien Berufswahl und
  - die Koalitionsfreiheit.
- verschiedene Gesetze, wie beispielsweise
  - das Bürgerliche Gesetzbuch,
  - das Kündigungsschutzgesetz,
  - das Arbeitszeitgesetz,
  - das Bundesurlaubsgesetz,
  - das Jugendarbeitsschutzgesetz,
  - das Mutterschutzgesetz und
  - das Entgeltfortzahlungsgesetz
  - mit Rechtsverordnungen dazu,
- Tarifverträge (z. B. TVöD) und die Arbeitsvertragsrichtlinien (Caritas, Diakonie),
- Dienst- und Betriebsvereinbarungen sowie
- der Arbeitsvertrag.

Grundlage des Arbeitsverhältnisses ist als »schwächste« Rechtsquelle, der Arbeitsvertrag, in dem Arbeitgeber und Pflegende speziell die Ausgestaltung ihrer rechtlichen Beziehung regeln. Er kann auf gesetzliche bzw. tarifvertragliche Regelungen Bezug nehmen. Sofern sein Inhalt nicht gegen höherrangiges Recht verstößt, ist der vertragliche Inhalt für beide Seiten bindend.

Zusammenfassend ist festzustellen, dass die Rechtsquellen die vorstehende Rangordnung haben, daher die Verfassung (europäisches Recht) und naturgemäß der höchste Rang und dem Arbeitsvertrag der niedrigste Rang zukommt. Dabei gilt, dass höherrangiges Recht die unteren Rechtsquellen außer Kraft setzen kann. Nur wenn das rangniedrigere Recht die Arbeitnehmer besser stellt, geht dieses nach dem Günstigkeitsprinzip vor.

Für alle Streitigkeiten, die im Zusammenhang mit dem Arbeitsrecht stehen, ist das Arbeitsgericht zuständig, in dessen Bezirk der Betrieb seinen Sitz hat.

3.2 Pflichten Pflegender

Die arbeitsrechtliche Hauptpflicht der Pflegenden ist die »Arbeitspflicht« (§ 611 Abs. 1 BGB). Dazu hat jeder Pflegende als Mitarbeiter noch verschiedene Nebenpflichten. Die wichtigste Nebenpflicht ist die Treuepflicht[107] gegenüber dem Arbeitgeber. Sie ist vor allem eine Unterlassungspflicht. Die Pflegekraft ist dazu verpflichtet, alle Handlungen zu unterlassen, die dem Arbeitgeber schaden können. Dazu zählen:

- die Verschwiegenheitspflicht,
- das Verbot geldwerte Leistungen von Patienten etc. anzunehmen,
- die Pflicht zum Schutz des Arbeitgebereigentums,
- die Loyalitätspflicht,
- Auskunfts-, Rechenschafts- und Herausgabepflichten und
- die Pflicht zur Unterlassung von ruf- und kreditschädigenden Mitteilungen sowie
- die Pflicht, arbeitgeberseitige Weisungen zu befolgen (Direktionsrecht des Arbeitgebers).

Dazu kann der Arbeitsvertrag über das Direktionsrecht des Arbeitgebers weitere Rechte und Pflichten festlegen, wie z. B. die Pflicht, Überstunden zu leisten oder im Schichtdienst zu arbeiten. Das Direktionsrecht ist das Weisungsrecht des Arbeitgebers[108], also das Recht, einseitig die Arbeitsbedingungen[109] zu bestimmen. Die Weisungen dürfen jedoch nicht gegen Gesetze, Tarifverträge, den Arbeitsvertrag etc. verstoßen.

Die Pflicht zur Verschwiegenheit in dienstlichen Angelegenheiten besteht über die »klassische« Schweigepflicht hinaus und ist bereits in den einschlägigen Tarifverträgen, wie beispielsweise der TVöD, dort § 3 TVöD (Allgemeine Arbeitsbedingungen)

> (1) Die Beschäftigten haben über Angelegenheiten, deren Geheimhaltung durch gesetzliche Vorschriften vorgesehen oder vom Arbeitgeber angeordnet ist, Verschwiegenheit zu wahren; dies gilt auch über die Beendigung des Arbeitsverhältnisses hinaus.

§ 3 TVöD

---

107 Rechtsgrundlage: § 241 Abs. 2 BGB
108 Rechtsgrundlage: § 106 GewO
109 aber nur im Rahmen des »billigen Ermessens« (§ 315 BGB)

Beim Verstoß droht sowohl die (fristlose) Kündigung des Dienstverhältnisses als auch Folgen wegen Verletzung des Datenschutzes, unter anderem eine Geldstrafe oder ein Bußgeld sowie zivilrechtliche Ansprüche des Patienten[110].

Die genannte Regelung im Tarifvertrag bestimmt aber noch weitere Pflichten der Mitarbeiter, nämlich das Verbot Geschenke anzunehmen und die Nebentätigkeit:

§ 3 TVöD
> (1) ¹Die Beschäftigten dürfen von Dritten Belohnungen, Geschenke, Provisionen oder sonstige Vergünstigungen in Bezug auf ihre Tätigkeit nicht annehmen. ²Ausnahmen sind nur mit Zustimmung des Arbeitgebers möglich. ³Werden den Beschäftigten derartige Vergünstigungen angeboten, haben sie dies dem Arbeitgeber unverzüglich anzuzeigen.

Geschenke dürfen also nur in geringfügigem Umfang (max. fünf Euro, Schokolade oder ähnliches) angenommen werden.

§ 3 TVöD
> (2) ¹Nebentätigkeiten gegen Entgelt haben die Beschäftigten ihrem Arbeitgeber rechtzeitig vorher schriftlich anzuzeigen. ²Der Arbeitgeber kann die Nebentätigkeit untersagen oder mit Auflagen versehen, wenn diese geeignet ist, die Erfüllung der arbeitsvertraglichen Pflichten der Beschäftigten oder berechtigte Interessen des Arbeitgebers zu beeinträchtigen.

Sogenannte entgeltliche Nebentätigkeiten müssen dem Arbeitgeber vorher mitgeteilt werden. Er darf sie unter bestimmten Voraussetzungen verbieten.

Aus den allgemeinen Nebenpflichten (der Loyalitätspflicht) ergibt sich, dass der Pflegende (noch) eine Verletzung seiner vertraglichen Pflichten begeht, sofern er gegen seinen Arbeitgeber eine Strafanzeige stellt. Dies gilt nicht nur bei einer unberechtigten[111], sondern auch einer berechtigten. Dann ist eine Kündigung möglich. Dies gilt allerdings nicht, wenn der Arbeitnehmer gegen seinen Arbeitgeber im Ermittlungsverfahren aussagen muss.[112]

Der Krankenhausträger als Arbeitgeber hat als Hauptpflicht die pünktliche und regelmäßige Zahlung der Vergütung (§ 611 Abs. 1, 2. Halbsatz BGB. Auch der Arbeitgeber hat aus dem Arbeitsverhältnis Nebenpflichten. Diese ergeben sich aus »Treu und Glauben« (§§ 241 Abs. 2; 242 BGB) sowie aus dem Arbeits- und Tarifvertrag bzw. Be-

---

110 Ausführlich dazu: (▶ Kap. CE 01 2.5)
111 LAG Hessen, Urt. v. 10.04.2002, Az.: 15 Sa 411/01
112 BVerfG Az. 1 BvR 2049/00

triebsvereinbarungen und gesetzlichen Bestimmungen. Diese sind unter anderem:

- Allgemeine Schutz- und Fürsorgepflichten: Arbeitsmittel und Arbeitsplatz sind so zu gestalten, dass keine Gefahr für Leib und Leben der Arbeitnehmer besteht (§§ 617, 618 BGB). Unter diesen Schutz fallen auch die Würde und Persönlichkeit des Arbeitnehmers, die vor Mobbing, Verleumdungen und Schikanen zu schützen sind.
- Pflicht zur Gleichbehandlung, gesetzlich geregelt im Allgemeinen Gleichbehandlungsgesetz[113].
- Beschäftigungspflicht, wozu auch die Problematik der »Minusstunden« zählt.
- Entgeltfortzahlung im Krankheitsfall, gesetzlich geregelt im Entgeltfortzahlungsgesetz (EntgFG).
- Gewährung von Erholungsurlaub. Dazu ist Grundlage das Bundesurlaubsgesetz (BUrlG) sowie Regelungen in den Tarifverträgen bzw. Arbeitsvertragsrichtlinien.

Die wichtigste Nebenpflicht ist die Fürsorgepflicht als Gegenstück der Treuepflicht. Eine der wesentlichen Grundlagen ist § 618 BGB (Pflicht zu Schutzmaßnahmen):

> (1) [...] hat Räume, Vorrichtungen oder Gerätschaften, [...], so einzurichten und zu unterhalten und Dienstleistungen, die unter seiner Anordnung oder seiner Leitung vorzunehmen sind, so zu regeln, dass der Verpflichtete gegen Gefahr für Leben und Gesundheit soweit geschützt ist, als die Natur der Dienstleistung es gestattet.
> (2) [...]
> (3) Erfüllt der Dienstberechtigte [...] obliegenden Verpflichtungen nicht, so finden auf seine Verpflichtung zum Schadensersatz die für unerlaubte Handlungen geltenden Vorschriften [...] entsprechende Anwendung.

§ 618 BGB

Diese – gewissermaßen Grundvorschrift zum Schutz der Gesundheit der Pflegenden – verpflichtet das Krankenhaus oder Heim bzw. sonstigen Arbeitgeber zum Schutz der Gesundheit seiner Mitarbeiter, allerdings nur, soweit ihm dies mit zumutbaren Mitteln möglich ist. Dieser Schutz umfasst die Gestaltung des Arbeitsplatzes und die Art der Ausführung der Arbeit. Der Arbeitgeber hat im Rahmen seiner Möglichkeiten den Schutz der Pflegenden vor Übergriffen von Patienten und Bewohnern oder dritten Personen zu gewährleisten, weshalb der

---

113 Dazu ausführlich: (▶ Kap. CE 04 A 4)

Träger der Einrichtung zur Information über Gefährdungsmöglichkeiten und zur Verlegung der Bewohner oder Patienten verpflichtet, um eine Gefährdung des Pflegepersonals zu verhindern.[114]

Neben dem Grundsatz in § 618 BGB existieren spezielle Schutzvorschriften (▶ Kap. CE 04 A 6 Arbeitsschutz).

3.3 Einstellungsgespräch

Dem Arbeitsverhältnis voraus geht die Bewerbung sowie das Einstellungsgespräch.

Beim Einstellungsgespräch können sich Probleme dahingehend ergeben, dass der zukünftige Arbeitgeber Fragen stellt, die zu weit in den persönlichen Bereich eingreifen. Die Rechtsprechung hat in Einzelfällen entschieden, welche Fragen zulässig sind. Sie sind grundsätzlich dann zulässig, wenn der Arbeitgeber an der Beantwortung ein berechtigtes, billigenswertes und schutzwürdiges Interesse hat. Er darf folglich Fragen zu folgenden Bereichen stellen:

- dem beruflichem Werdegang,
- einer Berufskrankheit oder chronischen Erkrankung,
- dem bisherigen Verdienst,
- der Qualifikation,
- eventuellen Vorstrafen und
- der Schwerbehinderteneigenschaft.

Beim Einstellungsgespräch sind Fragen nach Vorstrafen zulässig, sofern die Auskünfte für den Arbeitsplatz von Bedeutung sind. Dies gilt allgemein bei Pflegepersonal. Diese müssen auf Verlangen des Arbeitgebers ein Führungszeugnis vorlegen. Bei Pflegenden in der Kinderkrankenpflege kann sogar ein erweitertes Führungszeugnis gefordert werden.[115]

Die vorgenannten Fragen müssen von dem Bewerber auf die Stelle wahrheitsgemäß beantwortet werden. Die Frage nach einer Schwangerschaft ist nur in Ausnahmefällen zulässig. Diese Frage stellt nach Rechtsprechung des Bundesarbeitsgerichts und des Europäischen Gerichtshofes eine Diskriminierung weiblicher Arbeitnehmer dar.[116] Der Arbeitgeber darf diese Frage nur dann stellen, sofern wegen der Art der Tätigkeit eine Beschäftigung von Schwangeren nicht möglich

---

114 Genaueres: Kienzle/Kotschenreuther/Farnkopf (2020) dort Teil II. Kapitel 5
115 § 30a BZRG: »[...] ein erweitertes Führungszeugnis erteilt, [...] wenn dieses Führungszeugnis benötigt wird für a) eine berufliche oder [...] Beaufsichtigung, Betreuung, Erziehung oder [...] oder b) eine Tätigkeit, die in einer Buchstabe a vergleichbaren Weise geeignet ist, Kontakt zu Minderjährigen aufzunehmen.
116 BAG in NJW 1993, 1154

ist[117] oder die Besonderheiten des Arbeitsplatzes eine Gefährdung für das ungeborene Kind bedeuten.[118] Die Frage ist zulässig, da nach § 4 Abs. 1 MuSchG bereits bei der entfernten Möglichkeit einer Infektionsgefahr ein Beschäftigungsverbot besteht.[119] Dies gilt allerdings nicht bei einem befristeten Arbeitsvertrag und feststeht, dass die Bewerberin während eines wesentlichen Teils der Vertragslaufzeit nicht arbeiten kann.[120] Sofern falsche Antworten auf zulässige Fragen erfolgen, ist der Betrieb später dazu berechtigt, den Arbeitsvertrag wegen arglistiger Täuschung anzufechten.

Nach einer Schwerbehinderung im Sinne von § 2 Abs. 2 SGB IX durfte der Arbeitgeber nach der früheren Rechtsprechung fragen. Nach der aktuellen Rechtslage verbieten die Vorschriften des § 164 Abs. 2 SGB IX und das Allgemeine Gleichbehandlungsgesetzes die Diskriminierung (schwer)behinderter Menschen. Daher darf nach einer Schwerbehinderung (grundsätzlich) nicht gefragt werden. Wie bei der Schwangerschaft ist ausnahmsweise die Frage nach der Schwerbehinderung zulässig, wenn die Schwerbehinderung die vertragsgemäße Tätigkeit unmöglich macht, d.h. der schwerbehinderte Bewerber (oder Bewerberin) erkennen muss, dass aufgrund der Behinderung die geforderte Arbeit nicht erbracht werden kann[121] oder seine Behinderung eine Einschränkung der Leistungsfähigkeit mit sich bringt, die für den vorgesehenen Arbeitsplatz von ausschlaggebender Bedeutung ist.

Wird ein schwerbehinderter Bewerber auf eine freie Stelle ohne Mitteilung der Ablehnungsgründe nicht eingestellt bzw. beschäftigt, muss der Arbeitgeber gemäß § 81 Abs. 2 Nr. 3 SGB IX Schadenersatz leisten, der allerdings auf maximal das Dreifache des monatlichen Nettoeinkommens begrenzt ist. Dies folgt daraus, dass dem Bewerber eventuelle sachliche Gründe für eine Ablehnung nach § 81 Abs. 1 S. 9 SGB IX mitgeteilt werden müssen.[122]

Es gibt außer den vorgenannten noch weitere unzulässige Fragen, deren falsche Beantwortung auch keine Folgen hat. Der Arbeitgeber darf keine Fragen stellen zu

- der Gewerkschaftszugehörigkeit,
- den allgemeinen Krankheiten,
- der Religionszugehörigkeit,
- der Parteizugehörigkeit und
- den Heiratsabsichten bzw. dem Kinderwunsch.

---

117 BAG in NJW 1989, 929; BAG in NJW 1993, 1154 (1155)
118 BAG in NJW 1994, 148
119 BVerwG in ArztR 1994, 278
120 LAG Köln, Urt. v. 11.10.2012, Az. 6 Sa 641/12
121 BAG, Urt. v 12.09.2006, Az.: 9 AZR 807/05, Rn. 24 mwN = BAGE 119, 262; Im Ergebnis auch: BAG, Urt. v. 13.10.2011, Az.: 8 AZR 608/10
122 vgl. dazu bereits BAG, NZA 2005, 870; LAG Hessen, NZA-RR 2006, 312

Eine Ausnahme gilt bisher bei kirchlichen Einrichtungen, bei denen die Religionszugehörigkeit mitgeteilt werden muss. Es ist allerdings durch das Bundesarbeitsgericht nach einer Vorlage an den Europäischen Gerichtshof entschieden worden, dass eine Religionszugehörigkeit nur zur Bedingung von Einstellungen gemacht werden kann, wenn das für die konkrete Tätigkeit objektiv geboten ist.[123] In konformer Auslegung mit dem EU-Recht ist eine Auswahl nach der Religion nur zulässig, wenn die Religion nach der Art der Tätigkeiten oder den Umständen ihrer Ausübung eine wesentliche, rechtmäßige und gerechtfertigte berufliche Anforderung angesichts des Ethos der Religionsgemeinschaft oder Einrichtung darstellt.

Ohne ausdrückliche Frage muss der Arbeitnehmer auf bestimmte Tatsachen hinweisen, wenn der Arbeitgeber aufgrund von Treu und Glauben diesen Hinweis erwarten darf, weil die verschwiegenen Umstände eine Ausübung der Tätigkeit unmöglich machen oder für den Arbeitsplatz von entscheidender Bedeutung sind. Dies gilt beispielsweise für eine chronische Erkrankung, wie eine Schädigung der Wirbelsäule bei Pflegekräften.

3.4 Dauer des Arbeitsverhältnisses

Arbeits- und Dienstverträge sind gesetzlich nach § 620 Abs. 1 BGB grundsätzlich unbefristet. Als Ausnahme sind in Sonderfällen befristete Arbeitsverträge möglich.[124] Dies gilt bereits dann, wenn für die Befristung ein sachlicher Grund besteht. Ein derartiger sachlicher Grund liegt bei

- Schwangerschaftsvertretungen,
- Tätigkeiten im Rahmen eines Projektes,
- Urlaubsvertretungen oder
- Vertretungen bei Erkrankungen

vor. Ein sachlicher Grund für die Befristung liegt somit immer dann vor, wenn ein Arbeitnehmer vertreten werden soll, der vorübergehend abwesend ist.[125] In jedem Fall muss die Befristung schriftlich erfolgen (§ 623 BGB).

Durch verschiedene gesetzliche Regelungen, unter anderem durch das Teilzeit- und Befristungsgesetz, sind befristete Arbeitsverträge ohne sachlichen Grund bis zu 24 Monate mit der Möglichkeit einer bis zu dreimaligen Verlängerung zulässig, allerdings immer mit der Höchst-

---

123 BAG, Urt. v. 25.10.2018, Az. 8 AZR 501/14; Vorabentscheidung: EuGH, Urt. v. 17.04.2018 in der Rechtssache C-414/16 Vera Egenberger / Evangelisches Werk für Diakonie und Entwicklung;
124 Bereits BAG, NZA 1998, 419
125 BAG, NZA 1998, 419

dauer von 24 Monaten (§ 14 Abs. 2 TzBfG). Das Teilzeit- und Befristungsgesetz lässt weitere Befristungen mit sachlichem Grund zu, nämlich unter anderem wenn

- der betriebliche Bedarf an der Arbeitsleistung nur vorübergehend besteht,
- die Befristung im Anschluss an eine Ausbildung oder ein Studium erfolgt, um den Übergang des Arbeitnehmers in eine Anschlussbeschäftigung zu erleichtern,
- der Arbeitnehmer zur Vertretung eines anderen Arbeitnehmers beschäftigt wird,
- die Eigenart der Arbeitsleistung die Befristung rechtfertigt oder
- die Befristung zur Erprobung erfolgt.

Die Befristung ist nur zulässig, sofern sie schriftlich erfolgt (§ 14 Abs. 4 TzBfG).
Es besteht zusätzlich die Möglichkeit der Befristung ohne sachlichen Grund, allerdings nur bis höchstens zwei Jahre (§ 14 Abs. 2 TzBfG). Sie darf innerhalb dieser zwei Jahre nur höchstens dreimal verlängert werden.
Nach § 30 Abs. 2 TVöD sind kalendermäßig befristete Arbeitsverträge mit sachlichem Grund höchstens für die Dauer von fünf Jahren zulässig. Ein befristeter Arbeitsvertrag ohne sachlichen Grund soll in der Regel zwölf Monate nicht unterschreiten und muss mindestens sechs Monate betragen. Vor Ablauf des Arbeitsvertrages hat der Arbeitgeber zu prüfen, ob eine unbefristete oder befristete Weiterbeschäftigung möglich ist (§ 30 Abs. 3 TVöD). Bei befristeten Arbeitsverträgen ohne sachlichen Grund gelten die ersten sechs Wochen und bei befristeten Arbeitsverträgen mit sachlichem Grund die ersten sechs Monate als Probezeit. Innerhalb der Probezeit kann der Arbeitsvertrag mit einer Frist von zwei Wochen zum Monatsschluss gekündigt werden (§ 30 Abs. 4 TVöD).
Bei der Beurteilung der Frage, ob ein sachlicher Grund für die Befristung vorgelegen hat, ist der Zeitpunkt des Vertragsabschlusses entscheidend und nicht der Ablauf der Frist. Eine wirksame Befristung kann nicht durch spätere Ereignisse unwirksam werden. Das Arbeitsverhältnis ist somit selbst dann wirksam befristet, wenn während des Verlaufes eine Schwangerschaft festgestellt wird.[126] Dies ist nur dann unzulässig, wenn der einzige Grund für die Ablehnung der Verlängerung die Schwangerschaft ist.[127]
Bei einer zulässigen Befristung endet das Dienstverhältnis nach Ablauf einer bestimmten Zeit von selbst, d. h. ohne Kündigung. Die Befristung muss ausdrücklich vereinbart werden, ansonsten wird das Arbeitsverhältnis auf unbestimmte Zeit geschlossen.

---

126 BAG AP 16, 17, 20 zu § 620 BGB befristeter ArbeitsV
127 BAG, AP 26 zu § 620 BGB befristeter Arbeitsvertrag; BAG, NJW 1964, 567

Im Arbeitsvertrag kann eine Probezeit vereinbart werden. Während dieser Probezeit ist für beide Parteien, Arbeitgeber und Arbeitnehmer, eine Kündigung ohne Angabe von Gründen und unter Einhaltung der Frist von zwei Wochen nach § 622 Abs. 3 BGB möglich. Die Probezeit beträgt im Normalfall sechs Monate, kann jedoch auch für einen kürzeren Zeitraum festgelegt werden. Bei Auszubildenden gilt ebenfalls eine Probezeit von sechs Monaten (§§ 20, 22, Abs. 1 PflBG). Nach dem Ende der Probezeit entsteht ohne anderweitige Vereinbarung ein unbefristetes Arbeitsverhältnis.

3.5 Beendigung des Arbeitsverhältnisses

Es ist möglich, laufende Arbeitsverhältnisse auf verschiedene Arten zu beenden. In Betracht kommen dabei:

- die ordentliche Kündigung,
- die außerordentliche Kündigung,
- der Aufhebungsvertrag,
- die Zahlung einer Rente und
- die Befristung bzw. der Eintritt des vereinbarten Beendigungszeitpunktes,

wobei der Kündigung des Arbeitnehmers durch den Arbeitgeber aufgrund der sozialen Schutzwürdigkeit des Arbeitnehmers Schranken gesetzt sind. In jedem Fall muss die Kündigung nach § 623 BGB schriftlich erfolgen.

3.5.1 Ordentliche Kündigung

Eine ordentliche Kündigung liegt dann vor, wenn die gesetzliche, tarifvertragliche oder die im Arbeitsvertrag unter Umständen besonders vereinbarte Kündigungsfrist eingehalten wird.

Es gelten nach § 622 BGB folgende Kündigungsfristen:

§ 622 BGB

> (1) Das Arbeitsverhältnis [...] kann mit einer Frist von vier Wochen zum Fünfzehnten oder zum Ende eines Kalendermonats gekündigt werden.
> (2) Für eine Kündigung durch den Arbeitgeber beträgt die Kündigungsfrist, wenn das Arbeitsverhältnis in dem Betrieb oder Unternehmen
>
> 1. zwei Jahre bestanden hat, einen Monat zum Ende eines Kalendermonats,

> 2. fünf Jahre bestanden hat, zwei Monate zum Ende eines Kalendermonats,
> 3. acht Jahre bestanden hat, drei Monate zum Ende eines Kalendermonats,
> 4. zehn Jahre bestanden hat, vier Monate zum Ende eines Kalendermonats,
> 5. zwölf Jahre bestanden hat, fünf Monate zum Ende eines Kalendermonats,
> 6. fünfzehn Jahre bestanden hat, sechs Monate zum Ende eines Kalendermonats,
> 7. zwanzig Jahre bestanden hat, sieben Monate zum Ende eines Kalendermonats.

Der Arbeitnehmer kann grundsätzlich mit einer Frist von vier Wochen zum Ende des Monats oder zum 15. eines Monats kündigen (§ 622 Abs. 1 BGB). Die Kündigungsfristen für den Arbeitgeber verlängern sich nach § 622 Abs. 2 BGB dann, wenn das Arbeitsverhältnis längere Zeit besteht, dies bis zu einer Kündigungsfrist von sieben Monaten bei einer Beschäftigungsdauer von zwanzig Jahren. Unabhängig davon sind im TVöD und in den AVR die Kündigung mit einer Frist von einem Monat zum Ende des Monats (§ 34 Abs. 1 TVöD, § 30 AVR) bei einer Beschäftigungsdauer bis zu einem Jahr vorgesehen. Diese Frist erhöht sich ebenfalls bei längerer Beschäftigungsdauer bis zu sechs Monaten zum Schluss des Kalendervierteljahres im Falle einer Beschäftigung von 12 Jahren.

Bei größeren Betrieben, d. h. denjenigen mit mehr als 10 ständig beschäftigten Arbeitnehmern, gilt das Kündigungsschutzgesetz.[128] Danach muss die ordentliche Kündigung durch besondere Gründe gerechtfertigt sein. Derartige Gründe sind nach § 1 Abs. 2 KSchG:

- personenbedingte Kündigungsgründe,
- verhaltensbedingte Kündigungsgründe oder
- betriebsbedingte Kündigungsgründe.

Die Kündigung ist sozial gerechtfertigt, d. h. zulässig, wenn sie durch einen der obigen Gründe begründet werden kann.

Personenbedingte Kündigung:

Die personenbedingte Kündigung ist dann möglich, wenn die Kündigungsgründe in der Person des Arbeitnehmers liegen. Dazu zählen mangelnde körperliche oder geistige Eignung sowie unter bestimmten Voraussetzungen auch (längere) Erkrankungen. Grundsätzlich ist die

---

128 für Arbeitsverhältnisse nach dem 31.12.2003 (§ 23 Abs. 1 KSchG)

Krankheit des Arbeitnehmers kein Kündigungsgrund.[129] Die Kündigung ist jedoch trotz der Arbeitnehmerschutzrechte möglich, sofern eine sorgfältige Interessenabwägung zwischen den Interessen des Betriebes und des Arbeitnehmers erfolgt und nach dieser Abwägung eine Fortsetzung des Arbeitsverhältnisses für den Arbeitgeber nicht mehr zumutbar ist.[130]

Durch das Gesetz zur Rehabilitation und Teilhabe behinderter Menschen (SGB IX) wird der Arbeitgeber im Falle einer längeren Krankheit zu besonderen Maßnahmen verpflichtet. Nach § 84 Abs. 2 SGB IX muss ein Betriebliches Eingliederungsmanagement erfolgen.

Verhaltensbedingte Kündigung:

Die verhaltensbedingte Kündigung kommt bei der Verletzung arbeitsvertraglicher Pflichten, bei Umständen aus dem Verhältnis zu den Arbeitskollegen oder dem außerdienstlichen Verhalten in Betracht. Vor einer verhaltensbedingten Kündigung muss grundsätzlich eine Abmahnung erfolgen. Die Kündigung muss immer das letzte Mittel sein. Die Abmahnung hat sowohl eine Dokumentationsfunktion als auch eine Warnfunktion[131] Durch die Abmahnung soll dem Arbeitnehmer verdeutlicht werden, dass er seinen Arbeitsplatz gefährdet. Nur in Ausnahmefällen muss keine Abmahnung erfolgen; dies dann, wenn der Beschäftigte eindeutig nicht gewillt ist, sich vertragstreu zu verhalten, die Abmahnung voraussichtlich ohne Erfolg bleibt.[132]

Kündigungsgründe für eine verhaltensbedingte Kündigung können sein:

- Misshandlung von Heimbewohnern bzw. Patienten,
- Diebstahl am Arbeitsplatz[133],
- Anzeige des Arbeitgebers,
- Arbeitsverweigerung,
- Beleidigungen von Kollegen oder Vorgesetzten,
- Annahme von Schmiergeldern oder Geschenken,
- Krankfeiern,
- mehrfache Unpünktlichkeit,
- Manipulation einer ärztlichen Bescheinigung[134],
- wiederholte Nichtvorlage von Arbeitsunfähigkeitsbescheinigungen,
- sexuelle Belästigung[135],

---

129 Schaub (1996), S. 1033
130 dazu unter anderem BAG AP 4 zu § 1 KSchG 1969 Krankheit; AP 10 a.a.O.; BAG in NJW 1989, 3299 m. w. N
131 BAG in NJW 1991, S. 1906 und BAG in NZA 1995, S. 65
132 BAG in NJW 1995, S. 1853
133 BAG, Urt. v. 11.12.2003, Az: 2 AZR 36/03
134 LAG Hessen, Urt. v. 16.01.2003, Az.: 9 Sa 658/02
135 BVerwG, NJW 1997, 958 (Beamte)

- bei kirchlichen Einrichtungen die Verletzung von Loyalitätspflichten oder
- Manipulationen bei der Arbeitszeiterfassung[136]

Das »Krankfeiern« kommt als Kündigungsgrund in Betracht, unter Umständen sogar ohne vorherige Abmahnung als außerordentliche Kündigung, wenn der Arbeitnehmer schichtweise einer Nebenbeschäftigung bei einem anderen Arbeitnehmer nachgeht.[137]

Bei kirchlichen Einrichtungen kann (bisher noch) die Verletzung der Loyalitätspflichten ein Kündigungsgrund sein. Den Kirchen ist verfassungsrechtlich in Art. 140 GG i. V. m. Art. 137 Abs. 3 WRV die Möglichkeit eingeräumt, ihre inneren Angelegenheiten frei zu regeln. Auf dieser Grundlage geht die Rechtsprechung davon aus, dass es bei Verletzung der so genannten Loyalitätspflichten, wie beispielsweise

- Austritt aus der Kirche[138],
- Durchführung eines Schwangerschaftsabbruchs und
- Ehescheidung bzw. erneute Heirat oder Lebensgemeinschaft mit einem/r Geschiedenen[139]

das Recht zur Kündigung des Arbeitnehmers in derartigen Fällen gibt, wobei unter Umständen sogar eine außerordentliche Kündigung möglich ist.

Die Bedeutung der sexuellen Belästigung wurde vom Gesetzgeber im Allgemeinen Gleichbehandlungsgesetz (AGG) berücksichtigt.[140]

Eine betriebsbedingte Kündigung ist möglich, sofern dringende betriebliche Erfordernisse sie rechtfertigen. Im öffentlichen Dienst entspricht dem Begriff des Betriebes die jeweilige Dienststelle.

3.5.2 Außerordentliche Kündigung

Diese Art der Kündigung erfolgt als »fristlose Kündigung« ohne Einhaltung einer Frist und ist allerdings nur bei einem wichtigen Grund möglich (§ 626 Abs. 1 BGB). Sie ist möglich, wenn eine Fortsetzung des Arbeitsverhältnisses aufgrund schwerwiegender Vertragsverletzungen bis zum normalen Kündigungszeitpunkt (für den Arbeitgeber oder den Arbeitnehmer) nicht mehr zumutbar ist. Die Kündigung

---

136 LAG Rheinland-Pfalz, Urt. v. 28.08.2002, Az.: 9 Sa 493/02
137 Hess. LAG, ArztR 1998, 145
138 BAG, NJW 1985, 2781 (str.)
139 allerdings bei neuerer Rechtsprechung nur noch wenn es eine im Hinblick auf die Art der betreffenden beruflichen Tätigkeiten oder die Umstände ihrer Ausübung wesentliche, rechtmäßige und gerechtfertigte berufliche Anforderung ist, nach einer Scheidung nicht wieder zu heiraten: BAG, Urt. v. 20.02.2019; Az.: 2 AZR 746/14 (Chefarzt)
140 Siehe dazu ausführlich: (▶ Kap. CE 04 A 6.9)

muss jedoch innerhalb einer Frist von zwei Wochen seit dem jeweiligen Ereignis erfolgen (§ 626 Abs. 2 BGB). Danach ist sie verfristet und daher nicht mehr möglich.

Die Parteien des Arbeitsvertrages sind nicht wegen jeder Verletzung des Arbeitsvertrages zur außerordentlichen (fristlosen) Kündigung berechtigt. Die fristlose Kündigung muss wegen der sofortigen Beendigung des Arbeitsverhältnisses und der damit verbunden sozialen Härte den Ausnahmefall darstellen. Derjenige, der die Kündigung ausspricht, ist dazu verpflichtet, den Kündigungsgrund zu nennen, damit der Gegner (und auch das Arbeitsgericht) zur Überprüfung in der Lage ist (§ 626 Abs. 2 BGB). Gründe für die außerordentliche Kündigung können sein:

- Anzeige gegen den Arbeitgeber,
- beharrliche Arbeitsverweigerung,[141]
- grobe Beleidigungen, ausländerfeindliche Äußerungen,
- Annahme von Geschenken oder Schmiergeldern,
- Spesenbetrug und andere Straftaten, wie beispielsweise Diebstahl am Arbeitsplatz[142],
- private Telefongespräche (nach Abmahnung),
- Verstoß gegen die Verschwiegenheitspflicht,
- Androhung von Krankheiten,
- Tätlichkeiten gegen Kollegen[143],
- eigenmächtiger Urlaubsantritt[144],
- Manipulation ärztlicher Bescheinigung[145],
- Cannabiskonsum innerhalb der Einrichtung trotz Drogenverbots,[146]
- sexuelle Belästigung[147] oder
- Misshandlung von Bewohnern oder Patienten[148].

Aus dieser Aufzählung ist ersichtlich, dass nur besonders schwere Verletzungen des Arbeitsvertrages zur Begründung einer Kündigung ausreichend sind. Bei Straftaten, bei Körperverletzungsdelikten oder Tötungsversuchen gegen Kollegen ist eine fristlose Kündigung auch möglich, wenn der Arbeitnehmer bei Ausführung der Straftat schuldunfähig war.[149]

---

141 BAG, Urt. v. 22.10.2015, Az.: 2 AZR 569/14
142 BAG, Urt. v. 11.12.200, Az: 2 AZR 36/03
143 z. B. LAG Köln, Urt. v. 17.04.2002, Az.: 6 Sa 1334/01 (Messerangriff); ArbG Ffm, Urt. v. 19.06.2001, Az.: 4 Ca 8574/00 (Morddrohungen)
144 LAG Rheinland-Pfalz, Urt. v. 10.04.2002; Az: 4 SA 1097/01
145 LAG Hessen, Urt. v. 16.01.2003, Az.: 9 Sa 658/02
146 BAG, Urt. v. 18.10.2000, Az.: 2 AZR 131/00
147 z. B. LAG Rheinland-Pfalz, Urt. v. 24.10.2001, Az: 9 Sa 853/01 (Sex-SMS an Azubi)
148 LAG Mecklenburg-Vorpommern, Urt. v. 19.11.2019, Az.: 5 Sa 97/19;
149 LAG Köln, Urt. v. 17.04.2002, Az.: 6 Sa 1334/01

3.5.3 Kündigungsschutz

Die Rechtmäßigkeit einer ordentlichen oder außerordentlichen Kündigung kann gerichtlich mit einer Kündigungsschutzklage überprüft werden. Die Klage muss innerhalb einer Frist von drei Wochen beim Arbeitsgericht schriftlich eingereicht oder dort zu Protokoll bei der Geschäftsstelle erklärt werden (§ 4 KSchG).

Ein besonderer Kündigungsschutz kommt nach § 15 KSchG Betriebsräten, Personalräten, Schwangeren, Schwerbehinderten und im öffentlichen Dienst sowie im kirchlichen Dienst Mitarbeitern nach Vollendung des 40. Lebensjahres und einer Beschäftigungszeit von 15 Jahren zu.

3.5.4 Arbeits- und Dienstzeugnis

Zum Ende des Arbeitsverhältnisses hat jeder Arbeitnehmer Anspruch auf die Ausstellung eines Arbeitszeugnisses (§ 630 BGB; § 109 GewO).

3.5.5 Verjährungs- und Ausschlussfristen

Im Arbeitsrecht und sonstigen Bürgerlichen Recht sind Fristen für die Geltendmachung von Ansprüchen vorgesehen, um zu vermeiden, dass eine Vertragspartei auch nach Ende des Arbeitsverhältnisses oder Ereignisses mit Forderungen konfrontiert wird.

Bei den Fristen sind zuerst die Verjährungsfristen zu nennen. Die regelmäßige Verjährungsfrist beträgt inzwischen 3 Jahre (§ 195 BGB), auch beim Anspruch auf die Zahlung der rückständigen Vergütung.

Im Arbeitsrecht werden in der Regel Ausschlussfristen vertraglich oder tarifvertraglich vereinbart. Nach § 37 TVöD verfallen Ansprüche jeglicher Art, die mit dem Arbeitsverhältnis zusammenhängen, nach dem Ablauf von 6 Monaten. Eine entsprechende Regelung enthält die Vorschrift des § 45 AVR.

4. Risikomanagement und Haftung

Handlungsmuster
1./2. Ausbildungsdrittel

- […]
- Risikomanagement (Grundlagen).
  (BIBB 2019, S. 89)

4.1 Grundlagen des Risikomanagements

Risikomanagement umfasst Maßnahmen zur Erkennung, Analyse, Bewertung, Überwachung, Steuerung und Kontrolle von Risiken. Der wichtigste Zweck sollte die Gewährleistung der Patientensicherheit sein, mit dem indirekten Ziel der Vermeidung von Haftung der Pflegenden und/oder des Krankenhauses oder sonstiger Einrichtungen.

Der Risikomanagement-Prozess umfasst:

- Identifikation der Risiken (Beschreibung, Ursachen und Auswirkungen);
- Analyse der identifizierten Risiken hinsichtlich der Wahrscheinlichkeiten und möglichen Auswirkungen;
- Risikobewertung;
- Risikobewältigung/Risikobeherrschung durch Maßnahmen mit dem Ziel die Gefahren und/oder Eintrittswahrscheinlichkeiten zu reduzieren;
- Risikoüberwachung mit Risikoindikatoren;
- Risikoaufzeichnungen zur Dokumentation aller Vorgänge, die im Zusammenhang der Risikoanalyse und -beurteilung stattfinden.

Im Krankenhaus zählen zu den Elementen dieses Risikomanagement-Systems:

- den Informationsaustausch über Risiken regeln,
- Verantwortliche für das Risikomanagement benennen,
- ein Fehlermeldesystem (z. B. ein CIRS) etablieren,
- die eingegangenen Fehlermeldungen analysieren, um herauszufinden, welches Risiko für die Patienten bestand und um
- Maßnahmen zu ergreifen, um diese Fehler zu eliminieren und künftig zu vermeiden sowie
- ein Beschwerdemanagement-System zu etablieren.

Für all dies trägt die oberste Leitung die Verantwortung, jedoch ist das Risikomanagement und damit die Gewährleistung der Patientensicherheit nicht ohne die Mitwirkung der Pflegenden möglich. Ein effektives Risikomanagement erfordert ein interdisziplinäres Team unter Mitwirkung von Ärzten, Pflegekräften verschiedener Abteilungen und Standorte sowie von Mitarbeitern aus Technik und Qualitätsmanagement (QM).

Im Krankenhaus sind im pflegerischen Bereich als Risikogruppen zu nennen:

- falsche Vergabe von Medikamenten oder
- Fehler mit der Anwendung von Medizinprodukten,

- Verwechslung von Patienten,
- Hygienefehler,
- schlecht ausgebildetes oder überlastetes Personal,
- IT-Risiken und
- Verletzung des Datenschutzes und der Schweigepflicht.

Es gibt drei rechtliche Grundlagen des Risikomanagements im Krankenhaus bzw. bei anderen Einrichtungen des Gesundheitswesens:

- das Patientenrechtegesetz,[150]
- der Beschluss des gemeinsamen Bundesausschusses GBA und
- das Medizinproduktegesetz (MPG) mit der Medizinprodukte-Betreiberverordnung.[151]

4.2 Überblick Haftungsrecht

Das Risikomanagement soll wie eingangs ausgeführt wurde, auch die Haftung des Krankenhauses oder des Heims etc. vermeiden. Für ein effektives Risikomanagement ist eine Kenntnis des Haftungsrechts, insbesondere der sich daraus ergebenden haftungsrelevanten Risiken erforderlich.

Die (zivilrechtliche) Haftung lässt sich grob unterteilen in diejenige aus:

- Delikt (deliktische Haftung) und
- Vertrag (vertragliche Haftung).

Der Geschädigte hat in beiden Fällen Anspruch auf die Zahlung von Schadenersatz und Schmerzensgeld als Rechtsfolge der Haftung.

Die vertraglichen Schadenersatzansprüche können nur zwischen den Vertragspartnern, d.h. zwischen Bewohner bzw. Patient (Klient) auf der einen und Träger (Heimträger, Träger ambulanter Dienst oder Krankenhausträger) auf der anderen Seite, geltend gemacht werden. Es kommen hier in Betracht: Haftung des Krankenhaus- oder Heimträgers für

- die Pflegenden als Verrichtungsgehilfen,
- ein Organisationsverschulden oder
- die Haftung für Dritte als Erfüllungsgehilfen.

Der deliktische Anspruch wird jedoch gegenüber demjenigen geltend gemacht, der Rechtsgüter eines anderen verletzt, einen anderen also

---

150 Dazu ausführlich unter: (▶ Kap. CE 01 2)
151 Zum MPG genaueres unter: (▶ Kap. CE 02 A 2)

geschädigt hat. Dieser Anspruch richtet sich direkt gegen den Schadensverursacher, d. h. beispielsweise gegen die beteiligten Pflegekräfte, da diese selbst die Schädigung verursachen, aber auch gegen deren Vorgesetzte (Haftung für Verrichtungsgehilfen). Beispiele für die (eigene) deliktische Haftung der Pflegenden könnten sein:

- Verwechslung von Medikamenten,
- Hygienefehler,
- fehlerhafte Anwendung von Medizinprodukten oder
- Verletzung der Privatsphäre.

Die Grundlage der Haftung aus einem Delikt sind die Vorschriften über die unerlaubte Handlung in den §§ 823 ff. BGB.

Nach § 823 BGB ist zum Schadenersatz verpflichtet, wer

§ 823 BGB   [...] vorsätzlich oder fahrlässig das Leben, den Körper, die Gesundheit, die Freiheit, das Eigentum oder ein sonstiges Recht eines anderen widerrechtlich verletzt.

Verletzung der Rechtsgüter

Grundvoraussetzung ist folglich die Verletzung eines der dort genannten Rechtsgüter:

- Leben
- Freiheit
- Körper
- Eigentum
- Gesundheit oder
- sonstiges Recht (z. B. Persönlichkeitsrecht)

Es wird somit durch die Rechtsgutverletzung die zivilrechtliche Haftung ausgelöst. Der Schadenersatzanspruch entsteht ebenso dann, wenn gegen ein Schutzgesetz, beispielsweise ein Strafgesetz, verstoßen wird.[152]

Rechtfertigungsgründe

Weitere Voraussetzung für die zivilrechtliche Haftung ist, dass der Schädiger widerrechtlich, d. h. rechtswidrig, gehandelt hat. Die Widerrechtlichkeit liegt stets dann vor, wenn kein Rechtfertigungsgrund vor-

---

152 Verweis auf Strafrecht: (▶ Kap. CE 01 2.4)

liegt, d. h. umgekehrt, wenn ein Rechtfertigungsgrund vorliegt, aber keine Haftung besteht. Rechtfertigungsgründe im Zivilrecht sind:

- Notwehr,
- Geschäftsführung ohne Auftrag,
- Notstand,
- Einwilligung,
- Selbsthilfe.

Bei allen genannten Rechtfertigungsgründen fehlt die Widerrechtlichkeit der Schädigung, so dass keine Haftung, d. h. Zahlung von Schadenersatz und/oder Schmerzensgeld, möglich ist. Liegt allerdings kein Rechtfertigungsgrund vor, kommt eine zivilrechtliche Haftung in Betracht.

Die Rechtfertigungsgründe können im Einzelnen wie folgt in Grundzügen dargestellt werden:

Die Notwehr ist in § 227 Abs. 2 BGB für den zivilrechtlichen Bereich wie folgt geregelt:

Notwehr ist diejenige Verteidigung, welche erforderlich ist, um einen gegenwärtigen rechtswidrigen Angriff von sich oder einem anderen abzuwenden.	§ 227 Abs. 2 BGB

Die Notwehr[153] ist danach die erforderlich (= zulässige) Verteidigung gegen einen gegenwärtigen und rechtswidrigen Angriff. Rechtfertigungsgrund kann daher nur die notwendige Verteidigung sein, die also mit angemessenen Mitteln erfolgt.

Der zweite wichtige Rechtfertigungsgrund ist der (zivilrechtliche) Notstand nach § 228 BGB:

Wer eine fremde Sache beschädigt oder zerstört, um eine durch sie drohende Gefahr ... abzuwenden, handelt nicht widerrechtlich, wenn ... erforderlich ist und der Schaden nicht außer Verhältnis zu der Gefahr steht.	§ 228 BGB

Diese Vorschrift gestattet die Zerstörung oder Beschädigung einer fremden Sache zur Abwendung einer Gefahr. Es gilt jedoch der Verhältnismäßigkeitsgrundsatz, d. h. es muss ein angemessenes Verhältnis zwischen Gefahr und Zerstörung bzw. Beschädigung bestehen.

---

153 Ausführlich in Kienzle/Kotschenreuther/Farnkopf (2020), dort Kapitel II. (2.1.1)

Als besondere Form des Notstandes im Zivilrecht ist die Geschäftsführung ohne Auftrag. Die Voraussetzungen liegen gemäß § 677 BGB für denjenigen vor, der

§ 677 BGB
> [...] ein Geschäft für einen anderen besorgt, ohne von ihm beauftragt [...] zu sein.

Derjenige, der für einen anderen tätig ist, ist dazu verpflichtet,

> [...] hat das Geschäft so zu führen, wie das Interesse des Geschäftsherrn mit Rücksicht auf dessen wirklichen oder mutmaßlichen Willen es erfordert.

Bedeutsam ist in der pflegerischen Praxis der mutmaßliche Wille des Bewohners oder Patienten. Der Begriff »Geschäftsbesorgung« darf nicht dahingehend verstanden werden, dass nur die Erledigung von Rechtsgeschäften damit gemeint ist. Die Geschäftsführung ohne Auftrag ist ein gesetzlicher Auffangtatbestand[154] für Handlungen verschiedener Art. Dazu zählt auch die medizinische Behandlung bewusstloser Patienten.[155] Entscheidend für die Berechtigung ist lediglich, ob die Geschäftsbesorgung zumindest dem mutmaßlichen Willen des Patienten entspricht. Davon ist bei einer konkreten Gefahr für den Patienten oder Bewohner auszugehen. Denn es besteht grundsätzlich die Pflicht zur Hilfeleistung, so dass eine derartige Gefahr ein ausreichender Grund für die Besorgung »fremder Angelegenheiten« ist.[156] Die genannte Hilfspflicht ergibt sich aus der strafrechtlichen Vorschrift des § 323c StGB:

§ 323c StGB
> Wer bei Unglücksfällen oder gemeiner Gefahr oder Not nicht Hilfe leistet, obwohl dies erforderlich und ihm [...] zuzumuten, insbesondere ohne erhebliche eigene Gefahr und ohne Verletzung anderer wichtiger Pflichten möglich ist, wird mit Freiheitsstrafe [...] oder mit Geldstrafe bestraft.

Selbst wenn der Betroffene nicht mit der Geschäftsführung einverstanden ist, muss dieses nach der gesetzlichen Regelung in § 679 BGB nicht beachtet werden, wenn die Geschäftsbesorgung »im öffentlichen Interesse« liegt. Das öffentliche Interesse ist anzunehmen bei der Gefahr für Leben und Gesundheit, beispielsweise

---

154 Palandt (2020), § 677, Rdn. 4
155 vgl. dazu ausführlich: (▶ Kap. CE 01 2.4)
156 Palandt (2020), § 677, Rdn. 2

- einem Suizidversuch aufgrund einer psychischen Erkrankung,
- Autoaggressionen,
- Aggressionen gegen Dritte oder
- Eigengefährdung durch Feuer etc.

Die Geschäftsführung ohne Auftrag hat für Pflegenden den Vorteil, dass nicht nur die Handlung durch einen Rechtfertigungsgrund gedeckt ist, sondern zusätzlich die Möglichkeit besteht, den Ersatz eventueller (Un-)Kosten aufgrund der Geschäftsführung nach § 683 BGB zu erlangen.

Ein weiterer Rechtfertigungsgrund ist die Einwilligung. Sie muss allerdings freiwillig erfolgen, und der Betroffene muss einwilligungsfähig sein. Bei medizinischen Maßnahmen ist die Einwilligung nur nach vorheriger Aufklärung wirksam. Durch die Einwilligung gibt der Betroffene die rechtlich wirksame Zustimmung in die Verletzung seiner Rechtsgüter. Lediglich in die Verletzung des Rechtsguts »Leben« kann nicht wirksam eingewilligt werden. Auch kann die Einwilligung in eine Körperverletzung unter Umständen sittenwidrig sein.[157]

Schließlich kann die Widerrechtlichkeit einer Rechtsgutverletzung entfallen, wenn der »Täter« im Wege der Selbsthilfe nach § 229 BGB handelt:

> Wer zum Zwecke der Selbsthilfe eine Sache wegnimmt, zerstört oder beschädigt oder wer zum Zwecke der Selbsthilfe einen Verpflichteten, welcher der Flucht verdächtig ist, festnimmt oder den Widerstand des Verpflichteten gegen eine Handlung, die dieser zu dulden verpflichtet ist, beseitigt, handelt nicht widerrechtlich, wenn obrigkeitliche Hilfe nicht rechtzeitig zu erlangen ist und ohne sofortiges Eingreifen die Gefahr besteht, dass die Verwirklichung des Anspruchs vereitelt oder wesentlich erschwert werde.

§ 229 BGB

Die Selbsthilfe ist zulässig für denjenigen, der einen Anspruch hat, der nicht rechtzeitig mithilfe der Gerichte oder Behörden durchgesetzt werden kann. Sie kann daher nur dort Anwendung finden, wo die Gefahr einer Vereitelung des Anspruchs droht. Im Wege der Selbsthilfe kann die Beschädigung einer fremden Sache (z. B. Aufbrechen einer Schranktür) oder die Festnahme einer Person (z. B. bei Fluchtgefahr) gerechtfertigt werden.

Verschulden: Der wichtigste Faktor einer möglichen Haftung bzw. der Vermeidung im Rahmen des Risikomanagements ist die Frage nach dem Verschulden. Der Kern des Verschuldens ist bei der Fahrlässigkeit die (mögliche) Verletzung der Sorgfaltspflichten bzw. der Vermeidung. Im Einzelnen gilt folgendes:

---

157 Zur Einwilligung: (▶ Kap. CE 01 1; ▶ Kap. CE 05 A 1.1)

Liegt eine widerrechtliche Handlung vor, besteht also kein Rechtfertigungsgrund, ist für die Haftung entscheidend, ob der Schädiger, also die tätige Pflegekraft »schuldhaft«, folglich mit

- Fahrlässigkeit oder
- Vorsatz

gehandelt hat.

Die Fahrlässigkeit ergibt sich aus der Vorschrift des § 276 BGB, in der die Voraussetzungen festgelegt sind:

§ 276 BGB [...] Fahrlässig handelt, wer die im Verkehr erforderliche Sorgfalt außer Acht lässt.

Bei der Fahrlässigkeit ist die Schädigung zwar nicht gewollt, jedoch hat der Täter eine Pflichtwidrigkeit dadurch begangen, dass er die im Verkehr erforderliche Sorgfalt außer Acht gelassen hat, wodurch eine andere Person an einem ihrer Rechtsgüter geschädigt wurde. Für den Umfang der Sorgfalt, die der Schädiger, beispielsweise eine Pflegekraft, anzuwenden hat, gilt im Zivilrecht der objektive Sorgfaltsmaßstab. Dies bedeutet, dass jeder darauf vertrauen darf, dass der andere (also die jeweils Pflegenden) die erforderlichen Fähigkeiten haben, die (beruflichen) Pflichten zu erfüllen.[158] Der Sorgfaltsmaßstab richtet sich im medizinischen und pflegerischen Bereich nach dem Erwartungshorizont eines durchschnittlichen Patienten[159] und nach dem anerkannten pflegerischen Standard.[160] Notwendig sind diejenigen Maßnahmen, die bei gewissenhafter Handhabung aus berufsfachlicher Sicht erwartet werden dürfen.[161] Es gelten dabei im Umgang mit Patienten und Bewohnern die durchschnittlichen Fähigkeiten der Berufsgruppe der Pflegefachfrauen und -männer bzw. bei alten Menschen diejenigen der Altenpfleger (nach § 28 PflAPrV i. V. mit § 61 PflBG) und bei Kindern und Jugendlichen diejenigen der Gesundheits- und Kinderkrankenpflegerin oder Gesundheits- und Krankenpfleger (nach § 26 PflAPrV i. V. mit § 60 PflBG). Die Rechtsprechung sieht als Maßstab diejenige Sorgfalt, die ein gewissenhafter Angehöriger der Berufsgruppe beachten würde.[162] Besondere Fähigkeiten der jeweils Pflegenden können zu seinem Nachteil gewertet werden, so dass er dadurch ein besonders hohes Maß an Sorgfalt hätte anwenden müssen. Besondere Bedeutung hat im Bereich der Betreuung alter Menschen die Vor-

---

158 vgl. Palandt (2020), § 276 Rdn. 15
159 vgl. BGH, NJW 1991, 1535
160 analog zu BGH, NJW 1995, 776
161 vgl. BGH, NJW 1999, 1778
162 BGH, NJW 1972, 151; OLG Köln, NJW-RR 1990, 793

schrift des § 28 Abs. 3 SGB XI. Danach sind das Heim – und damit auch die jeweiligen Mitarbeiter – dazu verpflichtet, bei ihrer Tätigkeit den allgemein anerkannten Stand medizinisch-pflegerischer Erkenntnisse anzuwenden. Von untergeordneten Mitarbeitern kann nicht dieselbe Sorgfalt wie von leitenden Mitarbeitern erwartet werden, jedoch gilt in diesem Fall unter Umständen das Übernahmeverschulden.[163]

Im Zusammenhang mit dem Übernahmeverschulden muss auch diejenige Seite, die Tätigkeiten auf andere überträgt, betrachtet werden. Es liegt in derartigen Fällen unter Umständen ein Delegationsverschulden vor.[164]

Zur Fahrlässigkeit sind stets zwei Elemente erforderlich:

- Vorhersehbarkeit und
- Vermeidbarkeit.

Zur Vorhersehbarkeit zählt, dass die Pflegenden entsprechende Vorsorge zur Verhinderung von Schäden treffen und Erfahrungswerte berücksichtigen müssen (Risikomanagement!). Dies gilt auch für die Verhinderung einer Gefährdung von suizidgefährdeten oder weglaufgefährdeten Personen aber auch hinsichtlich aggressiver Handlungen gegenüber anderen Bewohnern oder Patienten oder Dritten.

Im Rahmen des Risikomanagements muss auch die Aufsichtspflicht bzw. deren Verletzung berücksichtigt werden.[165] Dies auch im Falle der Suizidgefährdung.

Es werden bei der Fahrlässigkeit verschiedene Formen, d. h. leichte, mittlere und grobe Fahrlässigkeit, unterschieden. Eine grobe Fahrlässigkeit liegt vor, wenn die im Verkehr erforderliche Sorgfalt in besonders schwerem Maß verletzt worden ist und dasjenige nicht beachtet wurde, was jedem hätte einleuchten müssen.[166]

Von der Rechtsprechung entwickelte Beispiele für die grobe Fahrlässigkeit sind:

- Missachtung des allgemein anerkannten Pflegestandards,
- Verstoß gegen Unfallverhütungsvorschriften,
- Unterlassen der Desinfektion einer Einstichstelle bei i. m.-Injektionen,
- Tätigkeit und Fahren unter Alkoholeinfluss,
- Pflegekraft erscheint unter Drogeneinfluss zum Dienst,
- Baden eines Bewohners in zu heißem Wasser,

---

163 Einzelheiten dazu: (▶ Kap. CE 05 A 1.4)
164 Dazu gleichfalls ausführlich: (▶ Kap. CE 05 A 1.4)
165 Ausführlich dazu: (▶ Kap. CE 11 1.4; ▶ Kap. CE 05 A 4)
166 BGH, NJW-RR 1988, 919

- Überfahren einer Ampel mit Rotlicht,
- Liegenlassen eines Schlüssels,
- Mitarbeiter eines ambulanten Dienstes wechselt während der Fahrt den Sender des Autoradios und verursacht dabei einen Unfall,[167]
- Gabe eines Arzneimittels ohne vorheriges Lesen des Etiketts[168],
- Nichtbehandlung trotz Bitte des Patienten.[169]

Zur Vermeidung eines Fahrlässigkeitsvorwurfs ist die Arbeit nach den anerkannten Regeln der Pflegewissenschaft sowie eine sorgfältige Dokumentation äußerst wichtig!

Zusammenfassend ist festzustellen, dass es Aufgabe eines guten Risikomanagements sein muss, fahrlässiges Handeln der Pflegenden, gleich welcher Stufe der Qualifikation zu vermeiden. Dazu zählt auch, Regeln für die Zusammenarbeit zwischen den Berufsgruppen aufzustellen.

Bei der zweiten Form des Verschuldens, dem Vorsatz, handelt der Täter mit Wissen und Wollen, d.h. der Schaden oder die Verletzung eines der geschützten Rechtsgüter ist beabsichtigt oder wird zumindest gebilligt.

Rechtsfolgen

Erst wenn die vorgenannten Voraussetzungen erfüllt sind, d.h. die Pflegekraft ein Rechtsgut widerrechtlich und schuldhaft verletzt hat, liegt eine unerlaubte Handlung (Delikt) vor.

Die Rechtsfolgen einer zivilrechtlichen Haftung können sein:

- Schadensersatz und/oder
- Schmerzensgeld

Diese unterscheiden sich im Einzelnen wie folgt:

Es kann durch den Geschädigten Schadenersatz gefordert werden. Diese deliktische Haftung gibt die Möglichkeit des Ersatzes materiellen Schadens (§ 823 Abs. 1 BGB) und der Zahlung eines Schmerzensgeldes nach § 253 BGB. Das Schmerzensgeld soll einen Ausgleich für die körperliche Beeinträchtigung, d.h. Schmerzen, gesundheitliche (unter Umständen dauernde) Schäden etc. sein. Deshalb ist seine Höhe vom Umfang der Verletzungen und der Dauer der Beeinträchtigung abhängig.

Im Wege des Schadenersatzes muss der Geschädigte so gestellt werden, als ob das schädigende Ereignis nie eingetreten wäre (§ 249 Satz 1

---

167 PQSG – Online-Magazin für die Altenpflege, www.pqsg.de, »Haftung«
168 OLG Köln, NJW 1969, 1586
169 ist strafrechtlich auch als unterlassene Hilfeleistung (§ 323c StGB) zu werten

BGB), d. h. als ob nie ein Delikt gegenüber ihm begangen worden wäre. Der Pflegende muss im Haftungsfall unter anderem Ersatz für beschädigte Sachen (z. B. Kleidung, Brille, Zahnprothese) und die notwendigen Behandlungskosten leisten sowie sonstige Vermögensnachteile, wie entgangener Gewinn, Unterhalt (oder eine Art von Rente) oder Nutzungsausfall, ausgleichen. Sofern der Geschädigte nicht mehr erwerbstätig sein kann, muss ihm eine Rente gezahlt werden.

Es haftet im Deliktsrecht, im Gegensatz zur vertraglichen Haftung, grundsätzlich derjenige, der handelt, somit den Schaden verursacht. Dies ist in der pflegerischen Praxis im Zweifel die Pflegekraft »vor Ort«. Die deliktische Haftung kann durch eine Berufshaftpflichtversicherung begrenzt werden. Diese zahlt an den Bewohner oder Patienten Schadenersatz und Schmerzensgeld, sofern die versicherte Pflegende einen Schaden verursacht hat. Diese Versicherung leistet auch Ersatz für die Kosten der Abwehr von unberechtigten Ansprüchen wie Rechtsanwalts- und Gerichtskosten.

4.3 Verjährung

Die Verjährungsfrist beträgt bei der deliktischen Haftung drei Jahre, gerechnet seit Kenntnis des Geschädigten vom Schaden, im Zweifelsfall seit dem Ereignis. Nach Ablauf der Verjährungsfrist kann der Anspruch auf Schadenersatz aus einer unerlaubten Handlung nicht mehr geltend gemacht werden.

Vertragliche Schadenersatzansprüche verjähren inzwischen gleichfalls in 3 Jahren (§ 195 BGB).

4.4 Haftungsfreistellung der Pflegekräfte

Eine Besonderheit der Haftung der Pflegenden als Arbeitnehmer besteht nach den Grundsätzen über die gefahrgeneigte Tätigkeit. Unter bestimmten Voraussetzungen haben die Pflegenden gegenüber dem Arbeitgeber einen Anspruch auf

- Freistellung oder
- Regress.

Bei der Freistellung muss der Arbeitgeber, d. h. der Heim- oder Krankenhausträger, denjenigen Schaden, den der Patient oder Bewohner fordert, für seine Beschäftigten (Pflegepersonal) ersetzen, bevor diese selbst (gerichtlich) in Anspruch genommen werden, sie folglich von der Ersatzpflicht freistellen.

Beim Regress ist der Arbeitgeber zur Rückerstattung des Schadenersatzbetrages verpflichtet, falls bereits gezahlt werden musste.

Beide Ansprüche können gegebenenfalls vor dem Arbeitsgericht durchgesetzt werden.

Die Ansprüche auf Freistellung oder Regress bestehen uneingeschränkt dann, wenn nur leichte Fahrlässigkeit, d.h. geringe Schuld, vorliegt. Bei mittlerer Fahrlässigkeit muss der Schaden nach den Umständen des Einzelfalles geteilt werden. Der Schaden ist nach Billigkeitsgrundsätzen und im Rahmen der Zumutbarkeit zwischen Arbeitgeber und Arbeitnehmer, d.h. zwischen Heim- bzw. Krankenhausträger und Pflegekraft, zu teilen.[170] Bei Vorsatz haften Pflegekräfte trotz einer gefahrgeneigten Tätigkeit allein ohne Freistellungsanspruch. Der Vorsatz muss sich allerdings auf die Schädigung beziehen. Das vorsätzliche Missachten von Vorschriften reicht nicht aus, um die Erleichterungen durch die Grundsätze der gefahrgeneigten Tätigkeit zu verweigern.[171] Bei einer groben Fahrlässigkeit, somit bei einer schweren Pflichtverletzung, trifft dies grundsätzlich ebenfalls zu. Der Arbeitgeber, d.h. Heim- oder Krankenhausträger, muss sich jedoch unter Umständen das Fehlen einer Betriebshaftpflichtversicherung entgegenhalten lassen, wenn diese ohne Rückgriff auf die Pflegekräfte den Ersatz des Schadens übernommen hätte.[172] Dies bedeutet, dass bei fehlender Haftpflichtversicherung der Arbeitgeber trotz grober Fahrlässigkeit den Schaden allein tragen muss. Außerdem kann selbst bei grober Fahrlässigkeit der Arbeitgeber dazu verpflichtet sein, den Arbeitnehmer ganz oder teilweise von der Zahlung des Schadens freizustellen. Dies gilt dann, wenn der Verdienst des Beschäftigten in einem deutlichen Missverhältnis zum Risiko steht.[173] Eine Begrenzung der Haftung muss deshalb gelten, wenn dem Arbeitnehmer hohe Sachwerte anvertraut werden[174] oder er ansonsten ein hohes Risiko trägt. Dies gilt im Heim- und Krankenhausbereich wegen der möglichen hohen Schadenssummen bei schwerer Schädigung des Bewohners oder Patienten, beispielsweise einer Querschnittslähmung nach einem Suizidversuch, grundsätzlich dann, sofern der Schaden ungefähr das Dreifache des Nettomonatseinkommens überschreitet.

Das Bundesarbeitsgericht hat eine zusätzliche Form der Fahrlässigkeit entwickelt: Die grobe (gröbste) Fahrlässigkeit, als besonders grobe Fahrlässigkeit und subjektiv unentschuldbare Pflichtverletzung.[175] Liegt eine derartige besonders schwere Pflichtverletzung vor, muss der Arbeitnehmer, d.h. die betroffene Pflegekraft, den Schaden – selbst einen großen Schaden – allein tragen und kann ihn nicht vom Arbeitgeber zurückfordern.

Es muss ausdrücklich darauf hingewiesen werden, dass die Haftungsfreistellung nur gegenüber dem Heim- oder Krankenhausträger gilt. Der Geschädigte selbst hat Anspruch auf vollen Ersatz seines Schadens von der Pflegekraft, gleichgültig, ob es sich um eine gefahrgeneigte Tätigkeit handelt oder nicht.

---

170 BAG, NJW 1988, 2818
171 BAG, Urt. v. 18.4.2002, Az.: 8AZR348/01
172 BAG, NJW 1988, 2820
173 BAG, NJW 1990, 468
174 BAG, NJW 1990, 468 (469)
175 BAG, NJW 1998, 1810

Sofern die Grundsätze der gefahrgeneigten Tätigkeit anwendbar sind, besteht auch im umgekehrten Fall für den Heim- oder Krankenhausträger keine Möglichkeit, bei der verursachenden Pflegekraft Regress zu nehmen. Dieser Regress ist nicht möglich, da die Pflegekraft einen Anspruch auf Freistellung hat.

4.5 Beweislast

Wird ein Schadenersatzanspruch geltend gemacht, ist der Bewohner oder Patient dazu verpflichtet, vollen Beweis dafür zu erbringen, dass er durch eine Pflichtverletzung des Pflegepersonals geschädigt worden ist. Er hat folglich die Beweislast. Der Beweis wird in der Praxis durch Zeugenaussagen, Sachverständigengutachten, Schriftstücke (z. B. Dokumentation), Aussagen der betroffenen Pflegekraft usw. erbracht. Die unbewiesene Behauptung des Bewohners oder seiner Angehörigen bzw. des eventuellen Betreuers ist nicht ausreichend, um einen Schadenersatzanspruch auszulösen. Also: Ohne Beweis der Pflichtverletzung auch keine Haftung.

Da die Beweisführung im Heim oder im Krankenhaus aufgrund der besonderen Verhältnisse häufig schwierig sein kann, hat die Rechtsprechung in Sonderfällen die Umkehr der Beweislast vorgesehen. Die Umkehr der Beweislast kann zum Vorteil des zu pflegenden Menschen erfolgen, wenn folgende Fallkonstellationen vorliegen:

- Vorliegen von groben Fehlern:
- Lücken in der Dokumentation
- Verlust der Kranken- oder Bewohnerakte
- Anscheinsbeweis.

Dies sei nun im Einzelnen nachfolgend erläutert:
Vorliegen von groben Fehlern: Ein grober Fehler liegt stets dann vor, wenn Sorgfaltspflichten in besonders schwer wiegendem Maß verletzt werden, so z. B. offenkundig erforderliche Maßnahmen zum Schutz des zu pflegenden Menschen nicht ergriffen werden. Da in derartigen Fällen eine Umkehr der Beweislast eintritt, muss das Pflegepersonal teilweise selbst beweisen, dass es den Eintritt des Schadens nicht verursacht hat.

Sie tritt auch dann ein, wenn Lücken in der Dokumentation bestehen. Dies wird von der Rechtsprechung damit begründet, dass für den Patienten die Aufklärung des Sachverhaltes und damit der Ursache seiner Schädigung unzumutbar erschwert wird.[176] Sofern wichtige Eintragungen zu Prophylaxen fehlen, ist dies ein Indiz dafür, dass die prophylaktischen Maßnahmen nicht getroffen wurden.[177] Der Träger des

---

176 st. Rspr., z. B. BGH, NJW 1984, S. 1403
177 BGH, NJW 1986, S. 2365

Krankenhauses oder des Heims muss deshalb den Beweis dafür erbringen, dass dennoch die Gefährdung erkannt worden ist und entsprechende Pflegemaßnahmen getroffen worden sind. Im Ergebnis gilt bei Lücken in der Dokumentation, dass das, was nicht dokumentiert ist, als nicht durchgeführt anzusehen ist.

Genauso wie bei Lücken in der Dokumentation tritt die Umkehr der Beweislast beim vollständigen Verlust der Kranken- oder Bewohnerakte ein. Dazu existieren inzwischen mehrere Entscheidungen.[178] Das Krankenhaus hat nach dieser Rechtsprechung die Pflicht zur Sicherung der Krankenakten.

Außerdem kehrt sich die Beweislast um, wenn Akten verfälscht bzw. manipuliert werden.

Schließlich gilt noch der so genannte Anscheinsbeweis. Danach können aus bestimmten Geschehensabläufen rechtliche Schlüsse gezogen werden, wenn allein der Ablauf eine bestimmte Beurteilung nahe legt.

Zusammengefasst bedeutet die Umkehr der Beweislast, dass der zu pflegende Mensch nicht mehr den (vollen) Beweis für die Pflichtverletzung durch das Pflege- und Betreuungspersonal erbringen muss, sondern der betroffene Pflegende seine »Unschuld« beweisen muss.

---

178 beispielsweise BGH, NJW 1995, 778; NJW 1996, S. 779; NJW 1996, 1589

CE 05 B Kinder und Jugendliche in kurativen Prozessen pflegerisch unterstützen und Patientensicherheit stärken

1 Selbstverwirklichung Kinder

Die Auszubildenden

- [...]
- fördern und unterstützen Kinder und Jugendliche bei der Selbstverwirklichung und Selbstbestimmung über das eigene Leben sowie ihre Familien in der Begleitung dieser Entwicklung, auch unter Abwägung konkurrierender ethischer Prinzipien (II.3.b).
(BIBB 2019, S. 95)

> - Schutz von Kindern inklusive (elterliches) Sorgerecht: (▶ Kap. CE 04 B)

Das Selbstbestimmungsrecht der Kinder ist, wie auch bei Erwachsenen, durch das Grundrecht der Menschenwürde[179] (Art. 1 GG) und das Persönlichkeitsrecht (Art. 2 GG) garantiert und muss daher beachtet werden. Jugendliche haben ab dem 14. Lebensjahr das Recht, allein und gegen den Willen der Eltern über medizinische und pflegerische Maßnahmen zu bestimmen.[180] Bei Kindern bis zu diesem Alter entscheiden zwar grundsätzlich die Eltern. Diese müssen jedoch zum »Wohl« ihres Kindes entscheiden.[181] In Zweifelsfällen, d. h. beim Verdacht, dass seitens der Eltern nicht im Interesse des Kindes gehandelt wird, kann das Jugendamt[182] oder das Familiengericht[183] informiert werden, dies trotz der Schweigepflicht.

---

179 Dazu auch: (▶ Kap. CE 01 1, unter »Menschenwürde«)
180 Ergänzend dazu: (▶ Kap. CE 01 1.3)
181 Dazu auch: (▶ Kap. CE 01 1.3; ▶ Kap. CE 04 5 »Kindeswohl«)
182 (▶ Kap. CE 01 2.5 »Notstand«)
183 (▶ Kap. CE 01 1.3)

2 Delegation an »Nicht«-Fachkräfte

Die Auszubildenden

- [...]
- delegieren unter Berücksichtigung weiterer rechtlicher Bestimmungen ausgewählte Maßnahmen an Personen anderer Qualifikationsniveaus und überwachen die Durchführungsqualität (III.1.b).
(BIBB 2019, S. 95)

In Fällen der Delegation an Personen eines anderen Qualifikationsniveaus stellt sich die Frage,

- was und
- an wen

delegiert werden darf. Dabei ist nochmals auf die neue Vorschrift zu den »Vorbehaltenen Tätigkeiten« (§ 4 PflBG) zu verweisen. Dies bedeutet, dass folgende pflegerische Aufgaben nicht an Personen delegiert werden dürfen, welche nicht Pflegefachfrau oder Pflegefachmann, Altenpfleger/-innen sowie Gesundheits- und Kinderkrankenpfleger/-innen sind:

- die Erhebung und Feststellung des individuellen Pflegebedarfs,
- die Organisation, Gestaltung und Steuerung des Pflegeprozesses sowie
- die Analyse, Evaluation, Sicherung und Entwicklung der Qualität der Pflege.

Dieselben Befugnisse haben selbstverständlich die Pflegefachkräfte der »alten« Ausbildung, also die klassische Krankenschwester, die Fachkraft in der Gesundheits- und (Kinder)Krankenpflege sowie Altenpfleger/-innen.

Sofern mit Ausnahme der vorgenannten vorbehaltenen Tätigkeiten eine Übertragung von Tätigkeiten durch Pflegefachkräfte an geringer qualifizierte Mitarbeiter erfolgt, darf dies nur dann geschehen, wenn der jeweilige Kollege entweder aufgrund der Ausbildung oder besonderer Kenntnisse (z. B. interner Fortbildungen) dazu befähigt ist. Wird dies nicht beachtet (und unter Umständen) überprüft, kann ein Delegationsverschulden vorliegen. Diese Art des Verschuldens liegt vor, wenn eine Aufgabe auf eine nicht hinreichend qualifizierte Person übertragen wird und dadurch der Patient geschädigt wird.

In Betracht kommt vor allem die Übertragung von pflegerischen Tätigkeiten an Krankenpflegehelfer/-innen und Altenpflegehelfer/-innen, genauso wie an Personen, die nach landesrechtlicher Regelung nach dem Ende des zweiten Ausbildungsjahres der Ausbildung nach dem Pflegeberufegesetz als Pflegehelfer bzw. Pflegeassistenten anerkannt wurden.

Als Tätigkeitsbereiche für »Krankenpflegehelfer« sind anerkannt:

- Krankenbeobachtung,
- Unterstützung bei der Körperpflege, Nahrungsaufnahme und dem Toilettengang,
- Förderung der Mobilität,
- Einreibungen/Wickel,
- Medikamentenüberwachung/-verabreichung,
- Anlegen von Kompressionsstrümpfen ab Klasse II,
- Verbandswechsel sowie
- Kontrolle der Vitalparameter wie Blutdruck, Puls, Körpertemperatur und
- die damit verbundenen hauswirtschaftlichen und sonstigen Assistenzaufgaben in Stations-, Funktions- und sonstigen Bereichen des Gesundheitswesens.

Dies bedeutet, dass Aufgaben in diesen Bereichen auf Pflegehelfer bzw. Pflegeassistenten oder die vergleichbaren Berufe delegiert werden dürfen, ohne dass ein Delegationsverschulden vorgeworfen werden darf.

Unter Anleitung oder nach Delegation von einer Fachkraft können auch festgelegte Maßnahmen der sogenannten Behandlungspflege durchgeführt werden. Der Adressat der Delegation muss allerdings für die Tätigkeit hinsichtlich seiner

- fachlichen Qualifikation,
- körperlichen und psychischen Fähigkeiten und
- Zuverlässigkeit

geeignet sein. Zumindest Zweifel bestehen deshalb bei der Eignung für eine Vielzahl von Tätigkeiten im pflegerischen Bereich bei Praktikanten, Auszubildenden bzw. Schülern und Personen ohne jede Ausbildung (z. B. »Bufdis«, soziales Jahr etc.). Bei diesen muss genau geprüft werden, ob die erforderliche Qualifikation für die Tätigkeit, die übertragen werden soll, vorliegt. Kein Delegationsverschulden liegt hingegen vor, sofern Tätigkeiten auf Personen mit entsprechender beruflicher Qualifikation, insbesondere examinierte Fachkräfte, übertragen werden. In diesem Fall kann auf die Zuverlässigkeit etc. vertraut werden, sofern nicht im Einzelfall konkrete Zweifel aufgrund vorheriger Erfahrungen etc. bestehen (horizontaler Vertrauensgrundsatz).

- Delegation (▶ Kap. CE 05 A 1)

Die Auszubildenden

- […]
- üben den Beruf im Rahmen der gesetzlichen Vorgaben sowie unter Berücksichtigung ihrer ausbildungs- und berufsbezogenen Rechte und Pflichten eigenverantwortlich aus (IV.2.a).
(BIBB 2019, S. 96)

- (▶ Kap. CE 01 2)

3 Recht Diagnostik und Therapie Kinder

Die Auszubildenden

- […]
- führen entsprechend den rechtlichen Bestimmungen eigenständig ärztlich veranlasste Maßnahmen der medizinischen Diagnostik und Therapie bei Kindern und Jugendlichen durch (III.2.b).
(BIBB 2019, S. 96)

- Grundrechte von Kindern und Jugendlichen: (▶ Kap. CE 01 1,1,; ▶ Kap. CE 05 A 1)
- Einwilligung(sfähigkeit) Kindern und Jugendlichen: (▶ Kap. CE 01 1; ▶ Kap. CE 05 A2 1)
- Delegation ärztliche Maßnahmen: (▶ Kap. CE 05 A 1)

CE 05 C Alte Menschen in kurativen Prozessen pflegerisch unterstützen und Patientensicherheit stärken

- Delegation an Personen anderer Qualifikationsniveaus: (▶ Kap. CE 05 B 2)
- Ärztlich veranlasste Maßnahmen: (▶ Kap. CE 05 A 1)
- Gesetzlichen Vorgaben, ausbildungs- und berufsbezogenen Rechte und Pflichten (▶ Kap. CE 01 2)
- Arbeitsbedingungen (im Krankenhaus) – rechtliche Rahmenbedingungen (▶ Kap. CE 05 3)

CE 06 A   In Akutsituationen sicher handeln

1   Gefährdung zu pflegender Menschen/ Fremdgefährdung

Intentionen und Relevanz
[...]
a) in denen zu pflegende Menschen aufgrund physischer Ereignisse akut vital gefährdet sind oder andere gefährden, [...]
(BIBB 2019, S. 107)

Handlungsanlässe
1./2. Ausbildungsdrittel

- [...]
- Selbst- und Fremdgefährdung, angedrohter oder erfolgter Suizidversuch
  (BIBB 2019, S. 110)

1.1   (Eigen)Gefährdung zu pflegender Menschen aufgrund physischer Ereignisse

In den Fällen der Eigen- oder Fremdgefährdung oder der Gefährdung der zu pflegenden Menschen durch Dritte besteht eine Hilfspflicht allgemein mit der Folge des strafrechtlichen Vorwurfs der unterlassenen Hilfeleistung[184] nach (§ 323c Abs. 1 StGB), sofern durch die Pflegenden nicht eingegriffen wird. Dies allerdings nur dann, wenn die Hilfeleistung zumutbar ist. In die Vorschrift des § 323c StGB wurde aktuell eingefügt, dass auch bestraft wird, »wer in diesen Situationen eine Person behindert, die einem Dritten Hilfe leistet oder leisten will« (§ 323c Abs. 2 StGB).

Bei Pflegenden wird dazu noch ein sogenanntes Unterlassungsdelikt vorliegen. Ein strafbares Unterlassen bedeutet, dass eine (weitere) Schädigung für den zu pflegenden Menschen nicht verhindert wird, obwohl dies möglich gewesen wäre und obwohl ein Handeln erforderlich war. Dann liegt eine Körperverletzung (§ 223 StGB) oder beim Tod des Patienten ein Totschlag (§ 212 StGB) durch Unterlassen vor,

---

184 Ausführlich mit Gesetzestext in: (▶ Kap. CE 01 2.4)

also eine strafbare Passivität. Ein Unterlassen ist nach § 13 StGB zwar nur dann strafbar, wenn eine Verpflichtung zum Tätigwerden besteht, der »Täter« also Maßnahmen hätte treffen können und müssen, es muss eine so genannte Garantenstellung vorliegen, aus der sich dann die Garantenpflicht (eine »Hilfspflicht«) ergibt. Diese Garantenstellung besteht jedoch bei Pflegenden im Verhältnis zu den zu pflegenden Menschen.[185]

Es besteht für das Pflegepersonal nicht nur die Pflicht zum Eingreifen, sondern auch das Recht, um die akute vitale Gefährdung zu beseitigen. Auch ohne den Willen oder in Ausnahmefällen auch gegen den Willen des zu pflegenden Menschen kann das Pflegepersonal tätig werden. Im Normalfall ist bei medizinischen und pflegerischen Maßnahmen die Einwilligung[186] des zu pflegenden Menschen erforderlich. Davon ist eine Ausnahme möglich, sofern der Patient oder Bewohner akut gefährdet ist und eine Kommunikation aktuell nicht möglich ist. Rechtliche Grundlagen sind

- der Notstand (§ 34 StGB) im strafrechtlichen Sinn sowie
- die Geschäftsführung ohne Auftrag (GoA) im Zivilrecht.

Im einzelnen gilt:

Notstand (§ 34 StGB)

Der Notstand liegt unter folgenden Voraussetzungen vor:

> Wer in einer gegenwärtigen, nicht anders abwendbaren Gefahr für Leben, Leib, Freiheit, Ehre, Eigentum oder ein anderes Rechtsgut eine Tat begeht, um die Gefahr von sich oder einem anderen abzuwenden, handelt nicht rechtswidrig, wenn [...], das geschützte Interesse das beeinträchtigte wesentlich überwiegt. Dies gilt jedoch nur, soweit die Tat ein angemessenes Mittel ist, die Gefahr abzuwenden.

§ 34 StGB

Bei der akuten vitalen Gefährdung eines zu pflegenden Menschen besteht die Gefahr für die Rechtsgüter »Leben« und »Leib«. Deshalb sind angemessene Maßnahmen, inklusive freiheitsbeschränken Maßnahmen[187] oder eine Sedierung bzw. medizinische Maßnahmen ohne die ansonsten notwendige Einwilligung[188] möglich, da Leben und Leib die höheren Rechtsgüter sind.

---

185 Dazu auch: (▶ Kap. CE 01, a. a. O).
186 Zur Einwilligung auch unter »Selbstbestimmungsrecht«: (▶ Kap. CE 01 1)
187 Dazu auch: (▶ Kap. CE 11 A 2)
188 Zur Einwilligung auch: (▶ Kap. CE 01 1.2; ▶ Kap. CE 01 2.4; ▶ Kap. CE 05 A 1.1)

Die zivilrechtliche Grundlage der (vorläufigen) Maßnahmen, ohne die Einwilligung des zu pflegenden Menschen, ist auch die Geschäftsführung ohne Auftrag nach § 677 BGB. Danach kann für jemand ohne dessen Auftrag ein »Geschäft« geführt werden, sofern es dessen vermutetem Willen entspricht:

§ 677 BGB

> Wer ein Geschäft für einen anderen besorgt, ohne von ihm beauftragt oder ihm gegenüber sonst dazu berechtigt zu sein, hat das Geschäft so zu führen, wie das Interesse des Geschäftsherrn mit Rücksicht auf dessen wirklichen oder mutmaßlichen Willen es erfordert.

Der »Andere« ist der Patient oder (Heim)Bewohner. In seinem Interesse und aufgrund dessen mutmaßlichen Willen können alle notwendigen Maßnahmen ergriffen werden.

1.2 Gefährdung anderer durch zu pflegende Menschen

Sofern Patienten andere gefährden, gilt genauso, dass eine Hilfspflicht besteht. Allerdings besteht gegenüber »Anderen« nur die Hilfspflicht aus § 323c Abs. 1 StGB, droht also bei der Untätigkeit »nur« eine Bestrafung wegen unterlassener Hilfeleistung. Wie sich bereits aus dem Text dieser Vorschrift ergibt, muss aber nur Hilfe geleistet werden, wenn man sich nicht selbst gefährdet.

Für Pflegende ist es wichtig zu wissen, »wie weit sie gehen können«, um bei Gefährdungen Anderer einzugreifen. In strafrechtlicher Hinsicht[189] sind die einschlägigen Vorschriften

- die Notwehr mit der Nothilfe (§ 32 StGB) und
- der Notstand (§ 34 StGB).

Im Zivilrecht die Vorschriften

- der Notwehr (§ 227 BGB) und
- der Selbsthilfe (§ 229 BGB).

Jede der genannten Vorschriften sind sogenannte Rechtfertigungsgründe. Diese werden nachfolgend mit den sich daraus ergebenden Handlungsmöglichkeiten dargestellt:

---

189 Zum Strafrecht auch: (▶ Kap. CE 01 2.4)

Notwehr (§ 32 StGB und § 227 BGB)

Notwehr (§ 32 StGB) ist die erforderliche Handlung, um einen gegenwärtigen, rechtswidrigen Angriff abzuwehren. Die Nothilfe ist dabei die Verteidigung zu Gunsten eines anderen.

> (1) Wer eine Tat begeht, die durch Notwehr geboten ist, handelt nicht rechtswidrig.
> (2) Notwehr ist die Verteidigung, die erforderlich ist, um einen gegenwärtigen rechtswidrigen Angriff von sich oder einem anderen abzuwenden.

§ 32 StGB

Zur Abwehr des Angriffes im Rahmen der Notwehr muss stets das mildeste Mittel gewählt werden. Selbst bei einem zulässigen Gegenangriff muss die Verhältnismäßigkeit beachtet werden. Somit darf keine unangemessen gefährliche Abwehrmaßnahme ergriffen werden. Auch ist die Notwehr nur dann zulässig, wenn überhaupt eine Abwehrhandlung erforderlich ist. Die Erforderlichkeit liegt dann nicht vor, wenn beispielsweise der Angegriffene durch ein Ausweichen sich selbst schützen kann. Dies gilt insbesondere bei Angriffen durch Kinder und unter Umständen auch bei Menschen mit einer (körperlichen) Behinderung. Schließlich ist die Notwehr nur bei einem gegenwärtigen Angriff zulässig. Ist der Angriff erst zu befürchten[190] oder ist er bereits abgeschlossen, fehlt das Recht zu der Abwehrmaßnahme. Nothilfe ist die Notwehr für einen anderen, beispielsweise eine Kollegin oder einen Kollegen.

Bei der Abwehr eines Angriffs kommt es zu einer Situation erheblichen psychischen Drucks. Aus diesem Grund kann es bei der Abwehrhandlung zu einer Überreaktion kommen. Dies hat der Gesetzgeber im § 33 StGB berücksichtigt:

> Überschreitet der Täter die Grenzen der Notwehr aus Verwirrung, Furcht oder Schrecken, so wird er nicht bestraft.

§ 33 StGB

Sofern die vorgenannten Grenzen überschritten werden und aus Verwirrung, Furcht oder Schrecken mehr als die gebotene Verteidigung angewendet wird, muss der Angegriffene also keine Strafe fürchten.

---

190 Gilt aber nicht, wenn davon auszugehen ist, dass der Angriff sofort erfolgt, es »jetzt sofort losgeht«, dazu BGH, Beschl. v. 25.09.2019, Az.: 2 StR 177/19

Notstand (§ 34 StGB) (▶ CE 06 A 1.1)

Die Gefährdung Anderer durch den Patienten verletzt oder kann deren Rechtsgüter »Leben« und »Leib« verletzen. Deshalb sind angemessene Maßnahmen wie beispielsweise freiheitsbeschränken Maßnahmen[191] oder eine Sedierung möglich, da Leben und Leib die höheren Rechtsgüter sind. Alles jedoch nur für eine begrenzte Zeit, also maximal 24 Stunden.

Es stellt sich die Frage, wann die Notwehr und wann der Notstand anwendbar ist. Bei der Notwehr liegt ein »Angriff« gegen die eigene Person oder Andere vor. Beim Notstand besteht »nur« eine Gefährdung, hat der Angriff also noch nicht begonnen.

Selbsthilfe (§ 229 BGB)

Schließlich kann die Widerrechtlichkeit einer Rechtsgutverletzung entfallen, wenn der »Täter« im Wege der Selbsthilfe nach § 229 BGB handelt:

§ 229 BGB

> Wer zum Zwecke der Selbsthilfe eine Sache wegnimmt, zerstört oder beschädigt oder wer zum Zwecke der Selbsthilfe einen Verpflichteten, welcher der Flucht verdächtig ist, festnimmt oder den Widerstand des Verpflichteten gegen eine Handlung, die dieser zu dulden verpflichtet ist, beseitigt, handelt nicht widerrechtlich, wenn obrigkeitliche Hilfe nicht rechtzeitig zu erlangen ist und ohne sofortiges Eingreifen die Gefahr besteht, dass die Verwirklichung des Anspruchs vereitelt oder wesentlich erschwert werde.

Die Selbsthilfe ist zulässig für denjenigen, der einen Anspruch hat, der nicht rechtzeitig mithilfe der »Staatsorgane« durchgesetzt werden kann. Im Wege der Selbsthilfe kann daher eine Person festgehalten werden, bis staatliche Maßnahmen greifen.

1.3 Unterbringung in psychiatrischen Einrichtungen

Im Falle der Eigen- oder Fremdgefährdung in Folge von psychischen Krankheiten, kann eine Aufnahme in einer psychiatrischen Einrichtung veranlasst werden. Zu den Einzelheiten wird auf Kapitel CE 11 A verwiesen (▶ Kap. CE 11 A 2).

---

191 (▶ Kap. CE 11 A 2)

2 Katastrophenschutz

1./2. Ausbildungsdrittel
3. Ausbildungsdrittel
Intentionen und Relevanz
[...]
a) in denen zu pflegende Menschen aufgrund physischer Ereignisse akut vital gefährdet sind oder andere gefährden,
b) in denen zu pflegende Menschen aufgrund physischer Ereignisse akut vital gefährdet sind oder andere gefährden,
c) in denen beruflich Pflegende außerhalb von Institutionen und außerhalb ihres beruflichen Handlungsfeldes aufgrund ihrer besonderen rechtlichen Verantwortung in Not- und Katastrophenfällen zur Hilfeleistung verpflichtet sind bzw. hierzu herangezogen werden können.
(BIBB 2019, S. 107)

Kontextbedingungen
1./2. und 3. Ausbildungsdrittel

- [...]
- aktuelle Gesetze, z. B. Katastrophenschutzgesetze der jeweiligen Bundesländer; rechtliche Rahmenbedingungen, z. B. Patientenverfügung, Notfalleinwilligung, Manchester-Triage bei Massenanfall von Verletzten, unterlassene Hilfeleistung; Vorschriften zur Sicherstellung der Notfallversorgung [...].
(BIBB 2019, S. 110)

2.1 Pflichten aus Pflegeberufegesetz

Nach § 5 Abs. 3, Ziff. 1h PflBG soll die Ausbildung der Pflegenden auch zur »Einleitung lebenserhaltender Sofortmaßnahmen bis zum Eintreffen der Ärztin oder des Arztes und Durchführung von Maßnahmen in Krisen- und Katastrophensituationen,« befähigen. Pflegende sind aufgrund der Katastrophenschutzgesetze zur Hilfeleistung verpflichtet, d. h. können gegebenenfalls zwangsweise herangezogen werden.

2.2 Recht des Katastrophenschutzes

Die Gefahrenabwehr im Katastrophenfall ist gemäß Art. 70 GG Aufgabe der Bundesländer. Jedoch kann bereits durch § 28 ZSKG (»Persönliche Hilfeleistung«) die für den Katastrophenschutz zuständige Behörde Männer und Frauen vom vollendeten 18. bis zum vollendeten 60. Lebensjahr im »Verteidigungsfall« verpflichten, bei der Bekämpfung der besonderen Gefahren und Schäden, Hilfe zu leisten, wenn die vorhandenen Kräfte im Einsatzfall nicht ausreichen. Bei »normalen« Katastrophen sind nicht nur Pflegekräfte, sondern jeder verpflichtet. Zum Beispiel nach § 25 LKatSG (»Hilfspflichten der Bevölkerung«).

§ 25 LKatSG

> (1) Jede über 16 Jahre alte Person ist verpflichtet, bei der Bekämpfung von Katastrophen und der unmittelbar anschließenden, vorläufigen Beseitigung erheblicher Katastrophenschäden nach ihren Fähigkeiten und Kenntnissen Hilfe zu leisten, wenn sie dazu von der Katastrophenschutzbehörde, dem technischen Leiter des Einsatzes oder seinem Beauftragten aufgefordert wird.
> (2) Die Hilfeleistung kann nur verweigern, wer durch sie eine unzumutbare gesundheitliche Schädigung befürchten oder höherwertige Pflichten verletzen müsste.

Nach § 26 LKatSG gilt eine besondere Verpflichtung für Pflegekräfte:

§ 26 LKatSG

> (1) Die in ihrem Beruf tätigen niedergelassenen Ärzte (...). Sie können verpflichtet werden, an von der Katastrophenschutzbehörde angeordneten Übungen teilzunehmen. Die Auswahl der geeigneten Ärzte erfolgt im Benehmen mit der Landesärztekammer.
> (2) [...]
> (3) Für Personen, die als Krankenpflege-, Röntgen- oder medizinisch-technisches Laborpersonal ausgebildet sind, gilt Absatz 1 Satz 2 bis zur Vollendung des 65. Lebensjahres entsprechend. Absatz 2 Satz 4 und 5 gilt entsprechend.

Es besteht daher eine Pflicht zur Tätigkeit auf Anforderung der Katastrophenschutzbehörde.

2.3 Richtlinien zur Notfallversorgung

Die Notfallversorgung in den Krankenhäusern wurde seit dem 19. Mai 2018 neu geregelt. Dazu erfolgte ein Beschluss des Gemeinsamen Bundesausschusses von Ärzten, Kassen und Kliniken (G-BA). Ziel ist es, nur noch die Kliniken zu bezuschussen, die regelmäßig Notfälle behandeln. Der Gemeinsame Bundesausschuss (G-BA)[192] hat eine sogenannte G-BA-Regelung zur stationären Notfallversorgung erlassen.[193] Rechtsgrundlage ist § 136c SGB V. Der Bundesausschuss ist das höchste Entscheidungsgremium im deutschen Gesundheitswesen und be-

---

[192] Der Gemeinsame Bundesausschuss (G-BA) ist das höchste Beschlussgremium der gemeinsamen Selbstverwaltung im deutschen Gesundheitswesen. Er bestimmt in Form von Richtlinien, welche medizinischen Leistungen die (Kranken)Versicherten beanspruchen können. Zusätzlich beschließt er Maßnahmen der Qualitätssicherung für Praxen und Krankenhäuser.
[193] Beschl. v. 19.04.2018, veröffentlicht im Bundesanzeiger: BAnz AT 18.05.2018 B4

stimmt die Versorgung nach den Vorgaben der Politik. Die Anzahl der Krankenhäuser für die Notfallversorgung wurde zwar verringert, jedoch sollen die verbleibenden Notfallkliniken garantieren, dass die Patienten auch angemessen betreut werden. Das sieht ein Beschluss des Gemeinsamen Bundesausschuss von Ärzten, Krankenhäusern und Krankenkassen vor.[194]

»Die stationäre Notfallversorgung soll bundesweit künftig auch in strukturschwachen Gebieten gesichert sein. Auch im Notfall sollen sich Patientinnen und Patienten in allen Regionen der Bundesrepublik darauf verlassen können, dass das Krankenhaus, in das sie gebracht werden, die zügige und notwendige – im Zweifelsfall ja lebensrettende – medizinische Versorgung gewährleisten kann.« Zur Erreichung dieses Ziels wurden Mindestanforderungen an die Notfallstrukturen beschlossen,[195] welche die Grundlage dafür sind, dass Krankenhäuser zukünftig Vergütungszuschläge bekommen können, die den Umfang der vorgehaltenen Notfallstrukturen berücksichtigen. Von den aktuellen 1.748 allgemeinen Krankenhäusern werden nach der neuen Regelung etwa 1.120, also etwa 64 Prozent, Zuschläge erhalten. Die 36 Prozent der Häuser, die keinen Zuschlag erhalten, haben ganz überwiegend auch in der Vergangenheit keine Notfallversorgung erbracht.

Es wird ein gestuftes System der stationären Notfallversorgung eingeführt: Krankenhäuser, die Notfallpatientinnen und -patienten stationär versorgen, können künftig der Höhe nach gestaffelte finanzielle Zuschläge erhalten. Voraussetzung dafür ist, dass bestimmte Mindestanforderungen erfüllt werden, die aus qualitativer Sicht für eine gute Notfallversorgung erforderlich sind. Auf Basis des aktuell beschlossenen Stufensystems werden die für die Krankenhausvergütung zuständigen Vertragspartner – die Deutsche Krankenhausgesellschaft, der GKV-Spitzenverband[196] und der Verband der privaten Krankenversicherung – Zu- und Abschläge für die Teilnahme oder Nichtteilnahme an dem gestuften System von Notfallstrukturen vereinbaren.

Die neue Regelung sieht vor, dass ein Krankenhaus für die Zuordnung in die Basisnotfallversorgung (Stufe 1) mindestens über die Fachabteilungen Chirurgie/Unfallchirurgie sowie Innere Medizin am Standort verfügen muss. Die Aufnahme von Notfällen erfolgt ganz überwiegend in einer Zentralen Notaufnahme. Hier wird auf der Grundlage eines strukturierten Systems über die Priorität der Behandlung entschieden und der Notfallpatient spätestens 10 Minuten nach der Aufnahme dazu informiert. Darüber hinaus muss gewährleistet sein, dass die entsprechende Betreuung durch einen Facharzt – bei Bedarf auch durch einen Anästhesisten – innerhalb von maximal 30 Minuten am Patienten verfügbar ist. Für eine möglicherweise angezeigte Intensivbetreuung muss eine Intensivstation mit der Kapazität von

---

194 siehe oben
195 Pressemitteilung des G-BA v. 19.04.2018
196 = Spitzenverband der gesetzlichen Krankenversicherungen

mindestens sechs Betten vorhanden sein. Neben den Mindeststandards für die Basisnotfallversorgung enthält die Regelung des G-BA auch die Anforderungen an eine erweiterte und umfassende Notfallversorgung. Die allgemeine Hilfeleistungspflicht jedes Krankenhauses bleibt von der Zuordnung oder Nichtzuordnung zur Notfallversorgung unberührt.

Um die stationäre Notfallversorgung auch in strukturschwachen Regionen zu stärken, werden alle Krankenhäuser, die die Voraussetzungen für den Erhalt von Sicherstellungszuschlägen erfüllen, mindestens als Basisnotfallversorgungskrankenhäuser eingestuft. Sicherstellungszuschläge dienen dazu, in strukturschwachen Regionen eine stationäre Basisversorgung aufrecht zu erhalten.

Die Regelungen des G-BA berücksichtigen auch spezielle Notfallversorgungsangebote wie die Schwerverletztenversorgung in Traumazentren, die Kindernotfallversorgung, die Versorgung von Schlaganfällen sowie die Versorgung von Durchblutungsstörungen am Herzen. Letztere müssen dann beispielsweise über entsprechende Spezialabteilungen – Stroke Units oder Chest Pain Units – verfügen und werden entgeltrechtlich Krankenhäusern der Basisnotfallversorgung gleichgestellt. Zudem haben die Krankenhausplanungsbehörden der Bundesländer in Sonderfällen – beispielsweise bei regionalen Besonderheiten – die Möglichkeit, weitere Krankenhäuser als Spezialversorger auszuweisen. Diese gelten dann als besondere Einrichtungen und nehmen budgetneutral an der Notfallversorgung teil.

Die Regelung des G-BA geht zurück auf einen gesetzlichen Auftrag, mit dem die bisherige defizitäre Notfallversorgung durch Vergütungszuschläge auf einem qualitativ hohen Niveau gewährleistet werden soll. Gemäß § 136c Abs. 4 SGB V hat der G-BA ein gestuftes System von Notfallstrukturen in Krankenhäusern, einschließlich einer Stufe für die Nichtteilnahme an der Notfallversorgung, zu beschließen. Hierbei sind für jede Stufe der Notfallversorgung Mindestvorgaben – insbesondere zur Art und Anzahl von Fachabteilungen, zur Anzahl und Qualifikation des vorzuhaltenden Fachpersonals sowie zum zeitlichen Umfang der Bereitstellung von Notfallleistungen – differenziert festzulegen.

Mit dem »Gesetz zur Reform der Notfallversorgung«[197] soll die Notfallversorgung wiederum neu geregelt werden. Die Notfallversorgung in Deutschland wird unter Berücksichtigung der Perspektive der Patientinnen und Patienten effektiver und effizienter gestaltet. Wesentliche Maßnahmen sind:

1. Ein gemeinsames Notfallleitsystem (GNL):
Die zentrale telefonische Lotsenfunktion der integrierten medizinischen Notfallversorgung übernimmt künftig das GNL, das in le-

---

197 Referentenentwurf zur Reform der Notfallversorgung vom 8.01.2020

bensbedrohlichen oder schwerwiegenden Notsituationen unter der von den Rettungsleitstellen verantworteten Rufnummer 112 und in allen anderen Fällen unter der von den Kassenärztlichen Vereinigungen verantworteten Rufnummer 116 117 Rund-um-die-Uhr erreichbar ist. Über das GNL werden Leistungen der medizinischen Notfallrettung, Krankentransporte und eine telemedizinische oder aufsuchende notdienstliche Versorgung auf Basis eines qualifizierten, standardisierten Ersteinschätzungsverfahrens disponiert. Vorgesehen ist eine umfassende Kooperation der an der medizinischen Notfallversorgung Beteiligten.
2. Integrierte Notfallzentren (INZ):
Als zentrale, jederzeit zugängliche Einrichtungen der medizinischen Notfallversorgung werden INZ an dafür geeigneten Krankenhausstandorten derart eingerichtet, dass sie von den Patientinnen und Patienten als erste Anlaufstelle im Notfall wahrgenommen werden. INZ sollen eine qualifizierte und standardisierte Ersteinschätzung des Versorgungsbedarfs leisten und die aus medizinischer Sicht unmittelbar erforderliche notdienstliche Versorgung erbringen oder eine stationäre Versorgung. veranlassen
3. Rettungsdienst als Leistungsbereich der gesetzlichen Krankenversicherung:
Die medizinische Notfallversorgung der Rettungsdienste der Länder wird als eigenständige Leistung der medizinischen Notfallrettung anerkannt und unabhängig von der Inanspruchnahme anderer Leistungen der gesetzlichen Krankenversicherung gewährt.

Die besondere Bedeutung der Notfallversorgung hat sich im Verlauf der aktuellen SARS-CoV-2-Pandemie gezeigt, auch welche Bedeutung das Vorhalten von zusätzlichen Kapazitäten für den Fall einer Pandemie hat. Es ist daher davon auszugehen, dass der Referentenentwurf bzw. der Entwurf des Gesetzes zur Reform abgeändert wird.

2.4 Unterlassene Hilfeleistung

- Unterlassene Hilfeleistung: (▶ Kap. CE 01 2.4.1)
- Ärztliche Verordnung: (▶ Kap. CE 05 1.2; ▶ Kap. CE 06 1.1.)
- Selbstbestimmungsrecht: (▶ Kap. CE 01 1)
- Ärztlich veranlasster Maßnahmen: (▶ Kapitel CE 05 A 1).

3 Organentnahme – Transplantation

Weitere Inhalte/Wissensgrundlagen
[...]
3. Ausbildungsdrittel

- theologische, ethische und rechtliche Grundlagen von Organspende, Organentnahme, Transplantationen, [...]
(BIGG 2019, S. 113)

Rechtsgrundlage der Organtransplantation ist das Transplantationsgesetz. Es gilt die erweiterte Zustimmungslösung. Die Organspende ist zulässig, wenn der Spender schriftlich zugestimmt hat, zum Beispiel in einem Organspendeausweis. Hat er das nicht, entscheiden die nächsten Angehörigen. Spenden können Personen ab 16 Jahren. Ein Widerspruch ist ab 14 Jahren möglich. Personen, die eine Patientenverfügung haben, können darin ihre Haltung zur Organspende klären.

In Deutschland ist die postmortale Organentnahme nur bei einem hirntoten Spender möglich. Die entsprechende Diagnostik wird nach den Richtlinien der Bundesärztekammer durchgeführt.[198] Hält der behandelnde Arzt eine Organtransplantation für erforderlich, verweist er den Patienten an ein Transplantationszentrum. Dieses entscheidet über die Aufnahme auf die Warteliste. Dazu hat die Bundesärztekammer Richtlinien erlassen. Die Kosten für eine Organtransplantation übernimmt die Krankenkasse des Organempfängers.

Die Deutsche Stiftung Organtransplantation (DSO) ist für die Koordination von Transplantationen zuständig. Sie ist als private Stiftung organisiert. Sie leitet unter anderem die Daten der gespendeten Organe an die Stiftung Eurotransplant, eine private Stiftung im niederländischen Leiden weiter. Dort findet der Abgleich mit der Warteliste der potenziellen Empfänger statt und dort wird auch die Entscheidung getroffen, wer das Organ bekommt. Die DSO organisiert den Organtransport und bezahlt dem Transplantationszentrum die entstandenen Kosten für die Organübertragung. Die Geldmittel werden der DSO von den Krankenkassen zur Verfügung gestellt.

Sofern ohne die Zustimmung des Betroffenen eine Organentnahme erfolgt, liegt eine Straftat vor, nämlich die »Störung der Totenruhe« (§ 168 StGB).[199] Diese Strafvorschrift schützt das Pietätsempfinden der Angehörigen und die Nachwirkungen des Persönlichkeitsrechts des Verstorbenen.

---

[198] Ausführlich dazu: Stellungnahme Deutsche Ethikrat: »Hirntod und Entscheidung zur Organspende«.
[199] Hirsch/Schmidt-Didczuhn, a. a. O. (Fn. 12), S. 13.

CE 06 B Kinder, Jugendliche und Bezugspersonen in Akutsituationen sicher begleiten

- Ärztlich veranlasste Maßnahmen: (▶ Kap. CE 05 A 1)
- Katastrophenschutz/ Katastrophenschutzgesetze: (▶ Kap. CE 06 A 2)
- Patientenverfügung: (▶ Kap. CE 06 C 1)
- Unterlassene Hilfeleistung: (▶ Kap. CE 06 A 1.2; ▶ Kap. CE 11 1.3)

CE 06 C Alte Menschen und ihre Bezugspersonen in Akutsituationen sicher begleiten

- Organspende: (▶ Kap. CE 06 A 3)
- Selbstbestimmungsrecht: (▶ Kap. CE 01 2)
- Ärztliche Maßnahmen (Delegation): (▶ Kap. CE 05 A 1)

1 Patientenverfügung

Die Auszubildenden

- […]
- kennen und beachten im Notfall relevante rechtliche Grundlagen wie Vorsorgevollmachten und Patientenverfügungen (I.4.a).
  (BIGG 2019, S. 122)

1.1 Rechtlicher Hintergrund: Sterbehilfe

Die rechtliche Problematik im Zusammenhang mit der Patientenverfügung ist Teil der Frage, wann in zulässigerweise »Sterbehilfe« möglich ist, d. h. keine Straftat vorliegt. Die Sterbehilfe stellt ein äußerst umstrittenes Thema dar. Die Problematik der Sterbehilfe wird deutlich in dem Zitat: »Das Recht darf nicht zu viel riskieren, wo es um das heute höchste Gut, das Leben geht. Es darf nicht auch zu streng sein, wo es um Würde, Selbstbestimmung und Barmherzigkeit geht.«[200] Die Sterbehilfe muss beurteilt werden vor dem Hintergrund des verfassungsrechtlichen Schutzes des Lebens und dem allgemeinen Persönlichkeitsrecht in Art. 2 GG, dem (verfassungsmäßigen) Recht jedes Einzelnen auf die freie Entfaltung seiner Persönlichkeit.[201] Ferner muss die ethische Verantwortung jedes Menschen berücksichtigt werden, das Leben anderer zu achten und zu schützen. Außerdem ist in

---

200 Süddeutsche Zeitung vom 14.09.1994
201 Dazu auch: (▶ Kap. CE 01 1) mit Wortlaut

unserer Rechtsordnung ein strafrechtlicher Schutz des Lebens vorgesehen.

Im Rahmen der Sterbehilfe muss jedoch andererseits gelten, dass »das Lebensrecht kein Lebenszwang« ist[202] und daher jeder Mensch das Recht auf einen würdigen Tod hat, somit jedem ein menschenwürdiges Sterben ohne die Verlängerung des Lebens und dabei oft das Leiden um jeden Preis ermöglicht werden soll. Die Frage des Sterbens in Würde sollte jedoch nur dort Bedeutung haben, wo der betroffene Mensch selbstbestimmt für den Abbruch oder das Unterlassen von lebensverlängernden Maßnahmen entscheidet.

Vor dem Hintergrund dieser grundsätzlichen Überlegungen soll nachfolgend der derzeitige Rechtszustand dargestellt werden. Im Rahmen der Sterbehilfe müssen

- aktive Sterbehilfe,
- indirekte Sterbehilfe,
- passive Sterbehilfe,
- Behandlungsabbruch und
- Beihilfe zum Selbstmord (Suizid)

unterschieden werden.

1.1.1 Aktive Sterbehilfe

Die aktive Sterbehilfe ist nach § 216 StGB als Tötung auf Verlangen stets strafbar:

> Ist jemand durch das ausdrückliche und ernstliche Verlangen des Getöteten zur Tötung bestimmt worden, so ist auf Freiheitsstrafe von sechs Monaten bis zu fünf Jahren zu erkennen.

§ 216 StGB

Sie stellt ohne den ausdrücklichen Wunsch des Betroffenen, dessen ausdrückliches und ernstliches Verlangen, einen Totschlag gemäß § 212 StGB dar, oder es ist im Extremfall sogar ein Mord nach § 211 StGB anzunehmen. Erfolgt die Tötung auf den ernstlichen Wunsch des Betroffenen, so liegt die (strafbare) Tötung auf Verlangen vor. Der Wunsch ist nicht als ernstlich anzusehen, wenn der Betroffene nicht einsichts- und urteilsfähig ist.[203] Deshalb ist beim Vorliegen von psychischen Erkrankungen mit Wahnvorstellungen oder Depressionen ein ernstlicher Wunsch nicht vorhanden, so dass die Tötung zumindest als Totschlag anzusehen ist.

---

202 Küng, DS v. 10.03.1995
203 BGH, NJW 1981, S. 932

Das Tötungsverlangen muss auch ausdrücklich in nicht misszuverstehender Weise erfolgen. Es muss nicht in Worten erfolgen, jedoch muss zumindest eine unzweideutige Geste vorliegen.[204]

Eine aktive Sterbehilfe (Tötung auf Verlangen) liegt vor, wenn dadurch der Sterbevorgang erst in Gang gesetzt wird. Die Tötung auf Verlangen hat trotzdem eine, wenn auch gegenüber dem Totschlag und Mord geringere Freiheitsstrafe zur Folge.

1.1.2 Indirekte Sterbehilfe

Bei der indirekten Sterbehilfe wird der (frühere) Tod des Heimbewohners oder Patienten bei der Gabe von hoch dosierten Schmerzmitteln in Kauf genommen. Inzwischen ist die Rechtsprechung und die überwiegende Meinung in der Literatur, dass der Arzt, um das Leiden seines Patienten zu verringern, Schmerzmittel auch so hoch dosieren darf, dass dadurch eine Verkürzung des Lebens erfolgt.[205] Der Wunsch des Patienten, dass seine Schmerzen beseitigt oder soweit möglich gelindert werden, geht in jedem Fall vor.

1.1.3 Passive Sterbehilfe

Bei der passiven Sterbehilfe werden Maßnahmen unterlassen, die den natürlichen Todeseintritt verhindern. Diese Form der Sterbehilfe bedeutet somit das Unterlassen von lebenserhaltenden bzw. -verlängernden Maßnahmen. Hierzu zählt das Abschalten von technischen Geräten, beispielsweise eines Beatmungsgerätes. Wichtig ist die Unterscheidung zwischen aktiver und passiver Sterbehilfe. Bei der passiven Sterbehilfe hat der Sterbevorgang bereits begonnen, und es wird lediglich nichts unternommen, um das Sterben aufzuhalten, d. h. in der Regel das Leben und das Leiden zu verlängern.

Wird der Tod durch lebenserhaltende Maßnahmen lediglich verzögert und ist eine Heilung nicht mehr möglich, hat jeder Mensch das Recht, ein Abschalten von medizinischen Geräten bzw. einen Behandlungsabbruch zu fordern. Dies wird inzwischen auch von der Berufsordnung der Ärzte anerkannt.[206] Sofern ein Angehöriger auf Wunsch des Patienten oder Bewohners das Abschalten vornimmt, ist sein Verhalten nicht strafbar.[207]

---

204 BGH, NJW 1987, S. 1092
205 BGH, NJW 1997, 807
206 vgl. Entwurf BerufsO Ärzte in NJW 1997, S. 6
207 LG Ravensburg, MedR 1987, 196

1.1.4 Behandlungsabbruch

Beim Behandlungsabbruch wird die medizinische Behandlung, dabei auch die künstliche Ernährung (beispielsweise über eine PEG-Magensonde), eingestellt. Er unterscheidet sich von der passiven Sterbehilfe dadurch, dass keine »unmittelbare Todesnähe«[208] vorliegt, d. h. kein Sterbevorgang eingesetzt hat. Der Tod wird vergleichbar mit der aktiven Sterbehilfe erst durch die Einstellung der Behandlung, insbesondere künstliche Ernährung etc. herbeigeführt. Sie ist jedoch nach der neueren Rechtsprechung[209] zulässig, wenn keine Prognose auf Heilung besteht und der tatsächliche oder der mutmaßliche Wille des Patienten einen Wunsch zum Abbruch der Behandlung erkennen lässt.

1.2 Patientenverfügung

Eine wesentliche Rolle spielt im Rahmen des Behandlungsabbruchs und auch der passiven Sterbehilfe die Patientenverfügung. Es handelt sich bei der Patientenverfügung um die schriftliche Erklärung einer Person, dass bei bestimmten Erkrankungen oder Folgen eines Unfalls eine Behandlung mit dem Ziel der Verlängerung des Lebens nicht gewünscht wird. Es wird durch einen einwilligungsfähigen Volljährigen schriftlich festgelegt, ob er in bestimmte, zum Zeitpunkt der Festlegung noch nicht unmittelbar bevorstehende Untersuchungen seines Gesundheitszustands, Heilbehandlungen oder ärztliche Eingriffe einwilligt oder sie untersagt (§ 1901a BGB). Mit dieser Erklärung soll den behandelnden Ärzten die Möglichkeit eingeräumt werden, von nutzlosen Maßnahmen zur Wiederbelebung oder Lebenserhaltung Abstand zu nehmen, sofern eine unheilbare Erkrankung oder Gehirnschädigung gleich welcher Ursache vorliegt.[210] Mit der Patientenverfügung wird seitens des Patienten von dem Selbstbestimmungsrecht[211] Gebrauch gemacht. Deshalb müssen bei bestimmten Personengruppen, beispielsweise Angehörigen der »Zeugen Jehovas«, medizinische Maßnahmen unterlassen werden, wenn eine entsprechende schriftliche Erklärung vorliegt. Dies gilt selbst dann, wenn infolge einer Erkrankung oder eines Unfalls Lebensgefahr besteht.

Da jede Pflegekraft grundsätzlich dazu verpflichtet ist, alles Notwendige zu veranlassen, um das Leben zu retten, kann eine Erklärung wie die Patientenverfügung nur bei Personen Gültigkeit haben, die beim Verfassen in vollem Umfang einsichtsfähig sind. Nur in diesen Fällen hat der Wille des Patienten Vorrang. In allen anderen Fällen müssen im Zweifel alle erforderlichen lebensverlängernden Maßnahmen getroffen werden.

---

208 OLG Frankfurt/M, NJW 1998, S. 2747, 2748
209 vgl. insbesondere Urteil OLG Frankfurt/M. a. a. O.
210 Schneider (1990), S. 96
211 Ausführlich dazu bereits: (▶ Kap. CE 01 1)

Nach der seit 2009 geltenden Rechtslage ist per Gesetz (§§ 1901a ff., 1904 BGB) die Patientenverfügung für Ärzte etc. verbindlich. Im Einzelnen gilt folgendes:

- In einer Patientenverfügung können Volljährige festlegen, ob und wie sie ärztlich behandelt werden wollen, für den Fall, dass sie ihren Willen nicht mehr selbst äußern können. Betreuer und Bevollmächtigte sind selbst im Fall der (später eingetretenen) Entscheidungsunfähigkeit des Betroffenen an seine Patientenverfügung gebunden.
- Die Patientenverfügung ist schriftlich niederzulegen. Sie muss nicht notariell errichtet oder beglaubigt werden. Sie kann jederzeit widerrufen werden.
- Wurde keine Patientenverfügung verfasst oder treffen die niedergelegten Festlegungen nicht die aktuelle Situation, muss der Betreuer oder Bevollmächtigte entscheiden, ob er in die Untersuchung, die Heilbehandlung oder den ärztlichen Eingriff einwilligt. Hierfür ist der mutmaßliche Patientenwille zu berücksichtigen.
- Eine Grenze, die die Reichweite der Festlegungen in bestimmten Fällen einschränkt, gibt es nicht.
- Über die Durchführung von ärztlichen Maßnahmen entscheiden Arzt und Betreuer bzw. Bevollmächtigter (falls eine Vorsorgevollmacht vorliegt) gemeinsam. Der behandelnde Arzt muss die medizinische Indikation prüfen und mit dem Betreuer oder Bevollmächtigten die entsprechenden Maßnahmen erörtern. Dies soll möglichst unter Einbeziehung naher Angehöriger und sonstiger Vertrauenspersonen erfolgen.
- Bestehen zwischen Arzt und Betreuer bzw. Bevollmächtigtem Meinungsverschiedenheiten, ist das Betreuungsgericht anzurufen.

In § 1901b BGB muss der behandelnde Arzt ein Gespräch zur Feststellung des Patientenwillens führen. Er prüft dabei, welche ärztliche Maßnahmen im Hinblick auf den Gesamtzustand und die Prognose des Patienten notwendig sind und erörtert dann mit dem Betreuer (falls einer vorhanden ist) die Maßnahmen unter Berücksichtigung des Patientenwillens. Dies soll dann die Grundlage der Entscheidung über einen möglichen Behandlungsabbruch sein. In § 1901b Abs. 2 BGB ist festgelegt, dass bei der Feststellung des Patientenwillens oder der Behandlungswünsche oder des mutmaßlichen Willens nahen Angehörigen und sonstigen Vertrauenspersonen Gelegenheit zur Äußerung gegeben wird, sofern dies ohne erhebliche Verzögerung möglich ist.

Es ist in bestimmten Fällen, wenn eine Verständigung nicht (mehr) möglich ist (und keine Patientenverfügung vorliegt), zu überlegen, ob nicht für die Entscheidung über die Fortsetzung einer medizinischen Behandlung ein Betreuer zu bestellen ist. Dieser hat dann die Entscheidung zu treffen. Falls bereits eine Betreuung besteht, ist der Betreuer zu befragen. Für derart existenzielle Entscheidungen wie den Abbruch einer Behandlung ist analog § 1904 BGB zusätzlich die Genehmigung des Betreuungsgerichts erforderlich.[212] Dieses hat unter anderem den mutmaßlichen Willen zu berücksichtigen. Bei Minderjährigen haben die Sorgeberechtigten die Entscheidungsbefugnis hinsichtlich lebensverlängernder Maßnahmen, wobei sie zum Wohl des Kindes entscheiden müssen.

Nicht nur bei Genehmigung des Betreuungsgerichts, sondern auch in anderen Fällen, bei denen keine Betreuung besteht oder keine Patientenverfügung existiert, ist bei einwilligungsunfähigen Kranken, insbesondere denjenigen im Koma, der mutmaßliche Wille von erheblicher Bedeutung. Der Bundesgerichtshof hat in einem Urteil zur passiven Sterbehilfe bei Komakranken einen Mittelweg eingeschlagen, der bei oberflächlicher Betrachtung tragfähig erscheint. Unter Berücksichtigung des Selbstbestimmungsrechts des Patienten wurde aufgeführt, dass nur der Betroffene über die ärztliche Behandlung, also auch deren Ende, entscheiden kann. Dabei soll im Zweifel, der mutmaßliche Wille des Patienten entscheidend sein. Es sind allerdings an die Annahme eines mutmaßlichen Willens zum Sterben bzw. zum Unterlassen von lebensverlängernden Maßnahmen strenge Anforderungen zu stellen. Dieser Wille soll ermittelt werden aufgrund von früheren mündlichen und schriftlichen Äußerungen des Betroffenen sowie von seiner religiösen Überzeugung, seinen persönlichen Wertvorstellungen, seiner altersbedingten Lebenserwartung und den zu erwartenden Schmerzen.[213] Nach dem genannten Urteil des Bundesgerichtshofs muss auf »allgemeine Wertvorstellungen« zurückgegriffen werden, sofern der mutmaßliche Wille nicht zu ermitteln ist. Im Zweifel muss jedoch der Schutz des Lebens Vorrang vor allem haben. Die Entscheidung hat in jedem Fall der Arzt im Zusammenwirken mit den Angehörigen zu treffen. Diese Grundsätze sind inzwischen im Recht der Patientenverfügung festgelegt.

2 Vorsorgevollmacht

Die Vorsorgevollmacht ist als Alternative zur »gesetzlichen« Betreuung nach den §§ 1896 ff. BGB zu sehen. Sofern eine Vollmacht vorhanden ist, kann keine rechtliche Betreuung erfolgen, das Betreuungsgericht müsste einen entsprechenden Antrag ablehnen.

Mit der Vorsorgevollmacht gibt die betroffene Person in gesunden Tagen für den Fall einer später eintretenden Geschäftsunfähigkeit (z. B. einer dementiellen Erkrankung) jemand anderem die Vollmacht,

---

212 OLG Frankfurt/M, NJW 1998, S. 2747 = MedR 1998, S. 519
213 BGH, NJW 1995, S. 204

im Namen der betroffenen Person zu handeln. Der Aussteller der Vollmacht muss jedoch im Zeitpunkt der Unterschrift noch geschäftsfähig sein. Die Vorsorgevollmacht darf nicht mit einer Patientenverfügung verwechselt werden, in der eine gewünschte Heilbehandlung für den Bevollmächtigten (oder Betreuer) nach § 1901a BGB verbindlich festgelegt werden kann.

Die Vorsorgevollmacht ist rechtlich eine Generalvollmacht, welche dem Bevollmächtigten das Recht gibt, umfassend, d.h. in allen Angelegenheiten für den schwer kranken oder dementen Menschen, tätig zu werden. Allerdings nur in denjenigen Angelegenheiten, für welche die Vollmacht besteht. Ist die Vollmacht nur auf die finanziellen Angelegenheiten begrenzt, kann der Bevollmächtigte nicht im Rahmen der Therapie Zustimmungen erteilen. Dann müsste zusätzlich eine Betreuung[214] beantragt werden. Nach der seit dem 01.01.1999 bestehenden Rechtslage kann der Bevollmächtigte auch berechtigt werden, für den Betroffenen medizinische und freiheitsbeschränkende Maßnahmen durchführen zu lassen, also würde dieser selbst darin einwilligen. Er muss allerdings besonders gefährliche medizinische Maßnahmen gleichfalls vom Betreuungsgericht genehmigen lassen (§ 1904 Abs. 2 BGB).

Eine Unterschriftsbeglaubigung ist nur erforderlich bei Erklärungen zum Grundbuch (§ 29 GBO), Erbausschlagungen (§ 1945 BGB), bei Änderungen des Vereins- oder Handelsregisters oder bei Gerichtsverfahren, wenn dies von der Gegenseite verlangt wird (§ 80 Abs. 2 ZPO). Ansonsten ist die Unterschrift formlos. In der Praxis hat sich jedoch eine Unterschriftsbeglaubigung bei der Betreuungsbehörde bewährt. Dort und bei Betreuungsvereinen ist auch eine Beratung möglich.

Wichtig für die Praxis: Nur der bevollmächtigte Angehörige bzw. sonstige bevollmächtigte Person, kann wirksam in medizinische Maßnahmen einwilligen. Auch darf – wegen der Schweigepflicht – nur an den oder die Bevollmächtigte(n) Auskunft gegeben werden.

Der Betroffene kann zusätzlich zur Vollmacht oder stattdessen eine so genannte Betreuungsverfügung ausstellen. Nach § 1897 Abs. 4 BGB hat jeder das Recht, eine Person vorzuschlagen, die zum Betreuer bestellt werden kann. Das Betreuungsgericht muss diesem Vorschlag entsprechen, wenn dieser nicht dem Wohl des Volljährigen zuwiderläuft. Jeder, der ein Schriftstück besitzt, in dem jemand für den Fall seiner Betreuung Vorschläge zur Auswahl des Betreuers oder Wünsche zur Wahrnehmung der Betreuung geäußert hat, muss dieses Schriftstück unverzüglich an das Betreuungsgericht abliefern (§ 1901c BGB).

---

214 Zur Betreuung ausführlich: (▶ Kap. CE 08 A 2)

CE 07 A Rehabilitatives Pflegehandeln im interprofessionellen Team

- Selbstbestimmungsrecht (I.6.a): (▶ Kap. CE 01 1)
- Delegation ärztliche Maßnahmen (III.2.b): (▶ Kap. CE 05 A 1)
- Konflikte und Gewaltphänomene (III.3.c): (▶ Kap. CE 06 A 1; ▶ Kap. CE 11 A 1)
- Menschenrechten, Ethikkodizes etc. (II.3.a): (▶ Kap. CE 01 1)

1 Rehabilitation (Rechtsquellen)

> Ein weiterer Schwerpunkt besteht in der Information, Beratung und Schulung von zu pflegenden Menschen und ihren Bezugspersonen zu rehabilitativen Angeboten und Unterstützungsleistungen sowie Finanzierungsmöglichkeiten.
> (BIBB 2019, S. 128)

Die verfassungsmäßige Rechtsgrundlage zur Pflicht des Staates zur Rehabilitation behinderter Menschen findet sich im Gleichheitsgrundsatz des Art. 3 GG), dort in dessen Absatz 3:

> (3) Niemand darf wegen seiner Behinderung benachteiligt werden.   Art. 3 GG

Dieses Grundrecht soll nicht nur die Diskriminierung von Menschen mit Behinderung verhindern, sondern diesen auch Rechte auf gesellschaftliche Maßnahmen bzw. Teilhabe geben. Die einfachgesetzliche Grundlage ist das Sozialgesetzbuch IX (SGB IX), dem Gesetz zur »Rehabilitation und Teilhabe behinderter Menschen«. Dieses wurde aktuell erheblich geändert und die Rechte auf Teilhabe erweitert. Es enthält jetzt drei Teile:

- In Teil 1 ist das für alle Rehabilitationsträger geltende Rehabilitations- und Teilhaberecht zusammengefasst.
- In Teil 2 wird die aus dem SGB XII herausgelöste und reformierte Eingliederungshilfe als »Besondere Leistungen zur selbstbestimmten

Lebensführung für Menschen mit Behinderungen« geregelt. Das SGB IX wird insoweit zu einem Leistungsgesetz aufgewertet.
- In Teil 3 wird das weiterentwickelte Schwerbehindertenrecht geregelt.

1.1 Gesetz zur Rehabilitation und Teilhabe behinderter Menschen

Um die Selbstbestimmung und gleichberechtigte Teilhabe von Menschen mit Behinderung oder von Behinderung bedrohter Menschen am Leben in der Gesellschaft zu fördern, Benachteiligungen für sie zu vermeiden oder ihnen entgegenzuwirken, wurde das SGB IX, das Gesetz zur Rehabilitation und Teilhabe behinderter Menschen, erlassen. Dabei wird nach § 1 SGB IX den besonderen Bedürfnissen behinderter und von Behinderung bedrohter Frauen und Kinder Rechnung getragen.

§ 2 Abs. 1 SGB IX definiert Menschen mit Behinderungen als Menschen, die körperliche, seelische, geistige oder Sinnesbeeinträchtigungen haben, die sie in Wechselwirkung mit einstellungs- und umweltbedingten Barrieren an der gleichberechtigten Teilhabe an der Gesellschaft mit hoher Wahrscheinlichkeit länger als sechs Monate hindern können. Eine Beeinträchtigung liegt vor, wenn der Körper- und Gesundheitszustand von dem für das Lebensalter typischen Zustand abweicht. Menschen sind von Behinderung bedroht, wenn eine Beeinträchtigung zu erwarten ist.

Die zuständigen Rehabilitationsträger sind zur Aufklärung, Beratung, Auskunft und Ausführung von Leistungen verpflichtet:

§ 14 SGB I | Jeder hat Anspruch auf Beratung über seine Rechte und Pflichten nach diesem Gesetzbuch. Zuständig für die Beratung sind die Leistungsträger, denen gegenüber die Rechte geltend zu machen oder die Pflichten zu erfüllen sind.

Bei Verletzung der Beratungspflicht kann der Betroffene sogar eine Art von Schadenersatzanspruch, den sozialrechtlichen Herstellungsanspruch geltend machen.

Für Menschen mit Behinderung (oder Kranke) werden nach § 5 SGB IX erbracht:

- Leistungen zur medizinischen Rehabilitation,
- Leistungen zur Teilhabe am Arbeitsleben,
- unterhaltssichernde und andere ergänzende Leistungen und
- Leistungen zur Teilhabe am Leben in der Gemeinschaft.

Kinder brauchen bei drohenden oder bereits eingetretenen Entwicklungsstörungen oder Behinderungen so früh wie möglich eine Rehabilitation.

1.2 Einzelne Leistungsträger

Das Sozialgesetzbuch IX gewährt (mit Ausnahme der Regelungen zur Eingliederungshilfe) keine eigenen Leistungen, sondern vermittelt gewissermaßen die Leistungen anderer Versicherungszweige bzw. Sozialleistungsträger der Rehabilitation und Teilhabe. Das Sozialgesetzbuch IX gibt aber den Rahmen, das Verfahren und den Umfang der Leistungen zur Teilhabe vor. Die Institutionen, die Rehabilitationsträger, sind nach § 6 Abs. 1 SGB IX:

- die gesetzlichen Krankenkassen für Leistungen zur medizinischen Rehabilitation (§§ 39, 40 SGB V) und unterhaltssichernde und andere ergänzende Leistungen,
- die Bundesagentur für Arbeit für Leistungen zur Teilhabe am Arbeitsleben und auch unterhaltssichernde und andere ergänzende Leistungen,
- die Träger der gesetzlichen Unfallversicherung für Leistungen zur medizinischen Rehabilitation, zur Teilhabe am Arbeitsleben und unterhaltssichernde und andere ergänzende Leistungen sowie Leistungen zur sozialen Teilhabe,
- die Träger der gesetzlichen Rentenversicherung für Leistungen zur medizinischen Rehabilitation, zur Teilhabe am Arbeitsleben sowie unterhaltssichernde und andere ergänzende Leistungen,
- die Träger der Kriegsopferversorgung und die Träger der Kriegsopferfürsorge im Rahmen des Rechts der sozialen Entschädigung bei Gesundheitsschäden für Leistungen zur medizinischen Rehabilitation, zur Teilhabe am Arbeitsleben, unterhaltssichernde und andere ergänzende Leistungen sowie Leistungen zur Teilhabe an Bildung und Leistungen zur sozialen Teilhabe,
- die Träger der Jugendhilfe für Leistungen zur medizinischen Rehabilitation, Teilhabe am Arbeitsleben, zur Teilhabe an Bildung und Leistungen zur sozialen Teilhabe sowie
- die Träger der Eingliederungshilfe für Leistungen zur medizinischen Rehabilitation, zur Teilhabe am Arbeitsleben, zur Teilhabe an Bildung und zur sozialen Teilhabe.

Zusätzlich ist in der gesetzlichen Pflegeversicherung in § 31 SGB XI der »Vorrang der Rehabilitation vor Pflege« festgelegt. Die Pflegekassen müssen Leistungen zur medizinischen Rehabilitation und ergänzende Leistungen prüfen. Dies mit dem Ziel, die Pflegebedürftigkeit zu überwinden, zu mindern oder ihre Verschlimmerung zu verhüten. Dazu müssen die Pflegekassen insbesondere Leistungen zur Prävention in stationären Pflegeeinrichtungen erbringen, indem sie unter Beteiligung der Betroffenen Vorschläge zur Verbesserung der gesundheitlichen Situation und zur Stärkung der gesundheitlichen Ressourcen und Fähigkeiten entwickeln sowie deren Umsetzung unterstützen (§ 5 Abs. 1 SGB XI). Die geriatrische Rehabilitation ist folglich inzwischen gesetzlich verankert.

Für die Leistungen zur Teilhabe ist meistens kein einheitlicher Träger zuständig, sondern hat der betroffene Mensch Anspruch darauf, dass Leistungen von verschiedenen Trägern erbracht werden. Jeder Sozialleistungsträger hat neben seinen sonstigen Aufgaben seinen spezifischen Bereich der Rehabilitation und Teilhabe.

Die gesetzlichen Krankenkassen erbringen für ihre Versicherten beispielsweise Leistungen zur medizinischen Rehabilitation, wenn andere Sozialversicherungsträger solche Leistungen nicht erbringen können. Aufgabe der Rentenversicherung ist es, ein vorzeitiges Ausscheiden der Versicherten aus dem Erwerbsleben zu vermeiden. Hierfür erbringt sie Leistungen zur medizinischen Rehabilitation und zur Teilhabe am Arbeitsleben. Die Unfallversicherung ist bei Arbeitsunfällen und Berufskrankheiten für Leistungen zur medizinischen Rehabilitation, zur Teilhabe am Arbeitsleben und zur Teilhabe am Leben in der Gemeinschaft verantwortlich. Die Bundesagentur für Arbeit mit ihren Arbeitsämtern übernimmt Leistungen zur Teilhabe am Arbeitsleben, soweit hierfür kein anderer Sozialversicherungsträger verantwortlich ist. Die Sozialhilfe, für die die Sozialämter der Städte und Landkreise oder die überörtlichen Träger der Sozialhilfe zuständig sind, tritt für alle Leistungen zur medizinischen Rehabilitation, zur Teilhabe am Arbeitsleben und zur Teilhabe am Leben in der Gemeinschaft ein, soweit kein anderer Träger zuständig ist. Die öffentliche Jugendhilfe mit ihren örtlichen Jugendämtern erbringt Leistungen zur Teilhabe für seelisch behinderte Kinder und Jugendliche, soweit kein anderer Träger zuständig ist. Für schwerbehinderte Menschen kann darüber hinaus das Integrationsamt begleitende Hilfe im Arbeitsleben erbringen.

In der Praxis stellt sich die Frage, wo wird der Antrag gestellt bzw. wer ist zuständig? Ambulante und stationäre Vorsorgeleistungen sind in der Regel Aufgabe der gesetzlichen Krankenversicherung, während Rehabilitationsleistungen auch Aufgabe der Rentenversicherung oder der Unfallversicherung sind. Was nun bei einem bestimmten Krankheitsbild als Vorsorge oder Rehabilitation zählt und welche Versicherung für welche Maßnahmen dann Kostenträger ist – diese komplexen Regelungen müssen Versicherte zunächst nicht kennen. Im Zweifel sollten

- Leistungen zur medizinischen Rehabilitation bei der Krankenkasse,
- Leistungen zur Teilhabe am Arbeitsleben (inkl. Widerherstellung der Erwerbsfähigkeit) bei der Rentenversicherung,
- Leistungen zur Teilhabe an Bildung und zur sozialen Teilhabe bei der Jugendhilfe für Kinder und Jugendliche sowie

- Leistungen zur sozialen Teilhabe beim Sozialhilfeträger beantragt werden.

Wird der Antrag beim falschen Träger gestellt, ist dies kein Problem, denn dieser ist dazu verpflichtet, den Antrag an den zuständigen weiterzuleiten (§ 14 Abs. 1 SGB IX).

2 Abrechnungssysteme Sozialrecht

Die Auszubildenden

- [...]
- reflektieren auf der Grundlage eines breiten Wissens ihre Handlungs- und Entscheidungsspielräume in unterschiedlichen Abrechnungssystemen (IV.2.d).
(BIBB 2019, S. 131)

Das komplizierte Sozialrecht führt immer wieder zu Unklarheiten, wer welche Leistungen zu tragen hat und an wen entsprechende Fragen und Anträge zu richten sind. Prinzipiell gilt bei den gesetzlichen Leistungsträgern die nachfolgende Aufteilung der Zuständigkeit. Im Rahmen der Krankenpflege können nachfolgende Sozialleistungsträger und deren Leistung von Bedeutung sein.

2.1 Einteilung Leistungsgruppen

Krankenversicherung

Leistungen bei Krankheit und zur Wiederherstellung der Gesundheit zählen zur Krankenversicherung (SGB V), Ansprechpartner sind die Krankenkassen.

Pflegeversicherung

Die pflegerische Versorgung von Menschen mit körperlichen, geistigen oder seelischen Krankheiten und Behinderungen zählt zur Pflegeversicherung (SGB XI), Ansprechpartner sind die Pflegekassen (bei den Krankenkassen angesiedelt).

Rentenversicherung

Die meisten Renten sowie die Wiederherstellung der Arbeitsfähigkeit zählen zur Rentenversicherung (SGB VI), zuständig sind die Rentenversicherungsträger.

Unfallversicherung

Leistungen bei einer Berufskrankheit oder nach einem Arbeitsunfall zählen zur Unfallversicherung (SGB VII), Ansprechpartner sind die Unfallversicherungsträger.

Teilhabe von Menschen mit Behinderungen

Spezielle Leistungen für Menschen mit Behinderungen zählen zur Rehabilitation und Teilhabe von Menschen mit Behinderungen (SGB IX) und in Teilen zum SGB III. Zuständig sind alle Reha-Träger (Krankenversicherung, Rentenversicherung, Alterssicherung der Landwirte, Unfallversicherung, Agenturen für Arbeit, Jugendhilfe-Träger, Eingliederungshilfe-Träger, Träger der Kriegsopferversorgung und -fürsorge).

Das Versorgungsamt stellt den Grad der Behinderung fest. Das Integrationsamt und der Integrationsfachdienst unterstützten Menschen mit Behinderungen im Arbeitsleben.

Kinder- und Jugendhilfe

Für die Leistungen der Kinder- und Jugendhilfe (SGB VIII) sind die Jugendämter und Landesjugendämter zuständig.

Grundsicherung und Sozialhilfe

Wer für den Lebensunterhalt und notwendige Leistungen nicht genügend eigenes Einkommen und Vermögen hat, erhält Leistungen der Grundsicherung oder der Sozialhilfe. Die Zuständigkeiten sind:

- Bei erwerbsfähigen Personen und den mit ihnen im Haushalt lebenden ist das Jobcenter zuständig.
- Bei nicht erwerbsfähigen Personen ist das Sozialamt zuständig.

Anträge: Die meisten Sozialleistungen müssen beantragt werden. Die Formulare gibt es bei den jeweiligen Sozialversicherungsträgern, Ämtern und Behörden, teilweise sind diese auch online abrufbar. Die Unfallversicherungsträger werden von Amts wegen tätig, doch sollte sich ein von Berufskrankheit oder Arbeitsunfall Betroffener nicht allein darauf verlassen.

2.2 Abrechnungssystem in der Pflege

Krankenhaus

Im Sozialgesetzbuch V sind in § 39 Abs. 1, Satz 2 die Voraussetzungen der Behandlung im Krankenhaus genannt. Die Versicherten in der gesetzlichen Krankenversicherung haben Anspruch auf vollstationäre oder stationsäquivalente Behandlung durch ein zugelassenes Krankenhaus, wenn die Aufnahme nach Prüfung durch das Krankenhaus erforderlich ist, weil das Behandlungsziel nicht durch teilstationäre, vor- und nachstationäre oder ambulante Behandlung einschließlich häuslicher Krankenpflege erreicht werden kann. Diese Krankenhausbehandlung kann nach § 39 Abs. 1, Satz 1 vollstationär, stationsäquivalent, teilstationär, vor- und nachstationär sowie ambulant erbracht werden. Die Krankenhausbehandlung umfasst im Rahmen des Versorgungsauftrags des Krankenhauses alle Leistungen, die im Einzelfall nach Art und Schwere der Krankheit für die medizinische Versorgung notwendig sind, insbesondere ärztliche Behandlung, Krankenpflege, Versorgung mit Arznei-, Heil- und Hilfsmitteln, Unterkunft und Verpflegung; die akutstationäre Behandlung umfasst auch die im Einzelfall erforderlichen und zum frühestmöglichen Zeitpunkt einsetzenden Leistungen zur Frührehabilitation. Nur wenn diese Voraussetzungen erfüllt sind, hat das Krankenhaus auch Anspruch auf die Vergütung der Leistungen gegenüber dem Patienten.

Im Falle der (notwendigen) stationären Behandlung hat der Patient die freie Wahl zwischen den zugelassenen Krankenhäusern. Wählen Patienten ohne zwingenden Grund ein anderes als ein in der ärztlichen Einweisung genanntes Krankenhaus, können ihnen die Mehrkosten ganz oder teilweise auferlegt werden (§ 39 Abs. 2 SGB V).

Ist eine Krankenhausbehandlung nicht möglich oder kann sie durch häusliche Krankenpflege vermieden werden, muss die Kasse dazu Leistungen erbringen. Diese bestehen nach § 37 SGB V aus:

- Grund- und Behandlungspflege und
- hauswirtschaftlicher Versorgung,

wobei unter Umständen der Medizinische Dienst (§ 275 SGB V) die Notwendigkeit einer längeren häuslichen Krankenpflege bestätigen muss.

Im Falle einer Krankenhausbehandlung kann eine Haushaltshilfe durch die Krankenversicherung gestellt werden (§ 38 SGB V). Voraussetzung ist in diesem Fall, dass eine Weiterführung des Haushaltes ohne die Haushaltshilfe nicht möglich ist und im Haushalt mindestens ein Kind unter 12 Jahren oder ein behindertes Kind lebt.

Nach § 115 Abs. 1 SGB V werden Dreiseitige Verträge zwischen Krankenkassen, Krankenhäusern und Vertragsärzten geschlossen. Auf der einen Seite die Landesverbände der Krankenkassen und die Ersatzkassen gemeinsam und die Kassenärztlichen Vereinigungen, auf der anderen Seite die Landeskrankenhausgesellschaft oder den Vereinigungen der Krankenhausträger im Land. Diese Verträge sollen eine enge Zusammenarbeit zwischen Vertragsärzten und zugelassenen Krankenhäusern, dadurch eine nahtlose ambulante und stationäre Behandlung der Versicherten gewährleisten. Diese Verträge sind dann auch die rechtliche Grundlage der Vergütung.

- Ergänzend wird auf Kapitel CE 05 A zur Krankenhausfinanzierung verwiesen: (▶ Kap. CE 05 A 2.2)

Stationäre (Alten)Pflege

Die Finanzierung, d. h. die Vergütung für Leistungen dort erfolgt über das Pflegeversicherungsgesetz, das SGB XI.[215]

Kann die häusliche Pflege nicht im erforderlichen Umfang erfolgen, werden nach § 41 SGB XI Aufwendungen für teilstationäre Einrichtungen für Tages- oder Nachtpflege bis zum Höchstbetrag von

- für Pflegebedürftige des Pflegegrades 2 bis zu 689,00 Euro,
- für Pflegebedürftige des Pflegegrades 3 bis zu 1 298,00 Euro,
- für Pflegebedürftige des Pflegegrades 4 bis zu 1 612,00 Euro,
- für Pflegebedürftige des Pflegegrades 5 bis zu 1 995,00 Euro

je Kalendermonat bezahlt.

Nach § 43 SGB XI hat der Pflegebedürftige Anspruch auf die Zahlung der Aufwendungen für die vollstationäre Pflege, sofern die häusliche oder teilstationäre Pflege nicht möglich ist. Dafür sind gleichfalls Höchstbeträge festgelegt worden:

- 770,00 Euro für Pflegebedürftige des Pflegegrades 2,
- 1 262,00 Euro für Pflegebedürftige des Pflegegrades 3,
- 1 775,00 Euro für Pflegebedürftige des Pflegegrades 4,
- 2 005,00 Euro für Pflegebedürftige des Pflegegrades 5

wiederum je Kalendermonat.

Für Einrichtungen der Behindertenhilfe wird ein Pauschalbetrag in Höhe von 15 % des vereinbarten Pflegesatzes, maximal 266,00 Euro je Monat, gezahlt.

---

215 Zu den Grundlagen, Einstufung in Pflegegrade: (▶ Kap. CE 04 A 3.4 »Pflegeversicherung«)

Mit der Vorschrift des § 43b SGB XI besteht ein Anspruch auf die zusätzliche Betreuung und Aktivierung in Form der Zahlung eines Vergütungszuschlags an die stationäre Einrichtung, dies sogar als Individualanspruch des zu pflegenden Menschen. Einen Anspruch auf die zusätzliche Betreuung und Aktivierung in einer stationären Einrichtung haben alle Pflegebedürftigen, für die einer der Pflegegrade 1 bis 5 bestätigt ist. Das heißt, dass auch Pflegebedürftige im Pflegegrad 1 einen Anspruch auf den Zuschlag nach § 43b SGB XI haben; bei diesem Personenkreis liegt nur eine geringe Beeinträchtigung der Selbstständigkeit und der Fähigkeiten vor, weshalb hier nur ein eingeschränkter Anspruch auf die Leistungen der Pflegeversicherung besteht. Der Zuschlag nach § 43b SGB XI muss gesondert beantragt werden.

Als stationäre Einrichtung, in der die zusätzliche Betreuung und Aktivierung erfolgen muss, gelten:

- vollstationäre Pflegeeinrichtungen,
- Einrichtungen der Kurzzeitpflege und
- teilstationäre Pflegeeinrichtungen (Einrichtungen der Tages- oder Nachtpflege).

Die stationären Einrichtungen müssen ein entsprechendes Angebot an zusätzlicher Betreuung und Aktivierung vorhalten. Auf das Angebot müssen die Bewohner (nach § 85 Abs. 8 SGB XI) nachprüfbar im Rahmen der Vertragsverhandlungen und beim Vertragsabschluss hingewiesen werden.

In den Fällen, in denen in einer teilstationären Einrichtung (Tages- oder Nachtpflege) oder in einer Einrichtung der Kurzzeitpflege ein Anspruch auf den Entlastungsbetrag nach § 45b SGB XI besteht, besteht auch ein Anspruch auf die zusätzliche Betreuung und Aktivierung. Ebenso besteht ein Anspruch auf die zusätzliche Betreuung und Aktivierung, wenn für die Finanzierung der Kurzzeitpflege die Leistungsansprüche aus der Verhinderungspflege herangezogen werden. Gleiches gilt, wenn die Kurzzeitpflege mit dem Pflegegeld oder mit eigenen Mitteln vom Versicherten finanziert wird. Durch den Vergütungszuschlag nach § 43b SGB XI werden die Leistungsansprüche auf die stationäre Leistung nicht geschmälert.

Die Höhe der Vergütungszuschläge wird nach von §§ 84 Abs. 8 und 85 Abs. 8 SGB XI festgelegt.

Ambulante Pflege

In der ambulanten Pflege ist zu den Ansprüchen auf Vergütung der Leistungen zwischen der (gesetzlichen) Krankenversicherung und der (sozialen) Pflegeversicherung zu unterscheiden:

Um die pflegerische Versorgung sicherzustellen, schließen die Landesverbände der Pflegekassen mit den Vereinigungen der Träger der ambulanten Pflegeeinrichtungen für jedes Bundesland Rahmenverträge ab (§ 75 SGB XI). Diese Rahmenverträge sind für die Pflegekassen und die zugelassenen Pflegedienste verbindlich.

Die vergüteten Leistungen sind sowohl über § 36 SGB XI für »Pflegesachleistung« und § 39 SGB XI für die »Verhinderungspflege« als auch § 37 SGB V für die »Häusliche Krankenpflege« möglich.

Zu allem gibt es Rahmenvereinbarungen mit den gesetzlichen Krankenkassen.

3 Verhältnis Gesundheitsberufe

Die Auszubildenden

- [...]
- [...] positionieren sich mit ihrer beruflichen Pflegeausbildung im Kontext der Gesundheitsberufe unter Berücksichtigung der ausgewiesenen Vorbehaltsaufgaben[216] (V.2.e).
  (BIBB 2019, S. 131)

- (▶ Kap. CE 01 2)
- (▶ CE 08 A 1)

4 Rechte von Menschen mit Behinderung

- [...]
- Beratung/Schulung und Information von zu pflegenden Menschen und deren Bezugspersonen sowie freiwillig Engagierten in Fragen der Wiedererlangung der eigenständigen Lebensführung und gesellschaftlichen Teilhabe und der Finanzierung und Antragstellung von Leistungen der Rehabilitation, [...]
- [...]
- Grundlagen der relevanten sozialrechtlichen Vorgaben und deren Auswirkungen auf Pflege- und Unterstützungsleistungen.
  (BIBB 2019, S. 136)

---

216 Dazu bereits unter: (▶ Kap. CE 01 2) und Kostorz (2019), S. 20 und 47

4.1 Bundesteilhabegesetz

> Vorab zur Vermeidung von Wiederholungen der Hinweis, dass
>
> - die UN-Behindertenrechtskonvention (kurz: UN-BRK) und
> - die Gesetze, wie das Präventionsgesetz, die SGB V, VII, IX, XI
>
> bereits im Kapitel CE 02 A dargestellt wurden (▶ Kap. CE 02 A 6.11)

Ergänzend dazu zum Bundesteilhabegesetz (BTHG):
Das Bundesteilhabegesetz[217] ist ein Gesetzespaket, das für Menschen mit Behinderungen Verbesserungen vorsieht. Mit diesem Gesetz wurde insbesondere das bereits in Kapitel CE 07 A (▶ Kap. CE 07 A 1.1) dargestellte Sozialgesetzbuch IX geändert. Es soll mehr Möglichkeiten der Teilhabe und mehr Selbstbestimmung für Menschen mit Behinderungen schaffen. Menschen mit Behinderungen, die Eingliederungshilfe beziehen, können künftig mehr von ihrem Einkommen und Vermögen behalten. Gleichzeitig werden die Kommunen und Länder entlastet, da Grundsicherungs- und Eingliederungshilfeleistungen in Zukunft getrennt sowie teilweise vom Bund übernommen werden.

Das Gesetz verpflichtet die Träger von Reha-Maßnahmen (wie z. B. die Bundesagentur für Arbeit oder die gesetzliche Rentenversicherung), frühzeitig drohende Behinderungen zu erkennen und gezielt Prävention noch vor Eintritt der Rehabilitation zu ermöglichen. Ziel ist es, bereits vor Eintritt einer chronischen Erkrankung oder Behinderung durch geeignete präventive Maßnahmen entgegenzuwirken und die Erwerbsfähigkeit zu erhalten.

Es ist nun (theoretisch) ein einziger Reha-Antrag ausreichend, um ein umfassendes Prüf- und Entscheidungsverfahren in Gang zu setzen, auch wenn es bei den unterschiedlichen Zuständigkeiten von Sozialamt, Jugendamt, Rentenversicherung, Bundesagentur für Arbeit, Unfall- und Krankenkasse bleibt (§§ 9, 108 SGB IX). Dafür sind die Regelungen zur Zuständigkeit und zur Einführung eines trägerübergreifenden Teilhabeplanverfahrens für alle Rehabilitationsträger gesetzlich definiert worden.

Nach der Antragstellung sind zur Sicherstellung einer zügigen Durchführung der Rehabilitation und Teilhabe – im Gegensatz zum normalen Sozialverwaltungsverfahren – kürzere Fristen vorgesehen. Nach § 14 Abs. 1 SGB IX muss der Rehabilitationsträger innerhalb von zwei Wochen nach Eingang des Antrages feststellen, ob er zuständig ist. Stellt er fest, dass er für die Leistung nicht zuständig ist, muss er den Antrag unverzüglich an den zuständigen Rehabilitationsträger

---

217 Gesetz v. 23.12.2016

weiterleiten. Ist der Rehabilitationsträger zuständig, muss er den Rehabilitationsbedarf unverzüglich feststellen. Muss ein Gutachten erstellt werden, ist die Behörde dazu verpflichtet, innerhalb von zwei Wochen nach Vorliegen des Gutachtens zu entscheiden (§ 14 Abs. 2 SGB IX). Ohne Einholung eines Gutachtens muss der Rehabilitationsträger innerhalb von drei Wochen nach Antragseingang entscheiden.

Die Behörde trifft ihre Entscheidung durch einen Verwaltungsakt, den so genannten Bescheid, wobei die beantragte Leistung entweder bewilligt oder abgelehnt wird. Bei der Ablehnung hat der betroffene Bürger die Möglichkeit, gegen den Bescheid innerhalb einer Frist von einem Monat schriftlich Widerspruch einzulegen.

4.2 Leistungsträger der Rehabilitation

sind die Bundesagentur für Arbeit, die gesetzliche Rentenversicherung, die gesetzlichen Krankenkassen, die gesetzliche Unfallversicherung, die Träger der Kinder- und Jugendhilfe, die Träger der Sozialhilfe und die Träger der Kriegsopfer und Kriegsopferfürsorge sowie die Pflegeversicherung.

- Gesetzliche Krankenversicherung: (▶ Kap. CE 04 3.2; ▶ Kap. CE 04 3.3; ▶ Kap. CE 05 A 2)
- Gesetzlichen Pflegeversicherung: (▶ Kap. CE 04 3.5)
- Gesetzlichen Unfallversicherung: (▶ Kap. CE 04 A 3.3)

Ergänzend zu den oben genannten Kapiteln wird nachfolgend kurz die Rechtsgrundlagen zur Rehabilitation durch die Bundesagentur für Arbeit, die gesetzliche Rentenversicherung, die Träger der Kinder- und Jugendhilfe sowie die Träger der Sozialhilfe und die Träger der Kriegsopfer und Kriegsopferfürsorge dargestellt.[218]

Bundesagentur für Arbeit

Neben der Arbeitsvermittlung (und Zahlung von Arbeitslosengeld) ist eine Aufgabe der Bundesagentur für Arbeit, die berufliche Eingliederung behinderter Menschen zu fördern. Als Rehabilitationsträger erbringt sie Leistungen zur Teilhabe am Arbeitsleben, etwa für die Aus- und Weiterbildung. Dazu müssen Menschen mit Behinderung individuell und umfassend über die Möglichkeiten ihrer beruflichen Eingliederung beraten und mit ihnen gemeinsam die erforderlichen Maßnahmen festgelegt werden. Unterstützt werden die Berater von den

---

218 Überblick Aufgaben Sozialversicherungsträger: (▶ Kap. CE 04 3.2), und kurze Darstellung Reha-Träger: (▶ Kap. CE 07 A. 1. 2)

Fachdiensten der Agentur für Arbeit: dem Ärztlichen und Psychologischen Dienst – bei der Klärung der gesundheitlichen Voraussetzungen, der Interessen und Fähigkeiten des Klienten – sowie dem Technischen Beratungsdienst bei Fragen zu technischen Hilfen und der behinderungsgerechten Ausstattung von Arbeitsplätzen.[219]

Leistungen zur Teilhabe am Arbeitsleben sind: Vermittlung geeigneter Ausbildungs- oder Arbeitsplätze, Förderung von Trainingsmaßnahmen und Mobilitätshilfen, Berufsvorbereitung mit speziellen betrieblichen und außerbetrieblichen Lehrgängen mit sogenannten Qualifizierungsbausteinen, die in Betrieben absolviert werden und gezielt auf eine Berufsausbildung oder eine einfache berufliche Tätigkeit vorbereiten. Wenn Menschen mit Behinderung an den üblichen Maßnahmen der Aus- oder Weiterbildung teilnehmen können, erhalten sie zwar dieselben Leistungen wie Nichtbehinderte, werden jedoch aufgrund der Art und Schwere einer Behinderung zusätzliche spezifische Maßnahmen gefördert bzw. diese als besondere Leistungen zur Teilhabe am Arbeitsleben finanziert.

Die Finanzierung umfasst unter anderem:

- Kosten für die Teilnahme an einer beruflichen Bildungsmaßnahme, wie Lehrgangskosten, Prüfungsgebühren, Kosten für Lernmittel, Unterkunft und Verpflegung, Reisekosten.
- Leistungen zum Lebensunterhalt, in Form von Ausbildungsgeld oder Übergangsgeld sowie Zuschüsse zu den Sozialversicherungsbeiträgen bei einer Aus- oder Weiterbildung in einer Einrichtung zur beruflichen Rehabilitation (z. B. Berufsbildungs- und Berufsförderungswerk).
- Weitere Leistungen zur Förderung der Beschäftigung: z. B. Bewerbungskosten, Reisekosten, Kraftfahrzeughilfe und technische Arbeitshilfen.
- Überbrückungsgeld oder Existenzgründerzuschuss (Ich-AG) bei Aufnahme einer selbstständigen Tätigkeit.
- Leistungen an Arbeitgeber, die einen behinderten oder schwerbehinderten Menschen beschäftigen: Zuschüsse zur Ausbildungsvergütung, Zuschüsse für die behinderungsgerechte Gestaltung des Arbeitsplatzes, Übernahme der Kosten für eine Probebeschäftigung, Eingliederungszuschüsse (Zuschüsse zu den Lohnkosten).

Voraussetzungen für diese Leistungen zur Teilhabe am Arbeitsleben sind:

- Der Betroffene ist behindert oder schwerbehindert oder konkret von einer Behinderung bedroht (vgl. dazu § 2 Abs. 1 SGB IX).

---

219 Quelle: BIH Integrationsämter ZB 1/2005

- Aufgrund der Behinderung kann die bisherige berufliche Tätigkeit nicht mehr ausgeübt werden oder der Einstieg in den Beruf ist ohne Unterstützung nicht möglich.

Grundsätzlich ist die Bundesagentur für Arbeit nur für Leistungen zur Teilhabe am Arbeitsleben zuständig, soweit kein anderer Rehabilitationsträger Vorrang hat.

Die wichtigsten rechtlichen Grundlagen sind das Sozialgesetzbuch III (SGB III, Arbeitsförderung) und das Sozialgesetzbuch IX (SGB IX, Rehabilitation und Teilhabe von Menschen mit Behinderung).[220]

Rentenversicherung

Die Rentenversicherung, die in den Vorschriften des Sozialgesetzbuchs VI (SGB VI) ihre Grundlage hat, ist inzwischen einheitlich unter dem »Dach« der Deutschen Rentenversicherung zusammengefasst. Träger sind die Deutsche Rentenversicherung Bund und die Rentenversicherungen Land.

Aufgaben der Rentenversicherung sind:

- Gewährung von Renten wegen Erwerbsminderung, Renten wegen Alters,
- Rehabilitationsmaßnahmen,
- Leistungen für die Krankenversicherung der Rentner,
- Beratung und Auskunft und
- Verbesserung des gesundheitlichen Standards.

Leistungen aus der Rentenversicherung können nur beansprucht werden, sofern bestimmte Wartezeiten erfüllt sind. Die Wartezeit ist für die verschiedenen Leistungs- bzw. Rentenarten unterschiedlich geregelt. Die allgemeine Wartezeit beträgt fünf Jahre. Dies bedeutet, dass eine Rente erst beanspruchen kann, wer fünf Jahre Rentenbeiträge entrichtet hat.

Für die Gewährung einer Rente oder sonstigen Leistung ist ein Antrag beim zuständigen Rentenversicherungsträger erforderlich.

Die Rentenversicherung erbringt Leistungen

- zur medizinischen Rehabilitation nach § 15 SGB VI i. V. mit §§ 42 bis 47 SGB IX,
- zur »Kinderrehabilitation« nach § 15a SGB VI auch in Verbindung mit dem SGB IX,

---

220 Ausführlich dazu: (▶ Kap. CE 04 A 6.3; ▶ Kap. CE 07 A 1; ▶ Kap. CE 07 A 4)

- zur beruflichen Rehabilitation = Leistungen Teilhabe am Arbeitsleben nach § 16 SGB VI i. v. mit § 49 SGB IX).

Leistungen zur medizinischen Rehabilitation sind dann möglich, wenn die Erwerbsfähigkeit erheblich gefährdet oder bereits gemindert ist. Zur Teilhabe am Arbeitsleben (berufliche Rehabilitation) werden nach § 49 Abs. 1 SGB IX die erforderlichen Leistungen erbracht, um die Erwerbsfähigkeit von Menschen mit Behinderungen oder von Behinderung bedrohter Menschen entsprechend ihrer Leistungsfähigkeit zu erhalten, zu verbessern, herzustellen oder wiederherzustellen und ihre Teilhabe am Arbeitsleben möglichst auf Dauer zu sichern. Während die medizinische Rehabilitation in erster Linie der Wiederherstellung der Gesundheit dient und Maßnahmen zur Teilhabe am Leben in der Gemeinschaft die Integration in die Gesellschaft ermöglichen sollen, dient die berufliche Rehabilitation der Wiedererlangung der Erwerbsfähigkeit und der Sicherung eines Erwerbseinkommens auf dem allgemeinen Arbeitsmarkt (§ 10 Nr. 2 SGB I).

Jugendhilfe

Die Träger der öffentlichen Jugendhilfe erbringen für Kinder, Jugendliche und junge Volljährige mit einer seelischen Behinderung (§ 35a SGB VIII) neben den etwa notwendigen Hilfen zur Erziehung auch bei Bedarf Leistungen der medizinischen Rehabilitation, der Teilhabe am Arbeitsleben, der Teilhabe an Bildung und der sozialen Teilhabe. Dies wieder in Verbindung mit den Regelungen im Sozialgesetzbuch IX.

Mit dem BTHG[221] wurde ab dem 1. Januar 2018 auch die Eingliederungshilfe für Kinder und Jugendliche mit Behinderungen den für alle Rehabilitationsträger geltenden allgemeinen Regeln des Sozialgesetzbuches IX unterworfen und zwar unabhängig davon, ob die Eingliederungshilfe aus dem SGB XII (Recht der Sozialhilfe) oder dem SGB VIII (Kinder- und Jugendhilfegesetz) zu leisten ist.

Das Jugendamt ist nun in einer Doppelrolle als Träger der Jugendhilfe und als Rehabilitationsträger. Nach § 6 Abs. 1 Nr. 6 i. V. m. § 5 SGB IX sind die Träger der öffentlichen Jugendhilfe Rehabilitationsträger für Leistungen zur medizinischen Rehabilitation, zur Teilhabe am Arbeitsleben, Teilhabe an Bildung und zur sozialen Teilhabe. Ob das Jugendamt als Rehabilitationsträger nach SGB IX aktiv werden muss, entscheidet sich bei der Klärung der Tatbestandsvoraussetzungen nach § 35a bzw. 41 SGB VIII (junge Volljährige) und der sachlichen und örtlichen Zuständigkeit nach §§ 85, 86, 86a ff. SGB VIII.

Die Fachkraft im Jugendamt, prüft und entscheidet ob der Teilhabebedarf aus ihrem Leistungsgesetz (vollständig) gedeckt werden kann (Zuständigkeitsklärung nach § 14 SGB IX). Durch die Fachkraft im Ju-

---

221 Bundesteilhabegesetz

gendamt ist zu prüfen, ob vor dem Hintergrund der in § 1, 3 und 4 SGB IX aufgezählten Rehabilitationsziele ein Teilhabebedarf aus ihrem Leistungsgesetz, also mithilfe der in § 35a Abs. 2 SGB VIII genannten Maßnahmen, gedeckt werden kann. Sie hat dabei zusätzlich § 9 SGB IX (Vorrangige Prüfung von Leistungen zur Teilhabe) und § 12 SGB IX (Maßnahmen zur Unterstützung der frühzeitigen Bedarfserkennung) zu beachten. Wird dabei klar, dass der Bedarf nicht (d. h. auch nicht teilweise) durch das Jugendamt gedeckt werden kann, leitet die Fachkraft den Antrag innerhalb einer Frist von zwei Wochen an den ihrer Meinung nach zuständigen Rehabilitationsträger (z. B. die Krankenversicherung) weiter.

Falls neben einem Bedarf nach § 35a SGB VIII auch Teilhabebedarfe aus anderen Leistungsgruppen (§ 5 SGB IX) oder bei anderen Rehabilitationsträgern (§ 6 SGB IX) bestehen, für die das Jugendamt nicht Rehabilitationsträger sein kann, ist das Teilhabeplanverfahren gemäß § 19 ff. SGB IX einzuleiten. Ab dem 1. Januar 2020 wird § 35a SGB VIII an die Eingliederungshilfe des SGB IX (Teil 2) angepasst. Das bedeutet, dass die Eingliederungshilfe für seelisch behinderte Kinder und Jugendliche nach wie vor nicht als völlig »eigenständige« Form der Eingliederungshilfe aufgefasst werden kann, sondern wie bisher Aufgabe und Ziele der Hilfe (§ 90 SGB IX) sowie Art und Form der Leistung (§§ 28–35 SGB IX) sich aus den Vorschriften ergeben, die für alle anderen Leistungsberechtigten der Eingliederungshilfe (bislang §§ 53 ff. SGB XII, ab 1. Januar 2020 Teil 2 des SGB IX) gelten, »soweit sie auch für seelisch behinderte Kinder und Jugendliche anwendbar sind«.[222]

Sozialhilfe

Die Sozialhilfe bezahlt die Leistungen der Rehabilitation, wenn keiner der anderen Träger zuständig ist. Die Sozialhilfe übernimmt die Kosten für Rehabilitations-Leistungen für Menschen mit Behinderung. Bisher war es unter anderem die Eingliederungshilfe, seit dem 1. Januar 2020 ist dafür das Sozialgesetzbuch IX zuständig.

---

222 Zur Vertiefung: Rosenow, Roland (2017), S. 480

CE 07 B Rehabilitatives Pflegehandeln bei Kindern/Jugendlichen im interprofessionellen Team

- Selbstbestimmungsrecht: (▶ Kap. CE 01 1)
- Kinder und Jugendliche mit angeborener oder erworbener Behinderung: (▶ CE 07 A 1; ▶ CE 07 A1 4)
- Funktion Gesetzgebung im Gesundheits- und Sozialbereich: (▶ Kap. CE 04 A 2)
- Abrechnungssystemen (IV.2.d): (▶ Kap. CE 07 A 2)
- Vorbehaltsaufgaben: (▶ Kap. CE 01 2)
- Konflikte im interprofessionellen Team: (▶ Kap. CE 04 A 4)
- Finanzierung von rehabilitativen Maßnahmen: (▶ Kap. CE 07 A 1; ▶ Kap. CE 07 A1 4)
- Zusätzliche Betreuungskräfte (§§ 43b, 84 SGB XI): (▶ Kap. CE 09 A 1; ▶ Kap. CE 07 A 2)
- Leistungsträger der Rehabilitation: (▶ Kap. CE 07 A 4.2)
- Finanzierung und Antragstellung von Leistungen zu Rehabilitation: (▶ Kap. CE 07 A 1; ▶ Kap. CE 07 A 4)
- Rheumatischen Erkrankungen Kinder – Sozialrecht: Pflege- und Unterstützungsleistungen: (▶ Kap. CE 07 A 1.1; ▶ Kap. CE 07 A 4)

CE 07 C Rehabilitatives Pflegehandeln bei alten Menschen im interprofessionellen Team

- Funktion Gesetzgebung im Gesundheits- und Sozialbereich: (▶ Kap. CE 04 B 3)
- Abrechnungssysteme: (▶ Kap. CE 07 A 2)
- Sozialrechtliche Bedingungen für Betreuungsleistungen und Finanzierung Rehabilitation: (▶ Kap. CE 07 A 1; ▶ Kap. CE 07 A 4).
- Schulung bei technischen Assistenzsystemen: (▶ Kap. CE 02 A)

CE 08 A Menschen in kritischen Lebenssituationen und in der letzten Lebensphase begleiten

- Selbstbestimmungsrecht: (▶ Kap. CE 01 1)
- Menschenrechte, Ethikkodizes etc.: (▶ Kap. CE 01 1.1)
- Ärztlich veranlasste Maßnahmen: (▶ CE 05 A 1)
- Patientenverfügung, Sterbehilfe: (▶ CE 06 C 1)

1 Pflegecharta, Charta Betreuung schwerstkranker und sterbender Menschen

1.1 Pflegecharta

Menschen mit Pflegebedarf haben die gleichen Rechte wie andere. Diese Rechte fasst die deutsche Pflege-Charta zusammen.

Die Pflege-Charta[223] gliedert sich in eine Präambel und acht Artikel, die verschiedene Themen behandeln.

- Präambel: Ziele und Absicht der Pflege-Charta
- Art. 1 – Selbstbestimmung und Hilfe zur Selbsthilfe
- Art. 2 – Körperliche und Seelische Unversehrtheit, Freiheit und Sicherheit
- Art. 3 – Privatheit
- Art. 4 – Pflege, Betreuung und Behandlung
- Artikel 5 – Information, Beratung und Aufklärung

---

223 Zur Vertiefung: Arbeitsmaterialien zur Pflege-Charta: Zentrum für Qualität in der Pflege (ZQP), gegliedert in: Wissen, Reflexion, Methoden und Verbreitung. Darin enthalten sind z. B. Erklärfilme, eine Erläuterung der Pflege-Charta in Einfacher Sprache, Präsentationsfolien, Arbeitsblätter, Methodenvorstellungen und auch Druckvorlagen für verschiedene Informationsblätter.

- Art. 6 – Kommunikation, Wertschätzung und Teilhabe an der Gesellschaft
- Art. 7 – Religion, Kultur und Weltanschauung
- Art. 8 – Palliative Begleitung, Sterben und Tod

Im einzelnen[224] ist dort festgelegt:

Artikel 1: Selbstbestimmung und Hilfe zur Selbsthilfe

»Jeder hilfe- und pflegebedürftige Mensch hat das Recht auf Hilfe zur Selbsthilfe sowie auf Unterstützung, um ein möglichst selbstbestimmtes und selbstständiges Leben führen zu können.«

Artikel 2: Körperliche und seelische Unversehrtheit, Freiheit und Sicherheit

»Jeder hilfe- und pflegebedürftige Mensch hat das Recht, vor Gefahren für Leib und Seele geschützt zu werden.«

Artikel 3: Privatheit

»Jeder hilfe- und pflegebedürftige Mensch hat das Recht auf Wahrung und Schutz seiner Privat- und Intimsphäre.«

Artikel 4: Pflege, Betreuung und Behandlung

»Jeder hilfe- und pflegebedürftige Mensch hat das Recht auf eine an seinem persönlichen Bedarf ausgerichtete, gesundheitsfördernde und qualifizierte Pflege, Betreuung und Behandlung.«

Artikel 5: Information, Beratung und Aufklärung

»Jeder hilfe- und pflegebedürftige Mensch hat das Recht auf umfassende Informationen über Möglichkeiten und Angebote der Beratung, der Hilfe und Pflege sowie der Behandlung.«

Artikel 6: Wertschätzung, Kommunikation und Teilhabe an der Gesellschaft

»Jeder hilfe- und pflegebedürftige Mensch hat das Recht auf Wertschätzung, Austausch mit anderen Menschen und Teilhabe am gesellschaftlichen Leben.«

Artikel 7: Religion, Kultur und Weltanschauung

»Jeder hilfe- und pflegebedürftige Mensch hat das Recht, seiner Kultur und Weltanschauung entsprechend zu leben und seine Religion auszuüben.«

Artikel 8: Palliative Begleitung, Sterben und Tod

»Jeder hilfe- und pflegebedürftige Mensch hat das Recht, in Würde zu sterben.«

---

224 Ausführlicher Text mit Erläuterung auf der Internetseite des Bundesministeriums für Familie, Senioren, Frauen und Jugend (BFSFJ) und des Bundesministeriums für Gesundheit (BMG) sowie unter www.wege-zur-pflege.de

Die Pflege-Charta ist also ein Katalog der Rechte für zu pflegende Menschen. Sie basiert auf dem Grundgesetz (den Grundrechten) und den Sozialgesetzbüchern sowie auf den Grundsätzen in der Europäischen Menschenrechtskonvention.[225]

Die Pflege-Charta soll zur Stärkung der Rechte pflegebedürftiger Menschen beitragen und Maßstab für eine würdevolle Pflege sein.

1.2 Charta Betreuung schwerstkranker und sterbender Menschen

Die Betreuung von Menschen in ihrer letzten Lebensphase ist zu einer großen sozialen, politischen, ökonomischen und kulturellen Herausforderung für unsere Gesellschaft geworden. Dies insbesondere vor dem Hintergrund demografischen Wandels, höherer Lebenserwartung, Multimorbidität, zunehmender Bedeutung unheilbarer Erkrankungen, sich ändernder gesellschaftlicher Strukturen sowie vielfältiger Diskussionen über den Umgang mit Leben und Tod. Die »Charta zur Betreuung schwerstkranker und sterbender Menschen in Deutschland« setzt sich für Menschen ein, die aufgrund einer fortschreitenden, lebensbegrenzenden Erkrankung mit dem Sterben und dem Tod konfrontiert sind.[226]

Die fünf Leitsätze der Charta sind:
1. Gesellschaftspolitische Herausforderungen – Ethik, Recht und öffentliche Kommunikation:

> Jeder Mensch hat ein Recht auf ein Sterben unter würdigen Bedingungen. Er muss darauf vertrauen können, dass er in seiner letzten Lebensphase mit seinen Vorstellungen, Wünschen und Werten respektiert wird und dass Entscheidungen unter Achtung seines Willens getroffen werden. Familiäre und professionelle Hilfe sowie die ehrenamtliche Tätigkeit unterstützen dieses Anliegen.
>
> Ein Sterben in Würde hängt wesentlich von den Rahmenbedingungen ab, unter denen Menschen miteinander leben. Einen entscheidenden Einfluss haben gesellschaftliche Wertvorstellungen und soziale Gegebenheiten, die sich auch in juristischen Regelungen widerspiegeln. Wir werden uns dafür einsetzen, ein Sterben unter würdigen Bedingungen zu ermöglichen und insbesondere den Bestrebungen nach einer Legalisierung der Tötung auf Verlangen durch eine Perspektive der Fürsorge und des menschlichen Miteinanders entgegenzuwirken. Dem Sterben als Teil des Lebens ist gebührende Aufmerksamkeit zu schenken.

---

225 Dort vor allem: Art. 2 (Recht auf Leben), Art. 5 (Recht auf Freiheit und Sicherheit), Art. 6 (Recht auf Achtung des Privat- und Familienlebens), Art. 14 (Diskriminierungsverbot)
226 Charta, herausgeben von Deutsche Gesellschaft für Palliativmedizin e. V. – Deutscher Hospiz- und PalliativVerband e. V. – Bundesärztekammer, Stand: September 2015

2. Bedürfnisse der betroffenen – Anforderungen an die Versorgungsstrukturen

Jeder schwerstkranke und sterbende Mensch hat ein Recht auf eine umfassende medizinische, pflegerische, psychosoziale und spirituelle Betreuung und Begleitung, die seiner individuellen Lebenssituation und seinem hospizlich-palliativen Versorgungsbedarf Rechnung trägt. Die Angehörigen und die ihm Nahestehenden sind einzubeziehen und zu unterstützen. Die Betreuung erfolgt durch haupt- und ehrenamtlich Tätige soweit wie möglich in dem vertrauten bzw. selbst gewählten Umfeld. Dazu müssen alle an der Versorgung Beteiligten eng zusammenarbeiten.

Wir werden uns dafür einsetzen, dass Versorgungsstrukturen vernetzt und bedarfsgerecht für Menschen jeden Alters und mit den verschiedensten Erkrankungen mit hoher Qualität so weiterentwickelt werden, dass alle Betroffenen Zugang dazu erhalten. Die Angebote, in denen schwerstkranke und sterbende Menschen versorgt werden, sind untereinander so zu vernetzen, dass die Versorgungskontinuität gewährleistet ist.

3. Anforderungen an die Aus-, Weiter- und Fortbildung

Jeder schwerstkranke und sterbende Mensch hat ein Recht auf eine angemessene, qualifizierte und bei Bedarf multiprofessionelle Behandlung und Begleitung. Um diesem gerecht zu werden, müssen die in der Palliativversorgung Tätigen die Möglichkeit haben, sich weiter zu qualifizieren, um so über das erforderliche Fachwissen, notwendige Fähigkeiten und Fertigkeiten sowie eine reflektierte Haltung zu verfügen. Für diese Haltung bedarf es der Bereitschaft, sich mit der eigenen Sterblichkeit sowie mit spirituellen und ethischen Fragen auseinanderzusetzen. Der jeweils aktuelle Erkenntnisstand muss in die Curricula der Aus-, Weiter- und Fortbildung einfließen. Dies erfordert in regelmäßigen Zeitabständen eine Anpassung der Inhalte.

Wir werden uns dafür einsetzen, dass der Umgang mit schwerstkranken und sterbenden Menschen thematisch differenziert und spezifiziert in die Aus-, Weiter- und Fortbildung der Beteiligten in den verschiedensten Bereichen integriert wird.

4. Entwicklungsperspektiven und Forschung

Jeder schwerstkranke und sterbende Mensch hat ein Recht darauf, nach dem allgemein anerkannten Stand der Erkenntnisse behandelt und betreut zu werden. Um dieses Ziel zu erreichen, werden kontinuierlich neue Erkenntnisse zur Palliativversorgung aus Forschung und Praxis gewonnen, transparent gemacht und im Versorgungsalltag umgesetzt. Dabei sind die bestehenden ethischen und rechtlichen Regularien zu berücksichtigen. Zum einen bedarf es der Verbesserung der Rahmenbedingungen der Forschung, insbesondere der Weiterentwicklung von Forschungsstrukturen sowie der Förderung von Forschungsvorhaben und innovativen Praxisprojekten. Zum anderen sind Forschungsfelder und -strategien mit Relevanz für die Versorgung schwerstkranker und sterbender Menschen zu identifizieren.

Wir werden uns dafür einsetzen, auf dieser Basis interdisziplinäre Forschung weiterzuentwickeln und den Wissenstransfer in die Praxis zu gewährleisten, um die Versorgungssituation schwerstkranker und sterbender Menschen sowie ihrer Angehörigen und Nahestehenden kontinuierlich zu verbessern.

5. Die europäische und internationale Dimension

Jeder schwerstkranke und sterbende Mensch hat ein Recht darauf, dass etablierte und anerkannte internationale Empfehlungen und Standards zur Palliativversorgung zu seinem Wohl angemessen berücksichtigt werden. In diesem Kontext ist eine nationale Rahmenpolitik anzustreben, die von allen Verantwortlichen gemeinsam formuliert und umgesetzt wird.

Wir werden uns für die internationale Vernetzung von Organisationen, Forschungsinstitutionen und anderen im Bereich der Palliativversorgung Tätigen einsetzen und uns um einen kontinuierlichen und systematischen Austausch mit anderen Ländern bemühen. Wir lernen aus deren Erfahrungen und geben gleichzeitig eigene Anregungen und Impulse.

Mit dem Fortschritt der modernen Medizin wurde das Sterben immer mehr aus den familiären, nachbarschaftlichen sowie sozialen Zusammenhängen gelöst und in Krankenhäuser oder stationäre Pflegeeinrichtungen ausgelagert. Der schwerstkranke und sterbende Mensch hat ein Recht auf adäquate Symptom- und Schmerzbehandlung, psychosoziale Begleitung und – sofern notwendig – eine multiprofessionelle Betreuung. Jeder Mensch hat ein Recht auf ein Sterben unter würdigen Bedingungen. Er muss darauf vertrauen können, dass er in seiner letzten Lebensphase mit seinen Vorstellungen, Wünschen und Werten respektiert wird und dass Entscheidungen unter Achtung seines Willens getroffen werden.[227]

- Ergänzend wird auf die Darstellung der »Sterbehilfe« im Kapitel CE 06 C verwiesen: (▶ Kap. CE 06 C 1)

2 Betreuungsrecht

2.1 Geschichtlicher Hintergrund

Im Vordergrund des Betreuungsrechts steht das Wohl des Betroffenen und der Wille, dem kranken und/oder Menschen mit Behinderung Hilfestellung zu geben. Die Personensorge, d. h. die persönliche Betreuung, soll ein erhebliches Gewicht haben. Die rechtliche Betreuung soll dem Schutz und der Hilfe von Erwachsenen dienen. Sie stellt den Ersatz für die bis Ende 1991 mögliche Vormundschaft und Gebrechlichkeitspflegschaft dar. Ziel des Gesetzgebers war, die Rechte von (psychisch) kranken und behinderten Menschen zu verbessern. Nach der amtlichen Begründung zum Betreuungsrecht sollen Rechtseingriffe nur noch dort erfolgen, wo sie unausweichlich sind.[228]

---

227 Charta, S. 10
228 BT-Drucksache 11/4528, S. 52

2.2 Voraussetzungen »rechtliche« Betreuung

Voraussetzung der Betreuung ist nach (§ 1896 BGB) eine

- psychische Krankheit oder eine geistige, seelische oder körperliche Behinderung,
- aufgrund derer die eigenen Angelegenheiten nicht mehr besorgt werden können.

Die Krankheit oder Behinderung allein führt aber noch nicht zur Bestellung eines Betreuers, denn zusätzlich muss es dem (psychisch) kranken oder behinderten Menschen unmöglich sein, seine (rechtlichen) Angelegenheiten selbst zu erledigen. Es muss folglich immer die Unfähigkeit zur Besorgung der Angelegenheiten zu den gesundheitlichen Einschränkungen hinzukommen.

Die Bestellung des Betreuers darf nur zusätzlich dann erfolgen, sofern eine Besorgung der Angelegenheiten nicht auf eine andere Weise, beispielsweise durch einen Bevollmächtigten[229] oder andere Hilfen erfolgen kann. Eine dieser denkbaren anderen Möglichkeiten ist die Vollmacht (beispielsweise Vorsorgevollmacht) für einen Familienangehörigen oder andere Personen. Nach dem Willen des Gesetzgebers soll die Betreuung gemäß den §§ 1896 ff. BGB lediglich durchgeführt werden, wenn andere Möglichkeiten nicht zur Verfügung stehen. Die Betreuung soll also das letzte Mittel zur Regelung der Angelegenheiten sein.

Zusammenfassend ist festzustellen, dass ein Betreuer bestellt wird, wenn

- ein(e) Volljährige(r)
- aufgrund einer geistigen, seelischen oder körperlichen Behinderung oder einer psychischen Erkrankung
- seine Angelegenheiten nicht selbst besorgen kann und
- keine Vollmacht oder ähnliches für diesen Fall erteilt wurde.

Die rechtliche Betreuung darf nicht für rein tatsächliche Tätigkeiten wie Körperpflege, Kochen oder ähnliches angeordnet werden, sondern nur, wenn ein gesetzlicher Vertreter oder Beistand notwendig ist. Durch eine Neuregelung des § 1896 BGB wurde ein Absatz 1 a eingefügt:

§ 1896 Abs. 1a BGB

(1a) Gegen den freien Willen des Volljährigen darf ein Betreuer nicht bestellt werden.

---

229 Zur Bevollmächtigung: (▶ Kap. CE 06 2 »Vorsorgevollmacht«)

Dadurch wird mehr als früher der Tatsache Rechnung getragen, dass auch bei einem psychisch kranken Menschen oder Menschen mit Behinderung Art. 2 GG (Persönlichkeitsrecht)[230] zu beachten ist.

2.3 Betreuungsverfahren

Der Antrag auf Bestellung eines Betreuers muss grundsätzlich vom Betroffenen selbst gestellt werden. Sofern er »seinen Willen nicht kundtun« kann, ist die Bestellung von Amts wegen erforderlich. Die Anregung, d. h. der »Antrag« dazu, kann aber auch von Familienangehörigen und sonstigen Personen (z. B. Pflegekräften, Nachbarn), also von jeder Person erfolgen.

Das Betreuungsverfahren wird vor dem Amtsgericht (dort: Betreuungsgericht) durchgeführt, in dessen Bezirk der Betroffene seinen gewöhnlichen Aufenthalt hat (§ 272, Abs. 1, Ziff. 2 FamFG). Der Betroffene ist selbst bei einer Geschäftsunfähigkeit in vollem Umfang verfahrensfähig (§ 275 FamFG), d. h. er kann selbst Anträge stellen, Rechtsmittel einlegen und Vollmachten erteilen. Es gelten im Betreuungsverfahren zwei wichtige Verfahrensgrundsätze:

- Es muss eine persönliche Anhörung erfolgen und
- ein Gutachten eingeholt werden.

Es muss beim Betroffenen im Verlauf des Verfahrens gemäß § 278 FamFG immer eine persönliche Anhörung erfolgen, damit der Richter sich einen eigenen, unmittelbaren Eindruck verschaffen kann. Dabei kann der Betroffene auch Wünsche hinsichtlich des Betreuers äußern. Die Anhörung kann gemäß § 278 Abs. 4 FamFG nur unterbleiben, wenn nach dem ärztlichen Gutachten hiervon erhebliche Nachteile für die Gesundheit des Betroffenen zu befürchten sind.

Zur Feststellung der Notwendigkeit einer rechtlichen Betreuung muss ein Sachverständigengutachten eingeholt werden (§ 280 FamFG). Ein Gutachten nach den Akten oder ein kurzes ärztliches Attest ist nicht ausreichend. Der Gutachter muss den Betroffenen selbst untersuchen, wobei zur Untersuchung eine Unterbringung angeordnet und der Betroffene bei der Weigerung zwangsweise vorgeführt werden kann.

Im Betreuungsverfahren sind auch die Eltern und der Ehegatte des Betroffenen, die Kinder, die Betreuungsbehörde sowie Vertrauenspersonen des Betreuten anzuhören. In besonderen Fällen muss vom Gericht zur Wahrung der Interessen des Betroffenen ein Verfahrenspfleger bestellt werden (§ 276 Abs. 1 FamFG). Dies gilt besonders dann, wenn die Schutzbedürftigkeit des Betroffenen groß ist, weil entweder die Angele-

---

230 Dazu ausführlich: (▶ Kap. CE 01 1)

genheit erhebliche Auswirkungen hat (z. B. Aufenthaltsbestimmung) oder die geistige Behinderung bzw. psychische Erkrankung schwer ist. Bei einer leichten Behinderung oder Erkrankung ist daher eine Pflegerbestellung nicht notwendig.[231] Sofern ein Verfahrensbevollmächtigter (z. B. Rechtsanwalt) beauftragt wird, muss kein Verfahrenspfleger bestellt werden (§ 276 Abs. 4 FamFG).

Die Entscheidung des Gerichts muss dem Betroffenen, dem Betreuer, dem Verfahrenspfleger und der Betreuungsbehörde sowie unter Umständen weiteren Behörden (z. B. Führerscheinstelle) mitgeteilt werden. Die Anordnung der Betreuung muss spätestens nach sieben Jahren überprüft werden (§ 295 Abs. 2 FamFG).

Gegen Entscheidungen des Betreuungsgerichts ist das Rechtsmittel der Beschwerde möglich. Gegen die Anordnung eines Einwilligungsvorbehalts jedoch die sofortige Beschwerde, d. h. diese muss innerhalb einer Frist von einem Monat (§ 63 Abs. 1 FamFG) zwei Wochen eingelegt werden. Sofern ein vorläufiger Einwilligungsvorbehalt (§ 300 FamFG) angeordnet wird, beträgt die Beschwerdefrist 14 Tage (§ 63 Abs. 2 FamFG). Die Beschwerde muss immer schriftlich eingelegt werden.

Die Betreuung ist unabhängig auch aufzuheben, sobald deren Voraussetzungen entfallen sind (§ 1908d Abs. 1 BGB). Die Aufhebung der Betreuung hat von Amts wegen, d. h. ohne speziellen Antrag, bei Kenntnis des Gerichts von der Besserung des Gesundheitszustandes etc. zu erfolgen.

2.4 Umfang der Betreuung

Im Rahmen der rechtlichen Betreuung werden grundsätzlich zwei Arten unterschieden.

Bei der ersten, gewissermaßen der Grundform, ändert die Betreuung nichts an der Geschäftsfähigkeit. Ist der Betreute, insbesondere bei einer Betreuung wegen einer Körperbehinderung, noch geschäftsfähig, ist der Betreuer lediglich Beistand, bei Geschäftsunfähigkeit des Betroffenen, beispielsweise einer erheblichen psychischen Erkrankung oder geistigen Behinderung, ist der Betreuer gesetzlicher Vertreter. Es werden allerdings vom Betreuungsgericht keine Beschränkungen der Geschäftsfähigkeit getroffen, sondern diese ergibt sich lediglich aus der Erkrankung oder Behinderung, die Grund für die Behinderung war.

Die zweite Art stellt die rechtliche Betreuung mit Einwilligungsvorbehalt dar. Das Betreuungsgericht kann nur einen Einwilligungsvorbehalt anordnen, wenn dies zur Abwendung einer erheblichen Gefahr für die Person oder das Vermögen des Betreuten erforderlich ist. Es

---

[231] Jürgens u. a. (1994), Rdn. 352

gilt der Grundsatz der Erforderlichkeit.[232] Dies gilt allerdings nicht bei der Gefährdung Dritter, beispielsweise potenzieller Erben.[233] Der Betreute muss dann stets die Einwilligung des Betreuers einholen, damit beispielsweise rechtsgeschäftliche Willenserklärungen (Verträge etc.) wirksam werden. Bis zur Erteilung dieser Einwilligung sind die Rechtsgeschäfte wie bei einem Minderjährigen schwebend unwirksam. Der Einwilligungsvorbehalt darf nur bestimmte Bereiche betreffen.[234] Ohne Einwilligung kann der Betreute nur Rechtsgeschäfte abschließen,

- die für ihn lediglich rechtliche Vorteile bringen (z. B. Schenkungen),
- nur geringfügige Angelegenheiten des täglichen Lebens betreffen (§ 1903 Abs. 3 BGB).
- Er kann auch über das Taschengeld oder den Barbetrag im Rahmen der Sozialhilfe (§ 35 Abs. 2 SGB XII) frei verfügen.
- und sogar heiraten und
- ein Testament machen (siehe auch unten).

Selbst wenn ein Einwilligungsvorbehalt besteht, betrifft dieser nach der Vorschrift des § 1903 Abs. 2 BGB weder Testamente noch die Eheschließung:

> (2) Ein Einwilligungsvorbehalt kann sich nicht erstrecken auf Willenserklärungen, die auf Eingehung einer Ehe oder Begründung einer Lebenspartnerschaft gerichtet sind, auf Verfügungen von Todes wegen und auf Willenserklärungen, zu denen ein beschränkt Geschäftsfähiger nach den Vorschriften des Buches vier und fünf nicht der Zustimmung seines gesetzlichen Vertreters bedarf.

§ 1903 Abs. 2 BGB

Der Betreute kann deshalb grundsätzlich heiraten und auch ein Testament machen. Es muss dann in jedem Einzelfall geprüft werden, ob die Erkrankung oder Behinderung, die Grundlage der Betreuung ist, welche die Testierfähigkeit oder Ehefähigkeit ausschließt. Die Ehefähigkeit wird nach allgemeinem Recht (§ 1304 BGB) beurteilt. Eine Betreuung verhindert daher grundsätzlich nicht die Heirat. Der Standesbeamte hat nur zu prüfen, ob keine Geschäftsunfähigkeit vorliegt, im Falle der Heirat prüft daher der Standesbeamte, ob Ehefähigkeit vorliegt. Maßgebend ist dabei allein der Grad der Behinderung oder das Ausmaß der psychischen Erkrankung. Der Betreute kann selbst bei einem Einwilligungsvorbehalt weiter Testamente errichten, wenn nicht

---

232 BGH, Beschl. v. 27.04.2016, AZ: XII ZB 7/16
233 Jürgens u. a. (1994), Rdn. 97
234 Schell (1992), § 1903, Anm. 1

wegen der Erkrankung oder Behinderung eine Testierunfähigkeit nach § 2229 Abs. 4 BGB vorliegt, die jedoch auf alle Personen anwendbar ist und unabhängig von einer Betreuung gilt.

Der Betreuer vertritt den Betreuten gerichtlich und außergerichtlich als gesetzlicher Vertreter, allerdings vollständig nur in den Fällen der Geschäftsunfähigkeit des Betreuten. Bei geschäftsfähigen Personen ist der Betreuer zwar auch gesetzlicher Vertreter, jedoch kann daneben der Betreute selbst wirksame Willenserklärungen abgeben[235], auch wenn diese dem Betreuer widersprechen. Dies kann in der Praxis zu doppelten und teilweise widersprüchlichen Willenserklärungen führen. Die Geschäftsfähigkeit bleibt trotz Bestellung eines Betreuers grundsätzlich erhalten, sofern sie nicht bereits vor Bestellung des Betreuers aufgrund der Erkrankung oder Behinderung eingeschränkt war oder sie durch die Anordnung eines Einwilligungsvorbehalts eingeschränkt wird.

Der Betreute kann, sofern er nicht infolge der Erkrankung oder Behinderung in seiner Geschäftsfähigkeit eingeschränkt ist, Schenkungen durchführen. Dies gilt allerdings nicht für Schenkungen an das Pflegepersonal der Einrichtung, d. h. des Heims, oder die Einrichtung selbst. Derartige Schenkungen sind durch die Ländergesetze zum Heimrecht[236] verboten.

2.5 Betreuer

Das Betreuungsrecht unterscheidet drei Arten von Betreuern:

- natürliche Person,
- Vereinsbetreuer,
- Behördenbetreuer.

Zum Betreuer ist grundsätzlich eine natürliche Person zu bestellen (§ 1897 Abs. 1 BGB). Die Wünsche des Betroffenen sind dabei zu berücksichtigen, sofern dies nicht seinem Wohl zuwiderläuft. Das Betreuungsgericht muss berücksichtigen, wenn der Betroffene eine bestimmte Person nicht zum Betreuer wünscht. Äußert der Betroffene keine Wünsche, muss das Gericht den Betreuer nach den persönlichen Bindungen auswählen, jedoch Interessenkonflikte zu vermeiden versuchen. Aus diesem Grund dürfen Pflegekräfte des Heimes, in dem sich der Betroffene befindet, nicht zu Betreuern ausgewählt werden (§ 1897 Abs. 3 BGB). Der ausgewählte Betreuer ist grundsätzlich zur Übernahme der Betreuung verpflichtet, sofern dieses ihm zugemutet werden kann. Zwangsmaßnahmen sind allerdings im Gesetz nicht vorgesehen. Bei den natürlichen Personen als Betreuer wird unterschieden zwischen

---

235 Jürgens u. a. (1994), § 1902, Rdn. 4
236 Dies z. B. durch § 16 Abs. 4 WTPG

- ehrenamtlichen Betreuern und
- Berufsbetreuern.

Der ehrenamtliche Betreuer hat nach §§ 1908i, 1835a BGB, 5 JVEG lediglich einen Anspruch auf Ersatz seiner Aufwendungen in Höhe von derzeit 399,00 Euro jährlich. Er kann somit grundsätzlich keine Vergütung beanspruchen, sodass das Amt im Regelfall ehrenamtlich zu führen ist.

Die Vorschrift des § 1836 Abs. 2 BGB sieht bei Berufsbetreuern eine Vergütung vor. Diese ist zu zahlen, wenn die Tätigkeit des Betreuers nur im Rahmen seiner Berufsausübung geführt werden kann. Dann ist eine angemessene Vergütung nach dem Zeitaufwand zu zahlen. Diese Vergütung ist in der Höhe unterschiedlich. Sie hängt von der beruflichen Vorbildung ab. Durch das »Vormünder- und Betreuervergütungsgesetz«[237] erhalten die Betreuer lediglich noch eine Vergütungspauschale mit einer festgesetzten Stundenzahl, abhängig von der bisherigen Dauer der Betreuung sowie danach, ob der Betreute zuhause oder im Heim lebt.

Ist die Betreuung durch eine natürliche Person nicht möglich, kann ein Betreuungsverein damit beauftragt werden (§ 1900 Abs. 2 BGB). Der Verein beauftragt dann mit der Durchführung einzelne Mitglieder oder sonstige Mitarbeiter.

Kann die Betreuung jedoch weder durch eine natürliche Person noch durch einen Verein erfolgen, wird die zuständige Betreuungsbehörde zum Betreuer bestellt. Die Behörde ist gegenüber dem jeweiligen Mitarbeiter, der die Betreuung durchführt, nicht weisungsbefugt.[238] Die Betreuungsbehörde ist außerdem zuständig für

- die Beratung und Fortbildung der Betreuer,
- für Ermittlungen im Auftrag des Betreuungsgerichts und
- die Auswahl neuer Betreuer.

Die Betreuungsbehörde soll von sonstigen Behörden unabhängig sein.

2.6 Aufgabenbereiche des Betreuers

Der Betreuer wird für bestimmte Aufgabenbereiche bestellt. Diese können beispielsweise sein:

- Aufenthaltsbestimmung,
- Gesundheitssorge,
- Vermögenssorge,

---

237 vom 21. April 2005 (BGBl. I S. 1073, 1076)
238 Schach, DAVorm 1989, 123; BayObLG, DAVorm 1968, 385

- Durchsetzung von Ansprüchen gegen Bevollmächtigten des Betreuten,
- Wohnungsangelegenheiten
- Rentenantragstellung und
- Schriftverkehr mit bestimmten Behörden.

Die Aufgabenbereiche des Betreuers müssen so konkret wie möglich angegeben werden.[239] Dem Betreuer darf ein Aufgabenbereich nur zugewiesen werden, sofern dies aufgrund der Erkrankung bzw. Behinderung des Betroffenen notwendig ist (§ 1896 Abs. 2 Satz 1 BGB). Der Aufgabenbereich, für den der Betreuer bestellt ist, dokumentiert selbstverständlich die Grenzen seiner Befugnisse, insbesondere im Rahmen von medizinischen Maßnahmen und dem Aufenthalt.

Das Betreuungsrecht sieht selbst in Fällen einer umfassenden Betreuung Bereiche vor, in denen der Betreuer nur mit der Genehmigung des Betreuungsgerichts tätig werden darf. Aufgrund des verfassungsrechtlichen Ranges des Post- und Fernmeldegeheimnisses darf der Betreuer nur mit betreuungsgerichtlicher Genehmigung die Post oder den Fernmeldeverkehr kontrollieren (§ 1896 Abs. 4 BGB). Der Betreuer ist ebenfalls nicht befugt, einen Telefonanschluss zu verweigern.

Das Betreuungsgericht muss außerdem die Genehmigung zu folgenden Maßnahmen erteilen:

- Untersuchung des Gesundheitszustandes (§ 1904 BGB),
- schwerwiegende ärztliche Eingriffe (§ 1904 BGB),
- Sterilisation (§ 1905 BGB),
- Auflösung der Wohnung (§ 1907 BGB),
- Geschäfte über 2 500,00 Euro (§ 1813 Abs. 1 Nr. 2 BGB) und
- Grundstücksverträge (§ 1821 BGB).

Bis zur Genehmigung durch das Betreuungsgericht wird das Rechtsgeschäft nicht wirksam.

2.7 Pflichten des Betreuers

Der Betreuer ist nach § 1901 Abs. 2 Satz 1 BGB dazu verpflichtet, die Angelegenheiten so zu regeln, wie dies dem Wohl des Betreuten entspricht. Der Betreute muss nach § 1901 Abs. 2 Satz 2 BGB die Möglichkeit haben, sein Leben selbst im Rahmen seiner geistigen und körperlichen Fähigkeiten zu gestalten. Seine Wünsche sind vom Betreuer daher grundsätzlich zu respektieren, was sich aus dem Wortlaut des § 1901 BGB ergibt:

---

239 BayObLG, R&P 1994, 195

> (1) Der Betreuer hat die Angelegenheiten des Betreuten so zu besorgen, wie es dessen Wohl entspricht. Zum Wohl des Betreuten gehört auch die Möglichkeit, im Rahmen seiner Fähigkeiten sein Leben nach seinen eigenen Wünschen und Vorstellungen zu gestalten.
> (2) Der Betreuer hat Wünschen des Betreuten zu entsprechen, soweit dies dessen Wohl nicht zuwiderläuft und dem Betreuer zuzumuten ist. […] Ehe der Betreuer wichtige Angelegenheiten erledigt, bespricht er sie mit dem Betreuten, sofern dies dessen Wohl nicht zuwiderläuft.

§ 1901 BGB

Dies gilt nach dem Gesetzeswortlaut und allgemeinem Recht lediglich dann nicht, wenn die Ausführung des Wunsches

- für den Betreuer unzumutbar ist oder
- dem Wohl des Betreuten widerspricht oder
- ein Verstoß gegen Gesetze zur Folge hätte.

Die Grenzen für die Zumutbarkeit sind weit gezogen. Eine Unzumutbarkeit liegt insbesondere nicht vor, wenn der Wunsch des behinderten oder alten Menschen den moralischen Vorstellungen des Betreuers widerspricht.

Die Verpflichtung des Betreuers, das Wohl und die Wünsche zu berücksichtigen, umfasst auch das Gespräch mit dem Betroffenen über geplante Maßnahmen. Er muss daher regelmäßig persönlichen Kontakt mit dem Betreuten aufnehmen, ihn folglich in angemessenen Abständen besuchen. Diese Regelung stellt gemeinsam mit dem wichtigen Grundsatz der Personensorge (§ 1897 BGB) eine wichtige Regelung des Betreuungsgesetzes dar. Es soll nicht die Vermögensverwaltung, sondern die persönliche Betreuung im Vordergrund stehen.

Beachtet der Betreuer seine Pflichten nicht oder ist der Betreute mit bestimmten Maßnahmen nicht einverstanden, kann der Betreute, d. h. der Heimbewohner oder Patient, beim Betreuungsgericht Beschwerde einlegen, also die Rechtmäßigkeit der Vorgehensweise des Betreuers überprüfen lassen. Dieses Recht steht selbstverständlich auch dem Pflege- und Betreuungspersonal etc. zu.

2.8 Medizinische Maßnahmen

Bei einer Heilbehandlung, einer medizinischen Maßnahme, soll der Betreuer gleichfalls die Wünsche des Betreuten berücksichtigen. Untersuchungen, Behandlungen und Eingriffe dürfen sogar nur mit der Einwilligung des Betroffenen, also des Betreuten, vorgenommen werden, wenn er trotz geistiger Behinderung oder psychischer Erkrankung einwilligungsfähig ist.[240]

Ob der Betreute einwilligungsfähig ist und deshalb eine derartige (wirksame) Einwilligung erteilen kann, hängt von dessen natürlicher Einsichts- und Steuerungsfähigkeit ab. Er hat die notwendige Einwilligungsfähigkeit, sofern er die beabsichtigten diagnostischen oder therapeutischen Maßnahmen in groben Zügen, d.h. hinsichtlich der Bedeutung und Tragweite des Eingriffs, erfassen kann.[241] Die Geschäftsfähigkeit ist dazu nicht erforderlich. Für die Einwilligungsfähigkeit sind daher geringere geistige Fähigkeiten als für die Geschäftsfähigkeit notwendig.

Wie beim Gesunden ist gleichfalls eine vorherige Aufklärung über die medizinische Maßnahme und deren Risiko erforderlich. Bei einem einwilligungsfähigen behinderten oder psychisch kranken Menschen kann nicht an seiner Stelle der Betreuer einwilligen, da es sich bei der körperlichen Unversehrtheit und dem Selbstbestimmungsrecht[242] nach Art. 2 GG um ein höchstpersönliches, verfassungsrechtlich geschütztes Rechtsgut handelt. Sofern der behinderte oder kranke Mensch die medizinische Behandlung ablehnt, müssen Maßnahmen unterlassen werden, sofern keine Lebensgefahr besteht. Bei akuter Gefahr für die Gesundheit oder das Leben des Betroffenen muss der Arzt gerufen werden.

Eine Behandlung gegen den Willen eines einwilligungsfähigen Heimbewohners bzw. Patienten stellt immer sowohl eine strafrechtliche Körperverletzung nach § 223 StGB als auch eine Verletzung der Rechtsgüter Körper und Gesundheit im Sinne des § 823 Abs. 1 BGB[243] dar. Die Zwangsbehandlung ist zusätzlich nach einer Gesetzesänderung sowie Entscheidungen des Bundesverfassungsgerichts[244] und des Bundesgerichtshofs nur unter strengen Voraussetzungen möglich. Der Bundesgerichtshof hat zu Recht darauf hingewiesen, dass die bisherigen Vorgehensweisen bzw. gesetzlichen Regelungen zur Zwangsbehandlung gegen Art. 1 und 2 GG verstoßen.[245] Nach der neuen Vorschrift des § 1906a BGB müssen bei ärztlichen Zwangsmaßnahmen folgende Voraussetzungen erfüllt sein:

§ 1906a BGB

> (1) ¹Widerspricht eine Untersuchung des Gesundheitszustands, eine Heilbehandlung oder ein ärztlicher Eingriff dem natürlichen Willen des Betreuten (ärztliche Zwangsmaßnahme), so kann der Betreuer in die ärztliche Zwangsmaßnahme nur einwilligen, wenn

---

240 Schell (1992), S. 55; Kirchhof, S. 25; Jürgens u. a. (1994), Rdn. 200; Schmidt/Böcker (1993), Rdn. 436
241 BGHZ 29, 33 = NJW 1959, 811
242 Siehe dazu auch: (▶ Kap. CE 01 1)
243 vgl. dazu auch Kapitel (▶ Kap. CE 05 A 4.2)
244 BVerfG, Beschl. v. 23.03.2011, Az.: 2 BvR 882/09
245 BGH, Beschlüsse v. 20. Juni 2012, Az.: XII ZB 99/12 = NJW 2012, S. 2967 ff

1. die ärztliche Zwangsmaßnahme zum Wohl des Betreuten notwendig ist, um einen drohenden erheblichen gesundheitlichen Schaden abzuwenden,
2. der Betreute auf Grund einer psychischen Krankheit oder einer geistigen oder seelischen Behinderung die Notwendigkeit der ärztlichen Maßnahme nicht erkennen oder nicht nach dieser Einsicht handeln kann,
3. die ärztliche Zwangsmaßnahme dem nach § 1901a zu beachtenden Willen des Betreuten entspricht,
4. zuvor ernsthaft, mit dem nötigen Zeitaufwand und ohne Ausübung unzulässigen Drucks versucht wurde, den Betreuten von der Notwendigkeit der ärztlichen Maßnahme zu überzeugen,
5. der drohende erhebliche gesundheitliche Schaden durch keine andere den Betreuten weniger belastende Maßnahme abgewendet werden kann,
6. der zu erwartende Nutzen der ärztlichen Zwangsmaßnahme die zu erwartenden Beeinträchtigungen deutlich überwiegt und

die ärztliche Zwangsmaßnahme im Rahmen eines stationären Aufenthalts in einem Krankenhaus, in dem die gebotene medizinische Versorgung des Betreuten einschließlich einer erforderlichen Nachbehandlung sichergestellt ist, durchgeführt wird.

Wichtige Voraussetzungen sind daher das Wohl des Patienten, dessen Einwilligungsunfähigkeit, ob ernsthaft versucht wurde, den Patienten zu überzeugen sowie ob der drohende erhebliche gesundheitliche Schaden durch keine weniger belastende Maßnahme abgewendet werden kann und ob der zu erwartende Nutzen der ärztlichen Zwangsmaßnahme die zu erwartenden Beeinträchtigungen deutlich überwiegt.

Es wurde im Betreuungsrecht mit § 1904 BGB eine spezielle Vorschrift geschaffen, die regelt, unter welchen Voraussetzungen der Betreuer bei einwilligungsunfähigen Behinderten oder psychisch Kranken medizinischen Maßnahmen zustimmen darf und wie weit seine Befugnisse reichen:

Die Einwilligung des Betreuers in eine Untersuchung des Gesundheitszustandes, eine Heilbehandlung oder einen ärztlichen Eingriff bedarf der Genehmigung des Betreuungsgerichts, wenn die begründete Gefahr besteht, dass der Betreute aufgrund der Maßnahme stirbt oder einen schweren und länger dauernden gesundheitlichen Schaden erleidet, also entweder die konkrete Gefahr

- des Todes oder
- schwerer gesundheitlicher Schäden

besteht. Eine betreuungsgerichtliche Genehmigung ist daher erforderlich, wenn die naheliegende Möglichkeit der Schädigung des Bewohners oder Patienten besteht. Die Gefährdung muss deshalb höher als das Durchschnittsrisiko liegen.[246] Bei Risikooperationen oder bestimmten Therapien besteht ein derartig erhöhtes Risiko. Dies gilt beispielsweise für[247]

- Intravasale Diagnostik mit Ausnahme einfacher Rechtsherzkatheteruntersuchungen, interventionelle Radiologie;
- Leberblindpunktion;
- Bronchoskopie;
- interventionelle Radiologie;
- Liquorentnahme;
- stereotaktische Punktion des Hypothalamus;
- Transplantationen von unpaaren Organen (Herz, Leber) und Knochenmark;
- radikale Eingriffe und Behandlungsmaßnahmen bei fortgeschrittenen Krebserkrankungen; systematische Chemotherapie/Bestrahlung;
- u. U. die Entfernung von inneren Organen oder Organteilen;
- Eingriffe am offenen Herzen (einschließlich Bypass-Operationen);
- gefäßchirurgische Eingriffe an großen (arteriellen) Gefäßen, z. B. Hauptschlagaderaussackungen (Aneurysmen);
- neurochirurgische Eingriffe an Gehirn und Rückenmark;
- Hysterektomie (Entfernung der Gebärmutter) wegen des Verlustes der Gebärfähigkeit als Folge des Eingriffs;
- Entfernung aller Zähne, wenn sicher ist, dass der Patient später keine Prothese tragen kann;
- Trommelfelloperation bei Gefahr des völligen Verlusts der Hörfähigkeit;
- Kehlkopfoperation bei Gefahr des Verlusts der Sprache;
- Augenoperation bei Netzhautablösung auf einem Auge und Katarakt (Grauer Star) auf dem anderen Auge;
- Entfernung eines Gehirntumors, wenn im konkreten Fall die Gefahr des Verlusts der Hörfähigkeit besteht;
- Implantation eines Herzschrittmachers bei Möglichkeit des Auftretens von Herzrhythmusstörungen schweren Grades;
- Operationen, bei denen infolge weiterer Erkrankungen ein erhöhtes Narkoserisiko besteht;
- Amputationen (streitig).

Nach einer aktuellen Entscheidung des Bundesgerichtshofs ist die Elektrokrampfbehandlung nicht genehmigungsfähig.[248]

---

246 Münchener-Kommentar/ Schwab § 1904, Rdn. 12
247 Jürgens u. a. (1994), § 1904, Rdn. 7
248 BGH, Beschl. v. 15.01.2020, Az.: XII ZB 381/19

Da der zu befürchtende Gesundheitsschaden schwer sein muss, um die Behandlung genehmigungspflichtig werden zu lassen, muss insbesondere bei

- der Gefahr des Verlustes
  - eines Körpergliedes durch Amputation,
  - eines oder beider Augen bzw. der Sehfähigkeit
  - innerer Organe oder
  - der Sprache
- oder bei einer konkreten Gefahr der
  - Lähmung
  - Entstellung oder
  - Folgeschäden

zuerst eine Genehmigung des Betreuungsgerichts erfolgen, bevor die medizinische Behandlung durchgeführt werden darf. Dies gilt nach § 1904 Abs. 5 BGB auch für den Bevollmächtigten.

Ob eine Nichtbehandlung ebenfalls als Behandlung im Sinne des § 1904 BGB aufzufassen ist und daher genehmigungspflichtig sein kann, ist streitig. Die Heilbehandlung mit Neuroleptika kann genehmigungspflichtig sein.[249] Sie ist insbesondere dann genehmigungspflichtig, sofern sie schwere und länger dauernde Schäden verursachen können.

Wegen der möglichen Folgeschäden, insbesondere der zumindest langfristig eintretenden Veränderung der Persönlichkeit, muss eine entsprechende Genehmigung gleichfalls bei der Gabe von Psychopharmaka, zumindest der Neuroleptika, erfolgen. Der Arzt hat die Pflicht, den Betreuer auf die Notwendigkeit einer betreuungsgerichtlichen Genehmigung bei einwilligungsunfähigen Personen hinzuweisen. Umgekehrt selbstverständlich ebenfalls.

Ohne die betreuungsgerichtliche Genehmigung dürfen lediglich unaufschiebbare Maßnahmen durchgeführt werden (§ 1904 Abs. 1 Satz 2 BGB).

Unabhängig davon setzen Einwilligungen des Betreuers in medizinische Maßnahmen selbstverständlich einen entsprechenden Aufgabenbereich (medizinische Behandlung) des Betreuers voraus.[250]

Nach der neueren Rechtsprechung[251] ist es grundsätzlich möglich, dass der Betreuer einem Abbruch von lebenserhaltenden bzw. verlängernden Maßnahmen mit Genehmigung des Betreuungsgerichts zustimmt, somit den Tod des Betreuten herbeiführt. Im Falle einer Patientenverfügung sogar ohne das Betreuungsgericht § 1904 Abs. 4 BGB). Näheres dazu unter Sterbehilfe[252] mit näherer Abgrenzung.

---

249 Jürgens u. a. (1994), § 1904, Rdn. 7
250 Jürgens u. a., Rdn. 199
251 OLG Frankfurt/Main in NJW 1998, S. 2747
252 (▶ Kap. CE 08 A 2.5)

Die wissenschaftliche Erprobung von Arzneimitteln am Betreuten ist in den §§ 40–42 AMG geregelt. Der Betreuer kann für den Betreuten nur unter strengen Voraussetzungen in die klinische Prüfung eines Arzneimittels einwilligen (§ 41 Abs. 3 Nr. 2 AMG).

3 Bestattungsrecht, Hospiz- und Palliativgesetz, Sterbebegleitrecht

Das Bestattungsrecht ist in der Bundesrepublik Deutschland Sache der Länder, d. h. jedes Bundesland hat ein eigenes Bestattungsgesetz. Alle deutschen Bundesländer haben jedoch ähnliche Bestattungsgesetze. Dazu gibt es Aus- und Durchführungsverordnungen mit ergänzenden Regelungen zur Bestattung.

Es besteht eine Bestattungspflicht. Bestattungspflichtig sind die nächsten Familienangehörigen, zunächst Ehegatte, Lebenspartner, Kinder und weitere Verwandte. Die Pflicht zur Bestattung besteht unabhängig von der Stellung des Erben. Dies beruht auf der gewohnheitsrechtlichen Totenfürsorgepflicht. Falls der Verstorbene keine eigene Vorsorge für den Todesfall getroffen hat, haben die Angehörigen Maßnahmen zu treffen. Die persönliche Vorsorge kann im Testament, dem Erbvertrag, in einem Bestattungsvorvertrag oder einer postmortalen Vollmacht getroffen sein.

Von der Bestattungspflicht ist die Kostentragungspflicht für die Bestattung zu unterscheiden. Diese besteht in der Verpflichtung, die Kosten zu tragen oder demjenigen zu ersetzen, der die Bestattung veranlasst hat. Diese Kostentragungspflicht kann öffentlich-rechtlich oder privatrechtlich ausgestaltet sein. So trägt gemäß § 1968 BGB »der Erbe die Kosten der Beerdigung des Erblassers«. Sind die Beerdigungskosten vom Erben nicht zu erlangen, etwa weil er sich auf die beschränkte Erbenhaftung beruft, trifft denjenigen die Kostentragungspflicht, der dem Verstorbenen gegenüber unterhaltspflichtig war (§ 1615, § 1615m BGB). Sofern eine Unterhaltspflicht nicht besteht, kann die zuständige Behörde (meist das kommunale Ordnungsamt) die bestattungspflichtigen Personen heranziehen – etwa nach einer im Wege der sogenannten Ersatzvornahme durchgeführten Bestattung.

Für den Fall, dass eine andere Person für den Tod des Verstorbenen verantwortlich war, sind Erbe oder Unterhaltspflichtiger berechtigt, von dieser Person die Bestattungskosten zurückzuverlangen (§ 844 BGB). Auf Antrag übernimmt das örtliche Sozialamt die notwendigen Kosten der Bestattung (§ 74 SGB XII). Voraussetzung ist dafür, dass die Zahlungspflichtigen die Kosten nicht übernehmen können, weil sie mittellos sind. Gegebenenfalls kann es nicht zumutbar sein, etwa aufgrund schwerer Verfehlungen des Verstorbenen dem Zahlungspflichtigen gegenüber.

4 Überlastungsanzeige

Die »Überlastungsanzeige« ist rechtlich korrekt eine »Gefährdungsanzeige zu Qualitätsmängeln« (auch: Beschwerde gem. § 84 BetrVG). Diese Gefährdungsanzeige hat die für Pflegende positive Konsequenz, dass im Falle der Schädigung eines Patienten oder Bewohners aufgrund von personellen Engpässen, also Fehlern, die nur in Folge der Überlastung der Pflegenden passieren, diese nicht haften, sondern der Träger des Krankenhauses oder Heims, also allein der Arbeitgeber.

Der jeweilige Pflegende muss sicherstellen, dass die Überlastungsanzeige der PDL oder der Krankenhaus- oder Heimleitung »zugeht« und dieser Zugang auch nachweisbar ist.

Sofern die Pflegende eine Gefährdungsanzeige abgibt, obwohl aus ihrer subjektiven Sicht lediglich eine abstrakte Gefahr bestand, rechtfertigt dies keine Abmahnung.[253] Eine Pflichtverletzung kann nur vorliegen, wenn ein Arbeitnehmer aus sachfremden Erwägungen oder geradezu leichtfertig eine Gefahr meldet, von der er annehmen musste, dass eine solche nicht vorlag.

---

253 LAG Niedersachsen, Urt. v. 12.9.2018, Az.: 14 Sa 140/18

CE 08 B Kinder, Jugendliche und ihre Familien in kritischen Lebenssituationen und in der letzten Lebensphase begleiten

- Selbstbestimmungsrecht Kinder und Jugendliche: (▶ Kap. CE 01 1.1; ▶ Kap. CE 01 3; ▶ Kap. CE 05 A 2.1)
- Menschenrechte, Ethikkodizes: (▶ Kap. CE 01 1)

1 Recht palliative Versorgung

Kontextbedingungen

- […]
- sozialrechtliche und institutionelle Bedingungen in der palliativen Versorgung von Kindern und Jugendlichen und ihren Familien.
(BIBB 2019, S. 170)

Weitere Inhalte/Wissensgrundlagen

- Entwicklungen der ambulanten und stationären palliativen Versorgung von Kindern und Jugendlichen im Sozialsystem
- spezifische Inhalte der Sozialgesetzgebung zur palliativen Versorgung von Kindern und Jugendlichen.
(BIBB 2019, S. 172)

1.1 Sozialrechtliche Grundlagen Palliativversorgung

Fraglich ist, wie die Finanzierung palliativmedizinischer Angebote in unserem Sozialleistungssystem erfolgt. Pädiatrische Palliativversorgung sollten alle Kinder und ihre Familien, die diese benötigen, erhalten, unabhängig von den finanziellen Möglichkeiten der Familie oder ihrem Krankenversicherungsstatus.

Vor allem für die palliative Versorgung zuhause, in ihrem sozialen Umfeld oder einer vertrauten Umgebung gibt es in Deutschland zwei Versorgungsstrukturen:

- die allgemeine ambulante Palliativversorgung (AAPV) und
- die spezialisierte ambulante Palliativversorgung (SAPV).

Rechtliche Grundlagen für den Aufbau der SAPV bilden:

- das Sozialgesetzbuch V, dort §§ 37b, 132d SGB V,
- die Richtlinie des Gemeinsamen Bundesausschusses zur Verordnung von Spezialisierter Ambulanter Palliativversorgung sowie
- die Empfehlungen des Spitzenverbands Bund der Krankenkassen nach § 132d SGB V zur SAPV.

Die wichtigste Rechtsgrundlage ist § 37b SGB V:

> (1) Versicherte mit einer nicht heilbaren, fortschreitenden und weit fortgeschrittenen Erkrankung bei einer zugleich begrenzten Lebenserwartung, die eine besonders aufwändige Versorgung benötigen, haben Anspruch auf spezialisierte ambulante Palliativversorgung. Die Leistung ist von einem Vertragsarzt oder Krankenhausarzt zu verordnen. Die spezialisierte ambulante Palliativversorgung umfasst ärztliche und pflegerische Leistungen einschließlich ihrer Koordination insbesondere zur Schmerztherapie und Symptomkontrolle und zielt darauf ab, die Betreuung der Versicherten nach Satz 1 in der vertrauten Umgebung des häuslichen oder familiären Bereichs zu ermöglichen; […] Versicherte in stationären Hospizen haben einen Anspruch auf die Teilleistung der erforderlichen ärztlichen Versorgung im Rahmen der spezialisierten ambulanten Palliativversorgung. Dies gilt nur, wenn und soweit nicht andere Leistungsträger zur Leistung verpflichtet sind. Dabei sind die besonderen Belange von Kindern zu berücksichtigen.
> (2) Versicherte in stationären Pflegeeinrichtungen im Sinne von § 72 Abs. 1 des Elften Buches haben […] einen Anspruch auf spezialisierte Palliativversorgung. […].

§ 36b SGB V

Die SAPV ist seit 2008 eine Leistung der gesetzlichen Krankenversicherung. Während die AAPV die Betreuung der Betroffenen durch Haus- und Fachärzte im Rahmen der normalen ambulanten Versorgung umfasst, greift SAPV dann, wenn eine besonders aufwendige Betreuung notwendig wird. Ziel ist es in beiden Fällen, Patienten mit nicht mehr heilbaren, fortschreitenden und weit fortgeschrittenen Erkrankungen zu Hause zu versorgen.

Der Gemeinsame Bundesausschuss (G-BA) hat 2008 die erste SAPV-Richtlinie verabschiedet. Dadurch wurden die Krankenkassen verpflichtet, flächendeckend Verträge für die ambulante Versorgung besonders betreuungsintensiver Patienten abzuschließen. Die Richtlinie sieht die Versorgung durch sogenannte Palliative-Care-Teams vor: Multiprofessionelle Teams mit palliativ geschulten und erfahrenen Ärzten und Pflegekräften kümmern sich um die Versorgung ihrer Palliativpatienten. Wie bei einigen anderen Leistungen auch, muss eine SAPV durch die Krankenkassen genehmigt werden. Wichtig dafür ist, dass die SAPV vom Hausarzt verordnet wird. Auch ein »Krankenhausarzt« kann SAPV verschreiben, allerdings für längstens eine Woche nach der Entlassung des Patienten. Die Krankenkasse prüft dann, ob die Voraussetzungen für die Übernahme der Kosten erfüllt sind.

Direktverträge mit SAPV-Anbietern: Für die Versorgung schließen die Krankenkassen SAPV-Verträge direkt mit Anbietern ab, die eine interdisziplinäre Versorgungsstruktur mit entsprechend qualifizierten Ärzten und Pflegekräften vorhalten und in ihre Organisation die ambulanten Hospizdienste mit einbeziehen. Die Zusammenarbeit mit dem Hospizdienst ist wichtig, weil SAPV nicht nur in einem häuslichen Umfeld erbracht wird. Lebt ein Patient in einem Hospiz, kann er auch dort Leistungen in Anspruch nehmen. Die Krankenkassen haben bei ihren Verträgen zu prüfen, ob die Leistungserbringer in der Lage sind, eine Rund-um-die-Uhr-Betreuung zu gewährleisten. Eine konkrete Organisationsstruktur für die SAPV-Anbieter ist jedoch nicht vorgegeben. Auch muss SAPV nicht immer die vollständige Betreuung des Patienten umfassen.

Trotz der Richtlinie und der Förderung lief der Ausbau der SAPV bisher nur sehr schleppend an: Ende 2010 hatten die Kassen zwar 119 Verträge geschlossen und in einem Jahr fast 29 000 SAPV-Verordnungen abgerechnet. Eine flächendeckende Versorgung ist aber immer noch nicht erreicht.

1.2 Palliativversorgung Kinder/Jugendliche

Unter Palliativversorgung von Kindern und Jugendlichen versteht man die aktive und umfassende Versorgung. Diese berücksichtigt Körper, Seele und Geist des Kindes gleichermaßen und gewährleistet die Unterstützung der gesamten betroffenen Familie. Wirkungsvolle pädiatrische Palliativversorgung ist nur mit einem breiten multidisziplinären Ansatz möglich, der die Familie und alle öffentliche Ressourcen mit einbezieht. Sie kann auch bei knappen Ressourcen erfolgreich implementiert werden. Pädiatrische Palliativversorgung kann in Krankenhäusern der höchsten Versorgungsstufe, in den Kommunen und zuhause beim Patienten erbracht werden.

Die Kinderpalliativversorgung sollte sich unabhängig von der Palliativversorgung für Erwachsene entwickeln. Betroffene Kinder weisen meist ein anderes Krankheitsbild auf als erwachsene Patientinnen und Patienten. Bei Kindern und Jugendlichen handelt es sich überwiegend um lebenslimitierende, komplex chronische, genetische Erkrankungen, die einen ganz anderen Behandlungsansatz erfordern. Junge Patienten sind oftmals über Jahre hinweg palliativmedizinisch zu versorgen und zu betreuen. Auch haben Kinder und Jugendliche besondere Wünsche und Bedürfnisse. Noch mehr als in der Palliativversorgung für Erwachsene ist es daher in der Versorgung von Kindern und Jugendlichen besonders wichtig, mit der Kinderhospizversorgung zusammen zu arbeiten.

Die Weltgesundheitsorganisation (WHO) hat vor diesem Hintergrund im Jahr 1998 die Palliativversorgung im Kindesalter wie folgt definiert:

> Die Palliativversorgung von Kindern umfasst die aktive Betreuung der körperlichen, geistigen und spirituellen Bedürfnisse des Kindes vom Zeitpunkt der Diagnosestellung an und schließt die Unterstützung der Familie mit ein. Die Versorgenden müssen die körperlichen und psychosozialen Leiden des Kindes erkennen und lindern. Eine effektive Palliativversorgung benötigt einen multidisziplinären Ansatz, der die Familie einbezieht und regionale Unterstützungsangebote nutzbar macht.

Der GKV-Spitzenverband hat zusammen mit Palliativ-Verbänden etc. am 12.06.2013 eine Empfehlungen zur Ausgestaltung der Versorgungskonzeption der Spezialisierten ambulanten Palliativversorgung (SAPV) von Kindern und Jugendlichen[254] herausgegeben:

Voraussetzung für die spezialisierte Palliativversorgung durch ein SAPV-Team ist das Vorliegen einer ordnungsgemäßen ärztlichen Verordnung, die der Genehmigung durch die Krankenkasse bedarf. Die Vorlage der Verordnung wird im Einzelfall mit dem Versicherten und seinen Angehörigen geregelt, ersatzweise übernimmt das SAPV-Team die Übermittlung der Unterlagen.

2 Patientenverfügung im Kindesalter

Eines vorweg: Der Gesetzgeber hat eine Patientenverfügung von Kindern oder Jugendlichen nicht vorgesehen. Dies ergibt sich aus dem Wortlaut der einschlägigen Vorschrift des § 1901a Abs. 1 BGB:

> (1) Hat ein einwilligungsfähiger **Volljähriger** für den Fall seiner Einwilligungsunfähigkeit schriftlich festgelegt, ob er in bestimmte, zum Zeitpunkt der Festlegung noch nicht unmittelbar bevorstehende Untersuchungen seines Gesundheitszustands, Heilbehandlungen

§ 1901a Abs. 1 BGB

---

254 Empfehlungen zur Ausgestaltung der Versorgungskonzeption der SAPV von Kindern und Jugendlichen vom 12.06.2013

> oder ärztliche Eingriffe einwilligt oder sie untersagt (Patientenverfügung), [...].

Aber: Wie bereits ausgeführt,[255] können Minderjährige, zumindest ab dem 14. Lebensjahr einem medizinischen Eingriff zustimmen oder ihn ablehnen. Bereits nach einer Entscheidung des Bundesgerichtshofs vom 5.12.1958[256] ist die Einwilligung eines Minderjährigen zu einem Eingriff in seine körperliche Unversehrtheit (Operation) rechtswirksam, wenn »der Minderjährige nach seiner geistigen und sittlichen Reife die Bedeutung und Tragweite des Eingriffs und seiner Gestattung zu ermessen vermag.« Dies gilt im Normalfall ab dem 14. Lebensjahr, unter Umständen bereits früher.

Das elterliche Recht der Personensorge steht der Einwilligung oder der Verweigerung dann nicht entgegen, wenn dies nicht dem Kindeswohl entspricht.[257] Dies bedeutet, dass Jugendliche und in Einzelfällen auch Kinder (nach meiner Ansicht ab dem siebten Lebensjahr) durch eine »mündliche Patientenverfügung« bestimmen, welche medizinischen Maßnahmen sie wollen oder nicht. Dies entspricht der Tatsache, dass auch bei Kindern und Jugendlichen die Grundrechte der Menschenwürde und des Persönlichkeitsrechts zu beachten sind. Daran ändert auch das Elternrecht aus Art. 6 Abs. 2 GG nichts.

Aus obigen Gründen sollten auch Minderjährige eine »Patientenverfügung« mit ihren Behandlungswünschen schriftlich verfassen. Eltern können ein entsprechendes Schriftstück mit dem Kind bzw. dem Jugendlichen in Absprache mit den Ärzten erstellen. Das Schriftstück sollte so konkret wie möglich formuliert werden. Es sollte auch beinhalten, warum man verschiedene Maßnahmen möchte oder ablehnt – und die bisherige Krankheitsgeschichte kurz zusammenfassen.

Sofern Eltern der Behandlungserklärung eines Minderjährigen widersprechen und den Arzt anweisen, sich über die Entscheidung des Minderjährigen hinwegzusetzen, muss das Familiengericht unter Berücksichtigung des Kindswohls entscheiden.

---

255 (▶ Kap. CE 01 1; ▶ Kap. CE 05 A2 1 »Selbstbestimmungsrecht«)
256 BGH, Urt. v. 05.12.1958, Az.: VI ZR 266/57 = BGHZ 29, 33
257 Dazu ausführlich: (▶ Kap. CE 04 A 5)

CE 08 C Alte Menschen in kritischen Lebenssituationen und in der letzten Lebensphase begleiten

- Selbstbestimmungsrecht alter Menschen: (▶ Kap. CE 01 1)
- Menschenrechte, Ethikkodizes: (▶ Kap. CE 01 1)
- Ärztlich veranlasste Maßnahmen: (▶ Kap. CE 05 A 1)
- Ambulante und stationäre Palliativ- und Hospizversorgung: (▶ Kap. CE 08 B 1)
- Patientenverfügung, Sterbehilfe: (▶ Kap. CE 06 C 1)

CE 09 A Menschen bei der Lebensgestaltung lebensweltorientiert unterstützen

- Selbstbestimmungsrecht des zu pflegenden Menschen: (▶ Kap. CE 01 1)
- Abrechnungssysteme stationäre, teilstationäre und ambulante Pflegesektoren: (▶ Kap. CE 07 A 2)
- Delegation an Personen anderer Qualifikationsniveaus: (▶ Kap. CE 05 A 2 2)

1 Rechtliche Grundlage alternativer Wohnformen

Inhalte/Situationsmerkmale
Handlungsanlässe
[…]
3. Ausbildungsdrittel

- Unterstützungsbedarf bei der Wohnraumgestaltung und beim Wechsel der Wohnformen.
  (BIBB 2019, S. 185)

Kontextbedingungen
3. Ausbildungsdrittel

- […]
- alternative Wohnformen für Menschen unterschiedlicher Altersstufen
- rechtliche Grundlagen, finanzielle Förderung und Kostenträger der Wohnberatung sozialrechtliche Grundlagen der Pflegeberatung (SGB XI)
- […]
- interne und externe Qualitätssicherung, z. B. Heimaufsicht, MDK […]
  (BIBB 2019, S. 186)

1.1 Grundlagen Heimrecht

Alternativen Wohnformen kommen sowohl bei alten Menschen als auch bei Menschen mit Behinderung gleich welchen Alters in Betracht. Der Gesetzgeber hat mit dem Heimrecht den gesetzlichen Rahmen geschaffen. Das Heimrecht dient aufgrund seiner sozialpolitischen Zielsetzung dem Schutz der Heimbewohner und der Bewerber um einen Heimplatz. Die Interessen und Bedürfnisse der Bewohner sollen geschützt werden. Besonderen Schutz soll dabei die Würde des Menschen erfahren.[258] Dieser Schutz soll unter anderem durch folgende Instrumentarien erfolgen:

- vorbeugende Maßnahmen (z. B. Beratung, Anzeige zum Betrieb),
- Mindestanforderungen (Personal, bauliche und sachliche Ausstattung),
- Verbesserung der Rechtsstellung der Bewohner (Heimvertrag, Verbote, Information),
- Mitwirkung der Heimbewohner (z. B. Heimbeirat),
- Heimüberwachung mit Zwangsmitteln (z. B. Auflagen, Geldbußen).

Das Heimrecht wird aufgrund des zu erwartenden starken Anstieges des Anteiles älterer Menschen an der Gesamtbevölkerung und der sonstigen pflegebedürftigen Personengruppen (Schwerbehinderte, Pflegefälle aufgrund Krankheit) immer größere Bedeutung gewinnen.

Durch die Föderalismusreform im Jahr 2006 ist das Heimrecht, d. h. die Befugnis zum Erlass von Heimgesetzen, auf die Bundesländer übergegangen. Die Bundesländer haben inzwischen eigene Heimgesetze beschlossen. Der Bundestag hat allerdings 2009 neu ein Wohn- und Betreuungsvertragsgesetz (WBVG) beschlossen. Dieses regelt wie auch das alte Heimgesetz in Teilen die Vertragsgestaltung bei Heimverträgen und ähnlichem.

Das vorgenannte neue Gesetz gibt älteren, pflegebedürftigen und behinderten Menschen (Verbrauchern) bestimmte Rechte, wenn sie Verträge über die Überlassung von Wohnraum mit Pflege- oder Betreuungsleistungen abschließen. Zu den wichtigsten Vorschriften des Wohn- und Betreuungsvertragsgesetzes gehören:

- Verbraucherinnen und Verbraucher haben Anspruch auf vorvertragliche Informationen in leicht verständlicher Sprache über Leistungen, Entgelte und das Ergebnis von Qualitätsprüfungen.

---

258 Goberg (1992), S. 1

- Verträge werden grundsätzlich auf unbestimmte Zeit und schriftlich abgeschlossen. Eine Befristung ist nur zulässig, wenn sie den Interessen des Verbrauchers nicht widerspricht.
- Das vereinbarte Entgelt muss angemessen sein. Eine Entgelterhöhung ist nur unter bestimmten Voraussetzungen möglich und bedarf der Begründung.
- Bei Änderung des Pflege- oder Betreuungsbedarfs muss der Unternehmer eine entsprechende Anpassung des Vertrages anbieten. Ausnahmen bedürfen der gesonderten Vereinbarung.
- Eine Kündigung des Vertrages ist für den Unternehmer nur aus wichtigem Grund möglich. Für Verbraucher gelten besondere Kündigungsmöglichkeiten.

Das WBVG ist nach dessen § 1 Abs. 1 für Verträge anzuwenden, in welchem der »Unternehmer«, also in der Regel der Heimträger, sich zur Überlassung von Wohnraum und zur Erbringung von Pflege- oder Betreuungsleistungen verpflichtet, die der Bewältigung eines durch Alter, Pflegebedürftigkeit oder Behinderung bedingten Hilfebedarfs dienen, er also einen Heimplatz oder ähnliches zur Verfügung stellt. Dabei ist unerheblich, ob die Pflege- oder Betreuungsleistungen nach den vertraglichen Vereinbarungen vom Unternehmer zur Verfügung gestellt oder vorgehalten werden. Das Gesetz ist allerdings nicht anzuwenden, wenn der Vertrag neben der Überlassung von Wohnraum ausschließlich die Erbringung von allgemeinen Unterstützungsleistungen wie die Vermittlung von Pflege- oder Betreuungsleistungen, Leistungen der hauswirtschaftlichen Versorgung oder Notrufdienste zum Gegenstand hat.

Das Gesetz gilt neben den »klassischen« Heim bzw. stationären Wohnformen zusätzlich auch dann, wenn die vom Unternehmer zu erbringenden Leistungen Gegenstand verschiedener Verträge sind und

- der Bestand des Vertrags über die Überlassung von Wohnraum von dem Bestand des Vertrags über die Erbringung von Pflege- oder Betreuungsleistungen abhängig ist,
- der Verbraucher an dem Vertrag über die Überlassung von Wohnraum nach den vertraglichen Vereinbarungen nicht unabhängig von dem Vertrag über die Erbringung von Pflege- oder Betreuungsleistungen festhalten kann oder
- der Unternehmer den Abschluss des Vertrags über die Überlassung von Wohnraum von dem Abschluss des Vertrags über die Erbringung von Pflege- oder Betreuungsleistungen tatsächlich abhängig macht.

Der Gesetzgeber hat damit das betreute Wohnen geregelt und wollte verhindern, dass mit dem betroffenen Menschen zwar nur ein Vertrag über betreutes Wohnen abgeschlossen wird, er/sie aber gleichzeitig bei dem Anbieter des betreuten Wohnens auch einen weiteren Vertrag über die ambulante Pflege abschließen muss. Dies gilt auch, wenn die vereinbarten Leistungen von verschiedenen Unternehmern geschuldet werden und diese rechtlich oder wirtschaftlich miteinander verbunden sind.

Der Gesetzgeber wollte daher mit dem Gesetz Umgehungsversuche der Heimträger etc. verhindern. Es werden zwar Krankenhäuser, Vorsorge- und Rehabilitationskliniken, Internate sowie Einrichtungen für Kur- und Erholungsaufenthalte und Jugendhilfeeinrichtungen nach § 41 SGB VIII nicht vom neuen Wohn- und Betreuungsvertragsgesetz erfasst, jedoch darüber hinaus auch für alternative »unterstützende Wohnformen«, nämlich

- die »klassischen« stationäre Einrichtungen, also Heime im üblichen Sinn und
- ambulant betreute Wohngemeinschaften für volljährige Menschen mit Unterstützungs- und Versorgungsbedarf, also alte, psychisch kranke und behinderte Menschen.

Allerdings ist das Heimrecht nicht für »vollständig selbstverantwortete Wohngemeinschaften« anwendbar. Dies trifft beispielsweise nach dem § 2 Abs. 3 WTPG Baden-Württemberg zu, wenn

- dort nicht mehr als zwölf Personen gemeinschaftlich wohnen,
- die Eigenverantwortung und Selbstbestimmung aller Bewohner gewährleistet ist und
- sie von Dritten, insbesondere einem Leistungsanbieter, strukturell unabhängig ist. Das ist in der Regel der Fall, wenn die Bewohner
  - die Pflegedienste und Anbieter von sonstigen Unterstützungsleistungen sowie Art und Umfang der Pflege- und sonstigen Unterstützungsleistungen frei wählen können,
  - die Lebens- und Haushaltsführung selbstbestimmt gemeinschaftlich gestalten können und
  - das Hausrecht uneingeschränkt ausüben sowie
  - über die Aufnahme neuer Mitbewohner selbst entscheiden und
  - die Selbstbestimmung und Eigenverantwortlichkeit der Bewohner, die bei Aufnahme oder zu einem späteren Zeitpunkt unter rechtlicher Betreuung stehen oder für die eine bevollmächtigte Person handelt, durch Einbindung des jeweiligen Betreuers oder Bevollmächtigten in die Alltagsgestaltung der Wohngemeinschaft gewährleistet ist.

Zusammenfassen ist festzustellen, dass für eine Wohngemeinschaft nicht das Heimrecht anwendbar ist, wenn die Bewohner selbst auswählen können, wer aufgenommen wird, selbst über einen Pflegedienst und auch über ihr Leben selbst entscheiden.

1.2 Heimrecht der Bundesländer

Die Landesheimgesetze regeln die für den Betrieb eines Heimes notwendigen Mindestanforderungen. Beispielhaft soll dazu das Heimgesetz Baden-Württemberg (in der neuen Fassung ab dem 31.05.2014) herangezogen werden.

Die offizielle Bezeichnung ist »Gesetz für unterstützende Wohnformen, Teilhabe und Pflege« (Wohn-, Teilhabe- und Pflegegesetz – WTPG). Unter den neu geregelten Anwendungsbereich fallen neben den klassischen stationären Einrichtungen für Personen mit Unterstützungs- und Versorgungsbedarf sowie Menschen mit Behinderung grundsätzlich nun auch ambulant betreute Wohngemeinschaften. Ausgenommen sind davon völlig selbstverantwortete Wohngemeinschaften mit weniger als 12 Personen sowie wie bisher Krankenhäuser, Einrichtungen der Tages- und Nachtpflege, Kurzzeiteinrichtungen und Angebote der medizinischen und beruflichen Rehabilitation (§ 2 Abs. 4, 5, 7, 8 WTPG). Zusätzlich macht das Gesetz in § 2 Abs. 6 WTPG Ausnahmen von der Anwendung für betreutes Wohnen für volljährige Menschen mit Behinderungen oder psychischen Erkrankungen, wenn neben der Wohnraumüberlassung die Unterstützungsleistungen und Betreuungsleistungen frei wählbar sind, diese keine umfassende Versorgung darstellen und sie nicht mit der Wohnraumüberlassung vertraglich verbunden sind.

Bewohner und deren Angehörige bzw. Betreuer haben Anspruch auf Beratung durch die Heimaufsicht (§ 7 WTPG).

Wie auch nach Bundesrecht muss der Heimträger die Leistungen aufschlüsseln und auf Antrag Einsicht in die relevanten Unterlagen gewähren (§ 8 WTPG). Der Träger muss außerdem die Prüfberichte der Heimaufsicht gut sichtbar im Heim aushängen (§ 8 Abs. 2 WTPG).

Die Bewohner haben ein Recht auf Mitwirkung, dies insbesondere durch einen Bewohnerbeirat (§ 9 WTPG). Falls dies nicht möglich, soll ein Fürsprechergremium bestellt werden.

Im § 10 WTPG sind die Anforderungen an den Betrieb einer stationären Einrichtung genannt, diese sind unter anderem:

- Qualifizierte Leitungsfunktionen im erforderlichen Umfang.
- Leistungen durch den Träger und die Leitung nach dem jeweils allgemein anerkannten Stand fachlicher Erkenntnisse.
- Schutz von Würde, Privatheit sowie die Interessen und Bedürfnisse volljähriger Menschen mit Pflege- und Unterstützungsbedarf oder mit Behinderungen als Bewohner.
- Wahrung der Selbständigkeit, Selbstbestimmung und der gleichberechtigten Teilhabe am Leben in und an der Gesellschaft sowie Förderung der Lebensqualität der Bewohner.

- Achtung der kulturellen Herkunft sowie der religiösen, weltanschaulichen und sexuellen Orientierung und Berücksichtigung geschlechtsspezifischer Belange.
- Sicherung der angemessenen Qualität der Betreuung und der Verpflegung der Bewohner in der stationären Einrichtung sowie Sicherstellung einer angemessenen ärztlichen und gesundheitlichen Betreuung beitragen.
- Gewährleistung einer humanen und aktivierenden Pflege unter Achtung der Menschenwürde und Durchführung der Pflege entsprechend dem allgemein anerkannten Stand medizinisch-pflegerischer Erkenntnisse.
- Förderung der Eingliederung in die Gesellschaft bei Menschen mit Behinderungen.
- Erbringung einer angemessenen Qualität des Wohnens und der hauswirtschaftlichen Versorgung.
- Sicherstellung der Pflegeplanung für pflegebedürftige Bewohner sowie Förderplänen für Menschen mit Behinderung und Dokumentation von deren Umsetzung.
- Sicherstellung eines ausreichenden Schutzes der Bewohner vor Infektionen.
- Aufbewahrung von Arzneimitteln bewohnerbezogen und ordnungsgemäß gewährleisten sowie jährliche Schulung der in der Pflege tätigen Personen über den sachgemäßen Umgang mit Arzneimitteln, genauso wie im Umgang mit Medizinprodukten.
- Sicherstellung der Beachtung der Regelungen der aufgrund dieses Gesetzes erlassenen oder weiter geltenden Rechtsverordnungen.

Nach § 16 WTPG ist die Annahme von Geschenken und sonstigen Leistungen untersagt. Dies gilt für den Träger als auch die Pflegenden.

Die Verordnung zur Verbesserung der Wohnqualität in den Heimen Baden-Württembergs (LHeimBauVO). Diese Verordnung regelt unter anderem folgendes:

- In § 1: Die Gestaltung der Bau- und Raumkonzepte muss sich vorrangig an den Zielen der Erhaltung von Würde, Selbstbestimmung und Lebensqualität orientieren. Dies schließt das Recht auf eine geschützte Privat- und Intimsphäre der Bewohner mit ein. Dabei sollen die Heime so gestaltet werden, dass sie den Bestrebungen zur Normalisierung der Lebensumstände in stationären Einrichtungen entsprechen (§ 1 Abs. 3 LHeimBauVO).
- In § 3: Soweit Heime keine Wohnungen zur individuellen Nutzung bereitstellen, muss für alle Bewohner ein Einzelzimmer zur Verfügung stehen. Bei Zimmern in Wohngruppen muss die Zimmerfläche ohne Vorraum mindestens 14 m² oder einschließlich Vorraum mindestens 16 m² betragen.

- In § 4: Sofern nicht Wohnungen die Wohneinheiten im Heimbereich bilden, muss die Bildung von Wohngruppen möglich sein. In Wohnungen sollen nicht mehr als acht und in Wohngruppen höchstens 15 Bewohner aufgenommen werden. Es muss ein Gemeinschaftsbereich geschaffen werden, wo die Wohnfläche mindestens 5 m² pro Bewohner betragen muss. Die Heime sollen über einen ausreichend großen, geschützten und von mobilen Bewohnern selbständig nutzbaren Außenbereich (Garten, Terrasse oder Gemeinschaftsbalkon) verfügen.

Zumindest soweit das Landesgesetz keine Regelungen vorsieht, gilt das Wohn- und Betreuungsvertragsgesetz (WBVG).

Nach § 8 WBVG muss der Träger seine Leistungen, soweit ihm dies möglich ist, einem erhöhten oder verringerten Betreuungsbedarf des Bewohners anpassen und die hierzu erforderlichen Änderungen des Heimvertrags anbieten. Sowohl der Träger als auch der Bewohner können die erforderlichen Änderungen des Heimvertrags verlangen. Die Erhöhung des Entgelts kann vom Heimträger gefordert werden, wenn sich die bisherige Berechnungsgrundlage verändert und sowohl die Erhöhung als auch das erhöhte Entgelt angemessen sind. Der Bewohner muss der Erhöhung zustimmen (§ 9 WBVG).

Der Heimvertrag ist grundsätzlich unbefristet (§ 4 WBVG). Eine Befristung ist nur möglich, sofern der Bewohner nur eine vorübergehende Aufnahme wünscht. Der Bewohner kann den Heimvertrag spätestens am dritten Werktag eines Kalendermonats für den Ablauf desselben Monats schriftlich kündigen (§ 11 WBVG). Er kann aus »wichtigem Grund« fristlos kündigen, wenn ihm die Fortsetzung des Heimvertrags bis zum Ablauf der Kündigungsfrist nicht zuzumuten ist.

Der Heimträger hingegen kann den Heimvertrag nur aus wichtigem Grund kündigen. Ein wichtiger Grund liegt insbesondere vor, wenn

1. der Betrieb des Heims eingestellt, wesentlich eingeschränkt oder in seiner Art verändert wird und die Fortsetzung des Heimvertrags für den Träger eine unzumutbare Härte bedeuten würde,
2. der Gesundheitszustand des Bewohners sich so verändert hat, dass seine fachgerechte Betreuung in dem Heim nicht mehr möglich ist,
3. der Bewohner seine vertraglichen Pflichten schuldhaft so gröblich verletzt, dass dem Träger die Fortsetzung des Vertrags nicht mehr zugemutet werden kann, oder
4. der Bewohner
    a) für zwei aufeinander folgende Termine mit der Entrichtung des Entgelts oder eines Teils des Entgelts, der das Entgelt für einen Monat übersteigt, im Verzug ist oder
    b) in einem Zeitraum, der sich über mehr als zwei Termine erstreckt, mit der Entrichtung des Entgelts in Höhe eines Betrags in Verzug gekommen ist, der das Entgelt für zwei Monate erreicht.

Die Kündigung wegen Zahlungsverzuges wird unwirksam, sofern die Zahlung innerhalb zwei Monaten nach Eintritt der Rechtshängigkeit, also Klageerhebung, erfolgt. Die Kündigung durch den Träger muss in jedem Fall schriftlich erfolgen und begründet werden. Das Heimverhältnis endet allerdings automatisch mit dem Tod des Bewohners. Es kann jedoch schriftlich vereinbart werden, dass es bis zu zwei Wochen nach dem Sterbetag fortbesteht.

In personeller Hinsicht müssen sowohl der Heimleiter als auch das sonstige Personal, wie Pflege und sonstiges Betreuungspersonal, geeignet und ausreichend qualifiziert sein (§ 10 Abs. 3 WTPG).

Wie bereits dargestellt, sieht das Heimrecht als wesentliches Element die Mitwirkung der Heimbewohner in verschiedenen Bereichen vor. Der Heimbeirat kann unter anderem bei folgenden Angelegenheiten mitwirken:

- Aufstellung/Änderung der Musterverträge für Bewohner und der Heimordnung,
- Maßnahmen zur Verhütung von Unfällen,
- Änderung der Entgelte des Heims,
- Planung und Durchführung von Veranstaltungen,
- Alltags- und Freizeitgestaltung,
- Unterkunft, Betreuung und Verpflegung,
- Erweiterung, Einschränkung oder Einstellung des Heimbetriebes,
- Zusammenschluss mit einem anderen Heim,
- Änderung der Art und des Zweckes des Heims oder seiner Teile,
- umfassende bauliche Veränderungen oder Instandsetzungen,
- Mitwirkung bei Maßnahmen zur Förderung einer angemessenen Qualität der Betreuung und
- Mitwirkung an den Vergütungsvereinbarungen und an den Leistungs-, Vergütungs- und Prüfungsvereinbarungen.

Die Mitglieder des Heimbeirates sind ehrenamtlich tätig und dürfen weder benachteiligt noch begünstigt werden. Die Heimbeiräte sind hinsichtlich der Informationen, die ihnen in Ausübung ihres Amtes bekannt werden, zur Verschwiegenheit verpflichtet.

Die Wahl des Heimbeirates erfolgt in gleicher, geheimer und unmittelbarer Wahl. Alle Bewohner, die auf Dauer in der Einrichtung leben, sind wahlberechtigt. Nur diejenigen Bewohner, die bereits seit mindestens zwei Monaten im Heim leben, sind wählbar und können als Heimbeiräte kandidieren. Personen, die geschäftsunfähig sind, können trotzdem wählen, sofern sie ihren Willen noch erkennbar ausdrücken können.[259] Da die Mitwirkung interne Angelegenheiten betrifft, muss allen Personen ein Wahlrecht zugestanden werden.[260]

---

259 Goberg (1992)
260 BR-Drucksache, Nr. 350/1976

1.3 Heimaufsicht

Der Zweck des Heimrechts, nämlich der Schutz der Interessen und Bedürfnisse der Heimbewohner soll durch die Heimaufsichtsbehörden der Bundesländer sichergestellt werden.
Diese sollen daher unter anderem

- die Einhaltung der gegenüber den Bewohnern bestehenden Pflichten kontrollieren,
- die Mitwirkung der Bewohner sichern und
- eine angemessene Qualität des Wohnens und der Betreuung sichern.

Dazu finden Regelüberprüfungen statt, wobei alle Heime einmal im Jahr von der unteren Heimaufsichtsbehörde (Land- und Stadtkreise) kontrolliert werden müssen. Diese sollen unangemeldet sein. Zusätzlich gibt es »anlassbezogene Prüfungen«. Diese bei Beschwerden von Bewohnern oder Angehörigen, bei baulichen Veränderungen oder um zu überprüfen, ob die bei der Regelüberprüfung festgestellten Mängel tatsächlich auch beseitigt worden sind.

Zusätzlich erfolgen Prüfungen durch den Medizinischen Dienst der Krankenversicherung (MDK). Aufgabe des MDK ist unter anderem die Einhaltung der pflegerischen Standards zu überprüfen, dies bei den ambulanten Pflegediensten und den Pflegeheimen. Im Fokus steht dabei, wie gut die individuelle Versorgung der Bewohnerinnen und Bewohner ist. Der MDK prüft in einer Personenstichprobe, ob medizinische Anforderungen erfüllt und Körperpflege und Ernährung angemessen sind.

Seit dem 1. November 2019 gelten für die Qualitätsprüfungen in Pflegeheimen neue Regeln, die auf einem wissenschaftlich entwickelten Qualitätssystem basieren. Dieses ersetzt dann auch das bisherige Pflegenotensystem. Zudem basiert es auf einem modernen Pflegebedürftigkeitsbegriff, der bereits Grundlage der Pflegebegutachtung des MDK ist.

2 Finanzierung alternativer Wohnformen

3. Ausbildungsdrittel

- [...]
- alternative Wohnformen für Menschen unterschiedlicher Altersstufen rechtliche Grundlagen, finanzielle Förderung und Kostenträger der Wohnberatung sozialrechtliche Grundlagen der Pflegeberatung (SGB XI) interne und externe Qualitätssicherung, z. B. Heimaufsicht, MDK [...]
(BIBB 2019, S. 186)

- Pflegeversicherung: (▶ Kap. CE 04 A 3.5)

2.1 Finanzierung einzelner Wohnformen

Die Pflegeversicherung ist grundsätzlich für die Finanzierung zuständig, gleichgültig, ob es sich um

- eine stationäre Einrichtung, also ein (Wohn)Heim,
- eine ambulant betreute Wohngemeinschaft oder
- ein betreutes Wohnen

handelt. In stationären Einrichtungen erfolgt die Finanzierung nach §§ 43 und 43b SGB XI, in stationären Einrichtungen der Behindertenhilfe (jetzt: »Besondere Wohnformen«) nach § 43a SGB XI.

In Wohngemeinschaften entsprechen die Leistungen denjenigen in einer eigenen Wohnung, also »Leistungen der häuslichen Pflege. Die Vergütung von Pflegeleistungen bei Wohngemeinschaften erfolgt also entweder nach § 37 SGB XI, als »Pflegegeld für selbst beschaffte Pflegehilfen« (beispielsweise Angehörige) oder nach § 36 SGB XI, als »Pflegesachleistung«, d.h. für die Inanspruchnahme eines Pflegedienstes. Für ambulant betreute Wohngruppen werden nach § 38a SGB XI zusätzliche Leistungen erbracht. Es wird unter anderem ein pauschaler Zuschlag in Höhe von 214,00 Euro monatlich gezahlt.

Zusätzlich können die normalen ambulanten Pflegeleistungen in Anspruch genommen werde.

- Zu den Einzelheiten: (▶ Kap. CE 05 A 2; ▶ Kap. CE 07 A 2.2)

2.2 (Finanzierung) Pflegeberatung

Jeder Bezieher von Sozialleistungen hat bereits aufgrund von § 14 SGB I den Anspruch auf Beratung durch den jeweiligen Träger der Sozialversicherung oder sonstige Sozialleistungsträger. Im Bereich der Pflegeversicherung kommt noch § 7a SGB XI hinzu:

> (1) Personen, [...] haben Anspruch auf individuelle Beratung und Hilfestellung durch einen Pflegeberater oder eine Pflegeberaterin bei der Auswahl und Inanspruchnahme von [...] Sozialleistungen sowie sonstigen Hilfsangeboten, die auf die Unterstützung von Menschen mit Pflege-, Versorgungs- oder Betreuungsbedarf ausgerichtet sind (Pflegeberatung); Anspruchsberechtigten soll durch die Pflegekassen vor der erstmaligen Beratung unverzüglich ein zustän-

§ 7a SGB XI

> diger Pflegeberater, eine zuständige Pflegeberaterin oder eine sonstige Beratungsstelle benannt werden. [...] Aufgabe der Pflegeberatung ist es insbesondere,
> 1. den Hilfebedarf unter Berücksichtigung der Ergebnisse der Begutachtung durch den Medizinischen Dienst sowie, wenn die [...] anspruchsberechtigte Person zustimmt, die Ergebnisse der Beratung in der eigenen Häuslichkeit [...] systematisch zu erfassen und zu analysieren,
> 2. einen individuellen Versorgungsplan mit den im Einzelfall erforderlichen Sozialleistungen und gesundheitsfördernden, präventiven, kurativen, rehabilitativen oder sonstigen medizinischen sowie pflegerischen und sozialen Hilfen zu erstellen,
> 3. auf die für die Durchführung des Versorgungsplans erforderlichen Maßnahmen einschließlich deren Genehmigung durch den jeweiligen Leistungsträger hinzuwirken,
> 4. [...],
> 5. [...] sowie
> 6. über Leistungen zur Entlastung der Pflegepersonen zu informieren.
> (2) Auf Wunsch [...] erfolgt die Pflegeberatung auch gegenüber ihren Angehörigen oder weiteren Personen oder unter deren Einbeziehung. [...]. Ein Versicherter kann einen Leistungsantrag nach diesem oder dem Fünften Buch auch gegenüber dem Pflegeberater oder der Pflegeberaterin stellen. Der Antrag ist unverzüglich der zuständigen Pflege- oder Krankenkasse zu übermitteln, die den Leistungsbescheid unverzüglich dem Antragsteller und zeitgleich dem Pflegeberater oder der Pflegeberaterin zuleitet.
> (3) [...]

Diese Vorschrift regelt nicht nur den Anspruch auf eine Pflegeberatung, sondern auch, dass der Berater oder die Beraterin einen Leistungsantrag auf Leistungen der Pflegeversicherung oder der Krankenversicherung entgegen nimmt sowie diesen dann unverzüglich der zuständigen Pflege- oder Krankenkasse zu übermitteln hat.

Der § 7a SGB XI begründet einen einklagbaren individuellen Rechtsanspruch auf umfassende Beratung und Hilfestellung (Pflegeberatung). Dieser Rechtsanspruch gilt für alle Personen, die Leistungen des SGB XI beziehen oder diese beantragt haben und einen erkennbaren Hilfe- und Beratungsbedarf vorweisen. Ziel der Vorschrift ist insbesondere die Einführung eines individuellen Fallmanagements im Kontext der Pflege, das über die Pflege hinaus auch andere, für die tägliche Lebensführung bei Pflegebedürftigkeit bedeutsame Bedarfe mit in den Blick nimmt. Dazu gehört etwa die Ermöglichung der Führung eines selbstbestimmten Lebens[261] oder auch die Sicherstellung einer über die Pflege hinausgehenden Betreuung. Zu den Aufgaben der Pflegeberatung nach § 7a SGB XI gehört:

- die Erfassung und Analyse des Hilfebedarfs unter Berücksichtigung der Feststellungen
- des Medizinischen Dienstes der Krankenkassen (vgl. § 7a Abs. 1 Nr. 1 SGB XI), zukünftig »Medizinischer Dienst« (MD),
- die Erstellung eines individuellen Versorgungsplans (vgl. § 7a Abs. 1 Nr. 2 SGB XI),
- die Unterstützung bei der Durchführung des Versorgungsplans (vgl. § 7a Abs. 1 Nr. 3 SGB XI),
- die Überwachung und Anpassung des Versorgungsplans (vgl. § 7a Abs. 1 Nr. 4 SGB XI) und
- bei komplexen Hilfebedarfen die Auswertung und Dokumentation des Hilfeprozesses (vgl. § 7a Abs. 1 Nr. 5 SGB XI).

Damit ist – mit Ausnahme der Auswertung und Dokumentation bei komplexen Hilfebedarfen – der Mindestumfang einer Pflegeberatung festgelegt. Die Pflegekassen sind dazu verpflichtet, den Pflegestützpunkten eine ausreichende Anzahl von Pflegeberatern zur Verfügung zu stellen und darüber Vereinbarungen zu treffen (§ 7a Abs. 4 SGB XI). Die Pflegekassen können die Aufgaben zur Durchführung der Pflegeberatung in den Pflegestützpunkten auch auf andere Leistungsträger oder deren Verbände übertragen. Die Pflegkassen haben in jedem Fall die Unabhängigkeit der Beratung sicherzustellen. »Die Pflegeberatung soll als Sachwalter der Interessen der Betroffenen fungieren«.[262]

Zusätzlich zur vorgenannten Pflegeberatung gibt es dazu noch weitere Rechtsvorschriften:

- § 37 Abs. 3 SGB XI bestimmt für die Empfänger von Pflegegeld, dass in festgelegten Abständen eine fachliche Beratung zu erfolgen hat.
- § 71 Abs. 2 Ziff. SGB XII gibt ebenfalls einen Beratungsanspruch zu Fragen der »Inanspruchnahme altersgerechter Dienste.«

2.3 Wohnberatung

Für die meisten Menschen ist ein selbstbestimmtes Leben zuhause von großer Bedeutung. Damit dies auch im Alter oder bei einer Behinderung möglich ist, sind vielfach Unterstützung und Hilfestellung erforderlich. Hier leisten die Wohnberatungsstellen eine wichtige Hilfe.

Sofern die Wohnungsanpassung durch altersbedingte Mobilitätseinschränkungen und Pflegebedürftigkeit notwendig wird, können über die Pflegeversicherung (§ 40 SGB XI) sogenannte wohnumfeldverbes-

---

261 Schiffer-Werneburg 2009 in: LPK SGB XI §7a Rz. 12
262 Schiffer-Wernerburg 2009 in: LPK SGB XI § 7a Rz. 5)

sernde Maßnahmen bzw. einen Zuschuss dafür beantragt werden. Der Zuschuss ist auf 4.000,00 Euro je Maßnahme und Pflegebedürftigen begrenzt. Leben mehrere Pflegebedürftige in einer gemeinsamen Wohnung, sind höchstens Zuschüsse für Maßnahmen zur Verbesserung des gemeinsamen Wohnumfeldes bis zu einem Gesamtbetrag von 16.000,00 Euro möglich.

Ist die Wohnungsanpassung infolge einer Krankheit, eines Unfalls oder Arbeitsunfalls erforderlich, so werden die Betroffenen bei der Wohnraumanpassung und -ausstattung in der Regel vom zuständigen Rehabilitationsträger (§ 33 SGB IX) oder dem Integrationsamt (§ 102 SGB IX) unterstützt. Dies können neben der Pflegeversicherung auch die gesetzliche Krankenversicherung, die Bundesagentur für Arbeit, die gesetzliche Unfallversicherung, die gesetzliche Rentenversicherung, die Kriegsopferversorgung und -fürsorge, die öffentliche Jugendhilfe oder die Sozialhilfe sein.

Darüber hinaus gibt es in einigen Kreisen und Gemeinden kommunale Finanzierungsprogramme für Umbau- und Anpassungsmaßnahmen sowie Wohnbaufördermittel der einzelnen Bundesländer. Förderart und Förderhöhe sind dabei unterschiedlich.

Die Wohnberatung wird sowohl von Städten und Landkreisen als auch den Wohlfahrtsverbänden oder sonstigen gemeinnützigen Organisationen durchgeführt.

CE 09 B Alte Menschen bei der Lebensgestaltung lebensweltorientiert unterstützen

- Angebote zur sozialen und kulturellen Teilhabe: (▶ Kap. CE 07 A 1; ▶ Kap. CE 07 A 4)
- Selbstbestimmung: (▶ Kap. CE 01 1)
- Delegation an Personen anderer Qualifikationsniveaus: (▶ Kap. CE 05 A 2 2)
- Alternative Wohnformen für alte Menschen, rechtliche Grundlagen, finanzielle Förderung: (▶ Kap. CE 09 A 2)
- interne und externe Qualitätssicherung, z. B. Heimaufsicht, MDK: (▶ Kap. CE 09 A 1.3)
- Pflegebedürftigkeit: sozialrechtliche Grundlagen des SGB XI: (▶ Kap. CE 04 A 3.5)

CE 09 C Entwicklung und Gesundheit in Kindheit und Jugend in pflegerischen Situationen fördern

- »Konventionen über die Rechte des Kindes«: (▶ Kap. CE 04 A 5.5)
- Macht und von Machtmissbrauch: (▶ Kap. CE 11 A 1)
- Menschenrechten, Ethikkodizes: (▶ Kap. CE 01 1)
- Anforderungen Hygiene und Infektionsprävention: (▶ Kap. CE 10 C 1)
- Berufsausübung – gesetzliche Vorgaben: (▶ Kap. CE 01 2; ▶ Kap. CE 04 A 6)
- Gesetze, Leitlinien und Chartas (UN-Kinderrechtskonvention, Kinderrechte und Schutzgesetze, Sorgerecht, Selbstbestimmungsrechte von Kindern und Jugendlichen: (▶ Kap. CE 04 B 1.5)
- Selbstbestimmung zur Teilhabe: (▶ Kap. CE 07 A 1; ▶ Kap. CE 07 A 1 4)

1 Anforderungen Hygiene, Infektionsprävention

Kompetenzen – Anlage 1 PflAPrV
Die Auszubildenden

- [...]
- beachten die Anforderungen der Hygiene und wenden Grundregeln der Infektionsprävention in den unterschiedlichen pflegerischen Versorgungsbereichen an (III.2.a).
(BIBB 2019, S. 200 f.)

In rechtlicher Hinsicht sind die Hygiene und die Infektionsprävention vor allem unter haftungsrechtlichen[263] Aspekten von Bedeutung.

Durch Krankenhausinfektionen mit gravierenden Folgen für die Patienten kann im Falle von Hygienefehlern seitens der Pflegenden de-

---

263 Zum Haftungsrecht allgemein: (▶ Kap. CE 04 A 4.2)

ren Haftung ausgelöst werden. Dies mit der Pflicht zur Zahlung von Schadensersatz und Schmerzensgeld. Die Missachtung von Hygienevorschriften stellt eine Pflichtverletzung dar, welche einen Schmerzensgeldanspruch für den Patienten auslöst.[264] Es haftet dann auch derjenige Pflegende, welcher die Vorschriften verletzt, unter Umständen allein, nicht das Krankenhaus.

Nach § 23 Abs. 3 IfSG haben die »Leiter« von Krankenhäuser, Einrichtungen für ambulantes Operieren, Vorsorge- oder Rehabilitationseinrichtungen, in denen eine den Krankenhäusern vergleichbare medizinische Versorgung erfolgt, Dialyseeinrichtungen, Tageskliniken, Entbindungseinrichtungen, Arztpraxen, Zahnarztpraxen, Praxen sonstiger humanmedizinischer Heilberufe, Einrichtungen des öffentlichen Gesundheitsdienstes, in denen medizinische Untersuchungen, Präventionsmaßnahmen oder ambulante Behandlungen durchgeführt werden, sowie ambulante Pflegedienste, die ambulante Intensivpflege in Einrichtungen, Wohngruppen oder sonstigen gemeinschaftlichen Wohnformen erbringen, sicherzustellen, dass die nach dem Stand der medizinischen Wissenschaft erforderlichen Maßnahmen getroffen werden, um nosokomiale Infektionen zu verhüten und die Weiterverbreitung von Krankheitserregern, insbesondere solcher mit Resistenzen, zu vermeiden.

Sofern nosokomiale Infektionen oder Krankheitserreger mit speziellen Resistenzen und Multiresistenzen auftreten, muss dies dokumentiert werden (§ 23 Abs. 4 IfSG).

Jede Landesregierung hat durch Rechtsverordnung für Krankenhäuser etc. die erforderlichen Maßnahmen zur Verhütung, Erkennung, Erfassung und Bekämpfung von nosokomialen Infektionen und Krankheitserregern mit Resistenzen zu regeln (§ 23 Abs. 8 IfSG). Die Landesregierungen können die Ermächtigung durch Rechtsverordnung auf andere Stellen übertragen.

Haftungsrechtlich relevant wird die Infektion dann, wenn die Hygienevorschriften nicht eingehalten wurden und so der erforderliche hygienische Standard in einer Praxis nicht eingehalten wird. Was als hygienischer Standard anzusehen ist, ergibt sich beispielsweise aus den Empfehlungen des Robert-Koch-Institutes.

Zur Infektionsprävention dürfen Krankenhäuser und Heime inzwischen personenbezogene Daten von Pflegenden zum Impfstatus erheben (§ 23a IfSG). Jeder Beschäftigte ist dann zur wahrheitsgemäßen Auskunft verpflichtet.

- Menschenrechte, Ethikkodizes etc.: (▶ Kap. CE 01 1)
- Berufsausübung nach gesetzlichen Vorgaben: (▶ Kap. CE 01 2)
- Beeinträchtigte Elternkompetenzen: (▶ Kap. CE 04 B 1)

---

264 OLG Hamm, Urt. v. 08.11.2013, Az.: 08.11.2013

- Gefahr beeinträchtigter elterlicher Fürsorge: (▶ Kap. CE 04 B 1)
- Familiäre Konflikte: (▶ Kap. CE 04 B 1)
- UN-Kinderrechtskonvention, Kinderrechte und Schutzgesetze: (▶ Kap. CE 04 B 1)
- Sorgerecht: (▶ Kap. CE 04 B 1)
- Selbstbestimmungsrecht von Kindern und Jugendlichen: (▶ Kap. CE 01 1.1; ▶ Kap. CE 04 B 1)
- Diskrepanz zwischen elterlicher Fürsorge, Selbstbestimmung von Kindern und Jugendlichen: (▶ Kap. CE 04 B 1)

CE 11 (A) Menschen mit psychischen Gesundheitsproblemen und kognitiven Beeinträchtigungen personenzentriert und lebensweltbezogen unterstützen

Kompetenzen – Anlage 1 PflAPrV
Grundlegend für das 1./2. Ausbildungsdrittel

- Die Pflege von Menschen aller Altersstufen verantwortlich planen, organisieren, gestalten, durchführen, steuern und evaluieren (I.1 a-h).

Die Auszubildenden

- [...]
- nehmen Hinweiszeichen auf mögliche Gewaltausübung wahr und geben entsprechende Beobachtungen weiter (I.2.e).
- [...]
- wahren das Selbstbestimmungsrecht des zu pflegenden Menschen, insbesondere auch, wenn dieser in seiner Selbstbestimmungsfähigkeit eingeschränkt ist (I.6.a).
- [...]
- nehmen interprofessionelle Konflikte und Gewaltphänomene in der Pflegeeinrichtung wahr und verfügen über grundlegendes Wissen zu Ursachen, Deutungen und Handhabung (III.3.c).
(BIBB 2019, S. 222)

Kompetenzen – Anlage 2 PflAPrV
Grundlegend für das 3. Ausbildungsdrittel

- [...]

Die Auszubildenden

- [...]

reflektieren Phänomene von Macht und Machtmissbrauch in pflegerischen Handlungsfeldern der Versorgung von zu pflegenden Menschen aller Altersstufen (II.1.g).
(BIBB 2019, S. 223f.)

> - Zu den interprofessionelle Konflikten wird auf die Ausführungen zum »Mobbing« verwiesen: (▶ Kap. CE 04 A 4)

1 Gewalt in der Pflege

Gewalt in der Pflege ist aus zwei Perspektiven zu betrachten:

- Einerseits als Gewalt gegen das Pflege- und Betreuungspersonal und
- andererseits als Gewalt des Personals gegen die kranken, behinderten oder alten Menschen.

1.1 Gewalt gegen das Pflegepersonal

erfolgt in der Praxis der Pflege und Betreuung beispielsweise durch Schläge, Zerren an der Kleidung, Treten, Kratzen sowie Werfen von Gegenständen, Verdrehen des Arms oder Würgeangriffe. Teilweise kommt es sogar zu Stichen oder Geiselnahmen.[265] Allen gemeinsam ist, dass entweder die körperliche Unversehrtheit des Pflegenden oder/und seine Persönlichkeit beeinträchtigt werden. Beides hat strafrechtliche und zivilrechtliche Bedeutung.

Den Mitarbeitern in der Pflege und Betreuung stehen in diesem Zusammenhang dieselben Rechte zu, wie Personen im privaten Bereich. Sie können gegenüber den Patienten oder Bewohner Schadensersatz und Schmerzensgeld fordern. Außerdem kann Strafanzeige wegen Körperverletzung, sexueller Nötigung etc. erstattet werden.

1.2 Gewalt gegen Patienten und Bewohner

Auf der anderen Seite kommt es leider in der pflegerischen Praxis des Öfteren zu Handlungen, die als »Gewalt in der Pflege« zum Nachteil des (Wohn)Heimbewohner bzw. Patienten eingeordnet werden können. Es kann immer dann von Gewalt gesprochen werden, wenn eine Person zum »Opfer« wird, d. h. vorübergehend oder dauernd daran gehindert wird, ihrem Wunsch oder ihren Bedürfnissen entsprechend zu leben. Gewalt heißt also, dass ein ausgesprochenes oder unausgesprochenes Bedürfnis des Opfers missachtet wird.[266] Dieses Vereiteln einer Lebensmöglichkeit kann durch eine Person verursacht sein oder von institutionellen oder gesellschaftlichen Strukturen ausgehen. Bei der personalen Gewalt erscheint darüber hinaus die Unterscheidung wichtig zwischen aktiver Gewaltanwendung im Sinne der Misshandlung und passiver Gewaltanwendung im Sinne der Vernachlässigung. Gewalt sollte immer aus der Sicht des geschädigten Opfers definiert wer-

---

265 Näheres dazu und zu den Ursachen in Kienzle/Kotschenreuther/Farnkopf (2020), dort Kapitel 1.
266 Ruthmann 1993, S. 14 f.

den. So kann dem Pflegepersonal Gewalt in der Pflege vorgeworfen werden bei

- Zwang eines Patienten bzw. Bewohners zur Einnahme von Medikamenten trotz vorhandener Einwilligungsfähigkeit,
- Behinderung von Patienten/Bewohnern am Verlassen der Einrichtung,
- sämtlichen freiheitsbeschränkenden Maßnahmen, insbesondere bei solchen ohne ausreichende rechtliche Grundlage[267],
- Zwang zum Essen,
- Gewaltanwendung jeglicher Art, insbesondere Körperverletzungen,
- Waschen gegen den Willen des Patienten oder Bewohners.

In haftungsrechtlicher Hinsicht können Handlungen von Pflegenden sowohl zu einer strafrechtlichen Haftung als auch zu zivilrechtlichen Ansprüchen führen. Bei letzterer werden die Rechtsgüter Körper, Gesundheit und/oder Freiheit sowie das Persönlichkeitsrecht verletzt (§ 823 Abs. 1 BGB). Ohne ausreichende Rechtfertigungsgründe[268] steht dem jeweiligen Bewohner bzw. Patienten ein Anspruch auf Schadenersatz und Schmerzensgeld zu. Von Bedeutung ist auch, dass durch viele der vorstehend beispielhaft genannten Handlungen auch sowohl die Menschwürde des zu pflegenden Menschen (Art. 1 GG) verletzt wird als auch dessen Persönlichkeitsrecht mit dem Recht auf körperliche Unversehrtheit (Art. 2 GG).

1.3 Gewalt als Straftat

Sowohl die Gewalt gegen Pflegende als auch diejenige gegen die pflegenden Menschen kann auch als Straftat eingestuft werden. Je nach Fallkonstellation sind folgende Vorwürfe einer Straftat möglich:[269]

> (1) Wer einen Menschen
> 1. in eine hilflose Lage versetzt oder
> 2. in einer hilflosen Lage im Stich lässt, obwohl er ihn in seiner Obhut hat oder ihm sonst beizustehen verpflichtet ist,
> und ihn dadurch der Gefahr des Todes oder einer schweren Gesundheitsschädigung aussetzt, wird mit Freiheitsstrafe von drei Monaten bis zu fünf Jahren bestraft.
> (2) Auf Freiheitsstrafe von einem Jahr bis zu zehn Jahren ist zu erkennen, wenn der Täter

---

267 vgl. zu FEM ausführlich: (▶ Kap. CE 06 A 1; ▶ Kap. CE 11 A 2)
268 vgl. zu den Rechtfertigungsgründen insbesondere: (▶ Kap. CE 01 2.4; ▶ Kap. CE 05 A 4.2)
269 vgl. auch zum Strafrecht allgemein: (▶ Kap. CE 01 2.4)

> 1. die Tat gegen sein Kind oder eine Person begeht, die ihm zur Erziehung oder zur Betreuung in der Lebensführung anvertraut ist, oder
> 2. durch die Tat eine schwere Gesundheitsschädigung des Opfers verursacht.
> (3) Verursacht der Täter durch die Tat den Tod des Opfers, so ist die Strafe Freiheitsstrafe nicht unter drei Jahren.
> (4) [...]

Tathandlung ist dabei das Aussetzen oder Verlassen eines anderen in hilfloser Lage, wobei sowohl das aktive Tun als auch das Unterlassen strafbar sind.

§ 223 StGB

> **Körperverletzung**
>
> (1) Wer eine andere Person körperlich misshandelt oder an der Gesundheit schädigt, wird mit Freiheitsstrafe bis zu fünf Jahren oder mit Geldstrafe bestraft.
> (2) Der Versuch ist strafbar.

Dieser Straftatbestand ist bei der körperlichen Misshandlung oder der Gesundheitsschädigung eines Menschen gleich welcher Art erfüllt. Selbst die medizinische Behandlung ist eine Körperverletzung, sofern der Betroffene nicht einwilligt. Die Einwilligung macht jede Körperverletzung, mit Ausnahme eines Verstoßes gegen die guten Sitten, nach § 228 StGB rechtmäßig:

Wer eine Körperverletzung mit Einwilligung der verletzten Person vornimmt, handelt nur dann rechtswidrig, wenn die Tat trotz der Einwilligung gegen die guten Sitten verstößt. Ansonsten hat die Einwilligung zur Folge, dass eine Bestrafung nicht möglich ist.

Der obige Körperverletzungtatbestand umfasst die »normale« Misshandlung. Bei der Herbeiführung von schweren Folgen wie

- der Verlust
  - eines wichtigen Körpergliedes,
  - des Sehvermögens,
  - des Gehörs,
  - der Sprache oder
  - der Zeugungsfähigkeit oder
- einer dauernden Entstellung,
- einem Siechtum,
- einer Lähmung oder Geisteskrankheit,

liegt nach § 226 StGB eine schwere Körperverletzung vor, und es ist eine höhere Freiheitsstrafe vorgesehen:

> (1) Hat die Körperverletzung zur Folge, dass die verletzte Person
> 1. das Sehvermögen auf einem Auge oder beiden Augen, das Gehör, das Sprechvermögen oder die Fortpflanzungsfähigkeit verliert,
> 2. ein wichtiges Glied des Körpers verliert oder dauernd nicht mehr gebrauchen kann oder
> 3. in erheblicher Weise dauernd entstellt wird oder in Siechtum, Lähmung oder geistige Krankheit oder Behinderung verfällt, [...]
> so ist die Strafe Freiheitsstrafe von einem Jahr bis zu zehn Jahren.

§ 226 StGB

Dies gilt entsprechend bei einer gefährlichen Körperverletzung mit einer Waffe, insbesondere mit einem Messer oder einem anderen gefährlichen Werkzeug, oder von mehreren gemeinsam (§ 224 StGB):

> (1) Wer die Körperverletzung
> 1. durch Beibringung von Gift oder anderen gesundheitsschädlichen Stoffen,
> 2. mittels einer Waffe oder eines anderen gefährlichen Werkzeugs,
> 3. mittels eines hinterlistigen Überfalls,
> 4. mit einem anderen Beteiligten gemeinschaftlich oder
> 5. mittels eines das Leben gefährdenden Behandlung
> begeht, wird mit Freiheitsstrafe von sechs Monaten bis zu zehn Jahren, in minder schweren Fällen mit Freiheitsstrafe von drei Monaten bis zu fünf Jahren bestraft.
> (2) Der Versuch ist strafbar.

§ 224 StGB

Auch insoweit erfolgt folglich wegen der größeren Gefahr eine höhere Bestrafung.

Ein weiterer für Pflegekräfte wichtiger Körperverletzungstatbestand ist die

Misshandlung Schutzbefohlener

§ 225 StGB

> (1) Wer eine Person unter achtzehn Jahren oder eine wegen Gebrechlichkeit oder Krankheit wehrlose Person, die
> 1. seiner Fürsorge oder Obhut untersteht,
> 2. seinem Hausstand angehört,
> 3. von dem Fürsorgepflichtigen seiner Gewalt überlassen worden oder
> 4. ihm im Rahmen eines Dienst- oder Arbeitsverhältnisses untergeordnet ist,

quält oder roh misshandelt, oder wer durch böswillige Vernachlässigung seiner Pflicht, für sie zu sorgen, sie an der Gesundheit schädigt, wird mit Freiheitsstrafe von sechs Monaten bis zu zehn Jahren bestraft.
(2) Der Versuch ist strafbar.
(3) Auf Freiheitsstrafe nicht unter einem Jahr ist zu erkennen, wenn der Täter die schutzbefohlene Person durch die Tat in die Gefahr
1. des Todes oder einer schweren Gesundheitsschädigung oder
2. einer erheblichen Schädigung der körperlichen oder seelischen Entwicklung
bringt.

Durch diese Strafvorschrift werden so genannte Wehrlose geschützt, die aufgrund eines besonderen Verhältnisses dem Täter ausgeliefert sind. Eine eventuelle Einwilligung des betroffenen Menschen, des Heimbewohners, wäre wegen Sittenwidrigkeit unwirksam.[270]

Von Bedeutung im Bereich der Pflege sind nachfolgende Straftatbestände:

§ 323c StGB

A7; 323c StGB Unterlassene Hilfeleistung

Wer bei Unglücksfällen oder gemeiner Gefahr oder Not nicht Hilfe leistet, obwohl dies erforderlich und ihm den Umständen nach zuzumuten, insbesondere ohne erhebliche eigene Gefahr und ohne Verletzung anderer wichtiger Pflichten möglich ist, wird mit Freiheitsstrafe bis zu einem Jahr oder mit Geldstrafe bestraft.

Dieser Tatbestand stellt die unterlassene Hilfe bei Notfällen unter Strafe. Die Vorschrift selbst nennt Rechtfertigungsgründe, wie eigene Gefahr oder Verletzung anderer wichtiger Pflichten.

Die letzte Strafvorschrift, die im Pflegebereich. als Gewalt, wichtig ist, ist die

Nötigung

(1) Wer einen Menschen rechtswidrig mit Gewalt oder durch Drohung mit einem empfindlichen Übel zu einer Handlung, Duldung oder Unterlassung nötigt, wird mit Freiheitsstrafe bis zu drei Jahren oder mit Geldstrafe bestraft.

---

270 Markus (1988), S. 254

> (2) Rechtswidrig ist die Tat, wenn die Anwendung der Gewalt oder die Androhung des Übels zu dem angestrebten Zweck als verwerflich anzusehen ist.
> (3) Der Versuch ist strafbar.
> (4) […].

Tathandlung ist die rechtswidrige Durchsetzung einer Handlung, Duldung oder einer Unterlassung. Dabei muss entweder Gewalt angewendet oder mit einem Übel gedroht werden. Dieser Tatbestand ist beispielsweise dann erfüllt, wenn ein Patient widerrechtlich zur Einnahme eines Medikamentes veranlasst wird. Eine Nötigung kann gleichfalls vorliegen, wenn ein Heimbewohner zum Essen oder zu einem Spaziergang gezwungen wird. Eine Nötigung liegt allerdings nicht vor, sofern Gehhilfen entfernt werden, um den Patienten im Rahmen der Therapie zum selbstständigen Laufen anzuhalten. Insoweit liegt auch keine Freiheitsberaubung vor, wenn er dazu in der Lage ist, die selbstständige Fortbewegung lediglich am fehlenden Willen scheitert.

Die Anwendung von Zwangsmitteln sollte aus obigen Gründen sowohl in der Psychiatrie als auch in der Alten- und Behindertenhilfe nur dort erfolgen, wo es entweder im Interesse des jeweiligen Bewohners oder Patienten oder zum Schutz Dritter, insbesondere auch anderer Patienten oder Heimbewohner erforderlich ist.

1.4 Aufsichtspflicht

Kompetenzen – Anlage 3 PflAPrV
Grundlegend für das 3. Ausbildungsdrittel

- Die Pflege von Kindern und Jugendlichen verantwortlich planen, organisieren, gestalten, durchführen, steuern und evaluieren (I.1 a-h).

Die Auszubildenden

- […]
- wahren das Selbstbestimmungsrecht des zu pflegenden Menschen, insbesondere auch, wenn dieser in seiner Selbstbestimmungsfähigkeit eingeschränkt ist (I.6.a).
- […]
- reflektieren sich abzeichnende oder bestehende Konflikte in pflegerischen Versorgungssituationen von Kindern und Jugendlichen und entwickeln Ansätze der Konfliktschlichtung und -lösung, auch unter Hinzuziehung von Angeboten zur Reflexion professioneller Kommunikation (II.1.f)
(BIBB 2019, S. 233)

Handlungsanlässe
[3. Ausbildungsdrittel]
Ausgewählte komplexe Pflegesituationen im Zusammenhang mit unterschiedlichen komplexen psychischen Problemlagen (z. B. Menschen mit schweren psychischen Erkrankungen und komplexem Hilfebedarf sowie Menschen in schwerwiegenden bis bedrohlichen Situationen, u. a. in Erregungszuständen, mit selbstschädigendem Verhalten, bei Angst- und Panikstörungen, Intoxikationen, krankheitsbedingter Aggression) oder fortgeschrittenen kognitiven Beeinträchtigungen und (…) sozialen und kulturellen Umfeld mit z. B. folgenden Pflegediagnosen bzw. Pflegephänomenen: herausforderndes Verhalten, Gefahr einer selbst- und/ oder fremdgefährdenden Gewalttätigkeit, Suizidgefahr, Selbstverletzung/ Selbstverletzungsgefahr, posttraumatische Reaktion.
(BIBB 2019, S. 235)

Die Betreuung von alten Menschen in stationären Einrichtungen, psychisch kranken Menschen im (Fach)Krankenhaus und Menschen in Einrichtungen der Behindertenhilfe erfordert zwar einerseits die Wahrung deren Selbstbestimmungsrechts, jedoch auch andererseits den Schutz Dritter vor Gewalt oder Schädigung auf andere Weise. Sofern sogenannte Dritte durch die Patienten oder Bewohner geschädigt werden, können nicht nur das Krankenhaus oder Heim, sondern auch die Pflegenden haften, mit der (möglichen) Pflicht zur Zahlung von Schadensersatz und Schmerzensgeld.

Beim Umgang mit Bewohnern oder Patienten, die an einer (schweren) geistigen oder seelischen Behinderung oder einer psychischen Erkrankung leiden, muss beachtet werden, dass diese einerseits besondere Aufsicht und Betreuung benötigen, jedoch auch wie jeder Mensch Inhaber von Freiheits- und Persönlichkeitsrechten sind.[271] Der behinderte oder psychisch kranke Mensch hat daher ebenso Anspruch auf die freie Entfaltung seiner Persönlichkeit nach Art. 2 Abs. 1 GG, und Beachtung seiner Menschenwürde nach Art. 1 GG.

Diese Rechte des Bewohners oder Patienten können nur dort beschränkt werden, wo eine Fremdaggression vorliegt, wenn durch ihn in die Rechte anderer eingegriffen wird, d. h. andere durch den Patienten oder Bewohner geschädigt werden. Die Freiheitsrechte des Bewohners oder Patienten finden ebenfalls dort ihre Grenze, wo er sich selbst gefährdet (Autoaggression, Suizid etc.). Maßnahmen müssen daher immer daraufhin überprüft werden, ob durch sie in zulässiger Weise in die verfassungsmäßigen Rechte eingegriffen wird bzw. zum Schutz des Betroffenen selbst bzw. anderer Personen ein Eingriff trotz der Grundrechte notwendig ist oder unverhältnismäßig die (verfassungsmäßigen) Rechte eingeschränkt werden.

Jede Pflegende sollte sich folgender Tatsache bewusst sein: Die Betreuung geistig behinderter, alter und (psychisch) kranker Menschen erfolgt auf einem schmalen Grat zwischen der Möglichkeit einer Haftung wegen unzulässiger Einschränkung der Freiheitsrechte des Be-

---

271 Dazu auch vorher: (▶ Kap. CE 1 1)

wohners oder Patienten einerseits und andererseits der Haftung wegen der Verletzung der Aufsichts- und der Betreuungspflicht mit der Folge einer Schädigung des Patienten/Bewohners bzw. Dritter, wobei Schadenersatzansprüche in Betracht kommen.

Die Aufsichtpflicht von Pflegenden besteht – entgegen (früherer und weit) verbreiteter Ansicht – nur ausnahmsweise, denn grundsätzlich ist jeder Mensch, auch der (psychisch) kranke, alte oder Mensch mit Behinderung, verpflichtet, selbst denjenigen Schaden zu erstatten, den er verursacht hat. Ein Sonderfall liegt nur bei Personen vor, die aufgrund Erkrankungen oder Behinderungen, beispielsweise einer schweren geistigen Behinderung oder einer schweren psychischen Erkrankung, nicht für die Schadensverursachung verantwortlich sind. Dann besteht eine Aufsichtspflicht, nämlich dort, wo Aufsichtsbedürftigkeit wegen einer fehlenden Deliktsfähigkeit gemäß § 827 ff. BGB anzunehmen ist:

> Wer im Zustande der Bewusstlosigkeit oder in einem die freie Willensbestimmung ausschließenden Zustande krankhafter Störung der Geistestätigkeit einem anderen Schaden zufügt, ist für den Schaden nicht verantwortlich. [...]

§ 827 BGB

Die Aufsichtsbedürftigkeit besteht folglich nur bei krankhaften Störungen der Geistestätigkeit, wobei gleichgültig ist, unter welchen medizinischen Begriff die Störung fällt. Durch die Erkrankung muss die freie Willensbestimmung ausgeschlossen sein. Dieses ist der Fall, wenn der Bewohner bzw. Patient aufgrund der psychischen Störung nicht mehr in der Lage ist, seine Entscheidungen vernünftig zu treffen. Eine Aufsichtsbedürftigkeit liegt also dann vor, wenn ein (Wohn)Heimbewohner oder Patient aufgrund einer psychischen Erkrankung nicht mehr in der Lage ist, die Auswirkungen seiner Handlungen zu erkennen und dadurch eine Selbst- bzw. Fremdschädigung befürchtet werden muss.

Es muss in jedem Einzelfall genau geprüft werden, ob tatsächlich die freie Willensbestimmung durch eine Erkrankung oder Behinderung ausgeschlossen ist und nur dann von einer Aufsichtsbedürftigkeit ausgegangen werden kann. Für die Beurteilung bieten sich verschiedene Anhaltspunkte an:

- Eintragungen in der Dokumentation, Berichtsbuch etc. über bisheriges Verhalten,
- aktuelles Verhalten (Desorientierung, Aggression),
- Einschätzung des Arztes; insbesondere in Zweifelsfällen muss das Urteil des Arztes maßgebend sein,
- bei Neuaufnahmen auch Mitteilungen von Angehörigen,

- Feststellungen in einem Gutachten im Betreuungs- oder Unterbringungsverfahren,
- Alter, insbesondere bei Kindern unter sieben Jahren.

Die rechtlichen Grundlagen der Aufsichtspflicht finden sich in § 832 Abs. 1 BGB, somit im Deliktsrecht:

§ 832 Abs. 1 BGB

> (1) Wer kraft Gesetzes zur Führung der Aufsicht über eine Person verpflichtet ist, die wegen Minderjährigkeit oder wegen ihres geistigen oder körperlichen Zustandes der Beaufsichtigung bedarf, ist zum Ersatze des Schadens verpflichtet, den diese Person einem Dritten widerrechtlich zufügt. Die Ersatzpflicht tritt nicht ein, wenn er seiner Aufsichtspflicht genügt oder wenn der Schaden auch bei gehöriger Aufsichtsführung entstanden sein würde.
> (2) Die gleiche Verantwortlichkeit trifft denjenigen, welcher die Führung der Aufsicht durch Vertrag übernimmt.

Bereits aus dem Gesetzeswortlaut ergibt sich, dass eine Verletzung der Aufsichtspflicht nur dann gegeben ist, wenn ein Dritter geschädigt wird, folglich nicht bei der Eigenschädigung des Bewohners bzw. Patienten. Dann liegt »nur« eine Verletzung der Obhuts- oder Betreuungspflicht vor. Durch diese Obhutspflicht muss das Krankenhaus oder Heim zwar die körperliche Unversehrtheit des jeweiligen Bewohners schützen, jedoch kann nicht generell, sondern nur aufgrund einer sorgfältigen Abwägung sämtlicher Umstände des jeweiligen Einzelfalls entschieden werden, welchen konkreten Inhalt die Verpflichtung hat. Grundsätzlich sind nur diejenigen Maßnahmen zum Schutz der Bewohner oder Patienten zulässig, welche nicht zu sehr in seine Grundrechte eingreifen.

Die Aufsichtspflicht kann aufgrund einer gesetzlichen Verpflichtung, beispielsweise bei Eltern gegenüber ihren Kindern bestehen. Die Aufsichtspflicht und die Obhutspflicht, somit die Verpflichtung zum Schadenersatz im Falle einer Schädigung, ergibt sich aus dem Krankenhaus- oder Heimvertrag. Der Träger hat gegenüber dem Heimbewohner bzw. Patienten in jedem Fall Schutz- und Fürsorgepflichten. Er haftet in diesem Fall auch für das schuldhafte Verhalten seiner Mitarbeiter als Erfüllungsgehilfen nach § 278 BGB.

Im Rahmen der Obhuts- oder Betreuungspflicht muss der Patient und Bewohner selbst vor Eigenschädigung geschützt werden. Für den eigenen Schaden des Bewohners, egal ob Körper- oder Sachschaden, muss über die Vorschrift des § 823 BGB Schadenersatz und Schmerzensgeld gezahlt werden, da eines der dort geschützten Rechtsgüter (Körper, Gesundheit) verletzt wurde.

Bei öffentlichen Trägern besteht die Besonderheit, dass nur der öffentliche Dienstherr, beispielsweise das Bundesland, nicht der jeweilige Mitarbeiter haftet (§ 839 BGB, Art. 34 GG). Dies gilt aber nur, sofern die jeweilige Pflegende hoheitliche Rechte ausübt, was in der Regel nur in den Psychiatrischen Zentren im Rahmen von Unterbringungen der Fall sein dürfte.

Der Träger kann als Arbeitgeber bei den Pflegekräften Rückgriff (Regress) nehmen, sofern er für eine Sorgfaltspflichtverletzung des jeweiligen Mitarbeiters bei der Aufsichtsführung haften muss (§ 840 Abs. 2 BGB). Der Regress ist jedoch in Fällen einer gefahrgeneigten Tätigkeit[272] eingeschränkt.

Zum Umfang der Aufsichtspflicht wurden durch die Rechtsprechung verschiedene Grundsätze entwickelt:

- Die von dem Bewohner ausgehende Gefahr, durch die einem Dritten ein Schaden entstanden ist, muss im Zusammenhang mit dem Betreuungsverhältnis zwischen Heim und Bewohner stehen. Wird der Bewohner anderweitig betreut, beispielsweise durch einen Familienangehörigen, haftet die Einrichtung bzw. deren Personal nicht für Schäden.
- Die Aufsichtspflichtigen haften nur dann, sofern die Gefahr, die durch den Bewohner bestand, erkennbar, d. h. vorhersehbar war. Nur dann muss der Schaden ersetzt werden, sobald die Pflegenden wussten, dass der Bewohner andere oder sich gefährden wird. Es muss dabei aber berücksichtigt werden, dass Pflegende aufgrund der Ausbildung in der Lage sein müssen, das Persönlichkeitsbild des Bewohners oder Patienten richtig einzuschätzen und Gefahren zu erkennen. Sobald jedoch bei sorgfältiger Beobachtung des Bewohners keine Gefahr erkennbar war, scheidet eine Haftung aus.
- Eine Haftung kommt schließlich nur dann in Betracht, wenn die Gefahr mit zumutbaren Mitteln hätte abgewendet werden können. Nach der Rechtsprechung ist dasjenige zumutbar, das von einem Heim- oder Krankenhausträger und seinem Personal vernünftigerweise verlangt werden kann.

Besondere Aufsichtsmaßnahmen sind bei Kindern sowie geistig behinderten oder psychisch kranken Menschen hinsichtlich des möglichen Umgangs mit Zündmitteln (Streichhölzern, Feuerzeug etc.) erforderlich, d. h. es ist eine gesteigerte Aufsichtspflicht notwendig.[273] Dies bedeutet in der Praxis, dass Patienten bzw. Bewohner gegebenenfalls durchsucht werden müssen, um ein »Zündeln« zu verhindern, d. h. eine Kontrolle dahingehend erfolgen muss, ob sie Streichhölzer, Feuerzeug etc. mitführen. Dies gilt allerdings nur für gefährdete Patienten oder Bewohner, also solche, bei denen die Gefahr einer Eigen- oder Fremdschädigung durch Feuer besteht. Zu den Sorgfaltspflichten

---

272 siehe dazu ausführlich: (▶ Kap. CE 05 A 4.4)
273 BGH, NJW 1996, S. 1404; BGH, NJW 1997, 2047

zählt in derartigen Fällen auch, dass gefährdete Bewohner und Patienten nur unter Aufsicht rauchen dürfen, in den Zimmern keine Kerzen zugelassen werden etc. Ob und gegebenenfalls welche (weiteren) Schutzmaßnahmen zu treffen waren, ist eine Frage der Abwägung im Einzelfall.[274] Bei der Abwägung sind auch die Notwendigkeit eines vertrauensvollen Verhältnisses zum Zweck der Therapie und die verfassungsmäßigen Rechte des Patienten (Menschenwürde und Persönlichkeitsrecht) zu berücksichtigen. Deshalb ist bei Maßnahmen zur Beschränkung der Grundsatz der Verhältnismäßigkeit zu beachten.

Getroffene bzw. unterlassene Maßnahmen müssen stets mit fachlicher Begründung dokumentiert werden.

1.5 Aufsichtspflicht (Suizid)

Besonderheiten bestehen bei der Gefahr eines Suizids, insbesondere in der Psychiatrie. Grundsätzlich haben Pflegende die Pflicht, die Patienten bzw. Bewohner auch vor Selbstschädigungen zu bewahren, die ihnen durch Suizidversuche drohen könnten. Notwendig ist dabei unter Umständen eine Überwachung und Sicherung des Betroffenen. Diese Pflicht besteht allerdings nach der Rechtsprechung[275] nur in den Grenzen des Erforderlichen und für das Personal, die Patienten oder Bewohner Zumutbaren. Selbst in einem Psychiatrischen Krankenhaus kann ein Suizid nicht mit absoluter Sicherheit vermieden werden. Es ist dabei gleichgültig, ob die Behandlung auf einer offenen oder geschlossenen Station durchgeführt wird. Eine lückenlose Überwachung und Sicherung, die jede noch so fernliegende Gefahrenquelle ausschalten könnte, ist unmöglich. Im zitierten Urteil des Bundesgerichtshofs wird zudem betont, dass nach moderner Auffassung gerade bei psychisch Kranken eine vertrauensvolle Beziehung und Zusammenarbeit zwischen Patient und Arzt sowie Personal auch aus therapeutischen Gründen notwendig ist. Entwürdigende Überwachungs- und Sicherungsmaßnahmen können die Therapie gefährden. Zusätzlich sind insbesondere durch das Recht zu freiheitseinschränkenden Maßnahmen[276] Grenzen gesetzt.

Sofern ein vollendeter oder versuchter Suizid erfolgt, muss geprüft werden, ob die Pflegenden vorher Anlass hatten, verstärkte Kontrollen durchzuführen.[277] Dabei ist zu berücksichtigen, ob das Pflegepersonal auf die vorangegangenen Suizidversuche reagiert hat und ob die daraufhin getroffenen Maßnahmen geeignet waren. Schließlich kann eine Haftung nur vorliegen, sofern der Suizid aufgrund eindeutiger Anzeichen vorhersehbar war.

---

274 BGH, NJW 1994, 794
275 BGH, NJW 1994, 794
276 Dazu ausführlich in: (▶ Kap. CE 11 A 2)
277 BGH, a.a.O.

Trotzdem müssen insbesondere in einem Psychiatrischen Krankenhaus, selbst bei offenen Abteilungen, derartige organisatorische Maßnahmen getroffen werden, dass kein Patient unbemerkt vom Personal seine Station oder gar das Haus verlassen kann. Dies wurde in den neun Thesen zum Problem Suizid während klinisch-psychiatrischer Therapie ausgedrückt.[278] Diese Thesen können Maßstab für die Beurteilung der Fahrlässigkeit sein. Bei schweren Suizidtendenzen (These 5) muss danach die Unterbringung auf einer geschlossenen Station erfolgen.[279]

Eine Haftung des Personals für den Suizid eines Bewohners oder Patienten kommt nur dann in Betracht, wenn Fahrlässigkeit[280] vorliegt. Diese ist, zivilrechtlich definiert als das Außerachtlassen der im Verkehr erforderlichen Sorgfalt (§ 276 BGB). Die notwendige Sorgfalt liegt vor, sofern gewissenhaft der gegenwärtige Stand der Wissenschaft und Praxis beachtet wird und dazu eine regelmäßige Fortbildung erfolgt. Pflegende müssen deshalb einen sicheren Weg, d. h. den optimalen Interessenschutz der Patienten anstreben.[281]

Ein Verstoß gegen die notwendige Sorgfalts- und damit Aufsichtspflicht bzw. Obhutspflicht liegt vor, wenn elementare Fehler unterlaufen oder die Grenzen des therapeutischen bzw. pädagogischen Ermessens überschritten werden. Es muss dabei die konkrete Suizidgefahr beachtet werden. Sofern eine erkennbare, aktuelle Suizidgefährdung oder die Gefahr des Entweichens nicht erkannt wird, haftet die betroffene Pflegekraft.[282] Bei so genannten Organisationsmängeln, insbesondere einem mangelhaften Überwachungs- und Informationsaustausch, haftet der Träger der Einrichtung oder des Krankenhauses.[283]

Eine Verletzung der Aufsichtspflichten liegt nicht vor, wenn im therapeutischen Interesse des Patienten oder Bewohners ein Freiraum gewährt und damit bewusst ein suizidales Restrisiko eingegangen wird. Es muss allerdings eine sachgerechte Risiko- und Interessenabwägung erfolgen.[284] Das Selbstbestimmungsrecht muss als Teil des Freiheitsrechts und der Menschenwürde selbst bei der Abwägung von Leben und Freiheit berücksichtigt werden. Der Lebensschutz hat zwar grundsätzlich Vorrang, jedoch darf der Suizidgefährdete nicht über längere Zeit fixiert oder in der geschlossenen Abteilung festgehalten werden, nur um jedes (theoretisch denkbare) Suizidrisiko auszuschließen. Eine geringe suizidale Gefahr muss im therapeutischen Interesse des Patien-

---

278 NStZ 1984, 108
279 OLG Köln, R&P 1993, 33; OLG Köln, VersR 1992, 577
280 Zur Fahrlässigkeit in: (▶ Kap. CE 01 2.4; ▶ Kap. CE 05 A 4.2)
281 Gropp, MedR 1994, 127 (130)
282 Gropp, a.a.O., OLG Stuttgart, VersR 1990, S. 858; OLG Braunschweig, VersR 1985, S. 576
283 BGH, VersR 1966, S. 262; OLG Frankfurt/Main, VersR 1979, S. 451; OLG Celle, AHRS Nr. 3060/13
284 Gropp, a.a.O.

ten akzeptiert werden, ohne eine Verletzung der Sorgfaltspflicht zu begehen.[285] Es gibt in der Betreuung derart gefährdeter Patienten und Bewohner das erlaubte Risiko, wonach eine Freiheitsbeschränkung bei erkennbarer Gefahr für Leib und Leben des Patienten notwendig ist, aber bei pflichtgemäßer Risikoabwägung und der Verringerung der Suizidgefahr eine Lockerung von freiheitsbeschränkenden Maßnahmen notwendig ist.[286]

Der Suizidgefährdete muss einerseits geschützt werden, andererseits hat er ein Recht auf Freiheit.[287] Wer dieses Recht widerrechtlich verletzt, kann wegen Freiheitsberaubung (§ 239 StGB) strafrechtlich zur Verantwortung gezogen werden und haftet zivilrechtlich auf Schadenersatz und Schmerzensgeld (§ 823 BGB).[288] Besondere Freiheitsrechte haben diejenigen Patienten, die sich freiwillig in die Klinik begeben haben. Denn ihr Einverständnis ist die einzige rechtliche Grundlage, Einschränkungen ihrer Bewegungsfreiheit zu legitimieren. Wird es widerrufen, muss eine richterliche Kontrolle erfolgen, d. h. ein entsprechender Antrag beim Betreuungsgericht gestellt werden.[289] Bei einer Unterbringung liegt dagegen die Befugnis der Klinik vor, notwendige Maßnahmen zum Schutz des Patienten zu ergreifen, allerdings nur die unbedingt erforderlichen.[290] Als Leitlinie kann gelten: Je konkreter und unmittelbarer die Gefahr einer Selbstschädigung des Patienten oder Bewohners ist, desto eher sind Beschränkungen der Freiheit nicht nur gerechtfertigt, sondern erforderlich.[291] Aus diesem Grund können nach Gropp[292] die Freiheitsbeschränkungen eines einsichtsfähigen Patienten oder Bewohners im therapeutischen Interesse gelockert werden, wenn

- nur eine abstrakte Suizidgefahr vorliegt, weil aktuelle schwere Suizidtendenzen oder sie begünstigende Umstände nicht zu erkennen sind,
- der Patient über seine Suizidgefährdung aufgeklärt worden ist,
- bei ihm Risikobereitschaft besteht und
- die Lockerung im Rahmen des therapeutischen Plans dokumentiert wird.

Es liegt bei Verletzung der Aufsichtspflicht unter Umständen auch zusätzlich zur zivilrechtlichen eine strafrechtliche Haftung[293] vor, beispielsweise wegen fahrlässiger Körperverletzung, Körperverletzung durch Unterlassen oder Tötung durch Unterlassen.

---

285 Gropp, a. a. O.
286 OLG Düsseldorf, VersR 1984, 193
287 Helle, MedR 1989, 133
288 OLG Köln, R&P 1993, 33 (34)
289 Gropp, a. a. O.
290 Helle, a. a. O.
291 Wolfslast, R&P 1986, 128
292 MedR 1994, 134
293 Dazu: (▶ Kap. CE 01 2.4)

2 Freiheitseinschränkung und Unterbringung

- Unterstützung und Begleitung von Maßnahmen der Diagnostik und Therapie: (▶ Kap. CE 05 A 1)
- Wissen zur Gesetzgebung im Gesundheits- und Sozialbereich: (▶ Kap. CE 04 A 2)

Handlungsanlässe
[3. Ausbildungsdrittel]
Ausgewählte komplexe Pflegesituationen im Zusammenhang mit unterschiedlichen komplexen psychischen Problemlagen (z. B. Menschen mit schweren psychischen Erkrankungen und komplexem Hilfebedarf sowie Menschen in schwerwiegenden bis bedrohlichen Situationen, u. a. in Erregungszuständen, mit selbstschädigendem Verhalten, bei Angst- und Panikstörungen, Intoxikationen, krankheitsbedingter Aggression) oder fortgeschrittenen kognitiven Beeinträchtigungen und [...] sozialen und kulturellen Umfeld mit z. B. folgenden Pflegediagnosen bzw. Pflegephänomenen: herausforderndes Verhalten, Gefahr einer selbst- und/ oder fremdgefährdenden Gewalttätigkeit, Suizidgefahr, Selbstverletzung/ Selbstverletzungsgefahr, posttraumatische Reaktion.
(BIBB 2019, S. 235)

Kontextbedingungen
1./2. Ausbildungsdrittel
Makroebene

- [...]
- spezifische gesetzliche Rahmenbedingungen (u. a. PsychKG, Betreuungsrecht, UN-Behindertenrechtskonvention).

3. Ausbildungsdrittel

- ausgewählte Leitlinien (z. B. zu freiheitseinschränkenden Maßnahmen).

- Betreuungsrecht: (▶ Kap. CE 08 A 2)

2.1 Grundlagen freiheitseinschränkender Maßnahmen (FEM)

Bei der Gefahr der Selbst- oder Fremdgefährdung ist eine Einschränkung der persönlichen Freiheit des Bewohners oder Patienten unter bestimmten Voraussetzungen zulässig. Zu diesen Freiheitsbeschränkungen zählen beispielsweise:

- Bettgitter (Seitenschutz),
- Fixierungen,
- Verschließen von Zimmer oder Station bzw. Gruppe,
- Verwendung von Trickschlössern,
- Verhindern des Ausgangs durch körperliche Gewalt oder psychischen Druck,
- die Gabe von Psychopharmaka (Sedativa),
- Steckbrett,
- Feststellen der Bremse am Rollstuhl,
- spezieller Schlafsack sowie
- die Wegnahme von Kleidung und Schuhen oder Hilfsmitteln.

Bei dem Bettgitter ist eine differenzierte Betrachtungsweise erforderlich. Es ist nicht in jedem Fall als eine freiheitsbeschränkende Maßnahme anzusehen. Entscheidend ist die Zielrichtung. Das Bettgitter ist dann nicht als freiheitsbeschränkende Maßnahme anzusehen, sofern es nur verhindern soll, dass ein pflegebedürftiger Bewohner oder Patient aus dem Bett fällt.[294] Nur wenn es verhindern soll, dass ein zu pflegender Mensch das Bett verlässt, ist es eine genehmigungspflichtige Freiheitsbeschränkung. Dies gilt entsprechend für den Bauchgurt eines Rollstuhlfahrers. Wenn ihm dadurch die Nutzung des Rollstuhls erst ermöglicht und seine Bewegungsfreiheit durch den Gurt erweitert wird, ist naturgemäß gleichfalls keine Genehmigung des Betreuungsgerichts erforderlich. Bei Einrichtungen, deren Außentüren zwar verschlossen sind, jedoch durch einen Pförtner geöffnet werden, und diese Außentüren lediglich dazu dienen, fremde Personen fernzuhalten, ist ebenfalls keine richterliche Genehmigung erforderlich.[295]

Aufgrund der Freiheitsrechte aus Art. 2 GG, die auch den behinderten oder psychisch kranken oder alten Menschen zustehen, sind freiheitsbeschränkende Maßnahmen nur in wenigen Ausnahmefällen zulässig. Länger andauernde oder wiederholte Beschränkungen, die als Freiheitsentziehung eingestuft werden können, sind nach Art. 104 GG nur mit richterlicher Genehmigung zulässig. Erfolgt eine Freiheitsentziehung ohne richterliche Genehmigung oder wird die persönliche Freiheit ansonsten in unzulässiger Weise beschränkt, liegt strafrechtlich eine Freiheitsberaubung gemäß § 239 StGB vor:

§ 239 StGB
(1) Wer widerrechtlich einen Menschen einsperrt oder auf andere Weise des Gebrauchs der persönlichen Freiheit beraubt, wird mit Freiheitsstrafe ... oder mit Geldstrafe bestraft.
(2) Wenn die Freiheitsentziehung über eine Woche gedauert hat oder wenn eine schwere Körperverletzung (§ 224) des der Freiheit Beraubten durch die Freiheitsentziehung oder die ihm während

---

294 Dodegge, MDR 1992, 437
295 Schmidt/Böcker (1993), Rdn. 260

> derselben widerfahrene Behandlung verursacht worden ist, so ist auf Freiheitsstrafe ... bis zu zehn Jahren zu erkennen.

Der Tatbestand dieser Strafvorschrift ist immer dann erfüllt, wenn eine Person widerrechtlich daran gehindert wird, von ihrer persönlichen Freiheit Gebrauch zu machen. Es ist dabei unerheblich, mit welchen Mitteln die Freiheitsbeschränkung erfolgt und ob der Bewohner oder Patient gerade davon Gebrauch machen will.

Es wird die potenzielle Bewegungsfreiheit geschützt, somit wird allein der Entzug der Gebrauchsmöglichkeit bestraft. Das Einschließen des Schlafenden ist deshalb auch eine Freiheitsberaubung, sofern er dies nicht wünscht. Eine Freiheitsberaubung kann nur nicht gegenüber Personen begangen werden, die keine eigene Selbstbestimmung über ihren Aufenthalt haben. Dazu zählen Kleinstkinder, Bewusstlose und Betrunkene[296] sowie Koma-Patienten und Personen mit schwerster geistiger und körperlicher Behinderung. Gegenüber allen anderen Personen, auch psychisch Kranken und Menschen mit Behinderung, ist eine Freiheitsberaubung gegeben, wenn der Betroffene die Fähigkeit hat, seinen Aufenthalt willkürlich zu verändern, er aber daran gehindert wird. Ob er den aktuellen Willen dazu hat, ist unerheblich.[297]

Eine Freiheitsbeschränkung in Heimen und Krankenhäusern ist nicht widerrechtlich, und es fehlt damit die Rechtswidrigkeit, wenn folgende Fälle vorliegen:

- Einwilligung des Bewohners/Patienten,
- rechtfertigender Notstand gemäß § 34 StGB oder
- richterlicher Beschluss.

Daneben existieren noch weitere Rechtfertigungstatbestände, welche aber im Bereich der Pflege und Betreuung kaum Bedeutung haben.

Unterbringungsarten bzw. Beispiele in der Pflege können sein:

- Einweisung in eine geschlossene stationäre Einrichtung,
- Einschließen im Zimmer oder
- Verhindern eines Verlassens des Hauses.

Da die persönliche Freiheit jedes Menschen grundgesetzlich mit Art. 2 GG garantiert ist, kann eine Unterbringung nur auf richterliche Anordnung erfolgen, was auch in Art. 104 GG ausdrücklich vorgesehen

---

[296] Schönke/Schröder (2001), § 239, Rdn. 3; Dreher/ Tröndle (2001), § 239, Rdn. 1
[297] Jürgens u. a. (1994), Rdn. 520

ist. Bei der Unterbringung muss hinsichtlich der Voraussetzungen und der Zuständigkeit für den Antrag zwischen der Unterbringung im Rahmen der Betreuung und derjenigen nach dem jeweiligen Landesunterbringungsgesetz unterschieden werden.

2.1.1 Einwilligung

Die Einwilligung des zu pflegenden Menschen ist ein ausreichender Rechtfertigungsgrund für freiheitsbeschränkende Maßnahmen wie Fixierungen oder Bettgitter.[298] Voraussetzung ist jedoch, dass der zu Pflegende einsichtsfähig ist. Dazu ist, wie bereits vorher dargelegt,[299] nicht die Geschäftsfähigkeit erforderlich, sondern lediglich die natürliche Einsichts- und Urteilsfähigkeit. Der zu pflegende Mensch muss in der Lage sein, wenigstens in groben Zügen die Bedeutung und Tragweite der Maßnahme, für die seine Einwilligung eingeholt wird, zu erfassen. Dies bedeutet, dass selbst bei geistig behinderten oder psychisch kranken Menschen oft eine wirksame Einwilligung für bestimmte Maßnahmen, wie beispielsweise Bettgitter oder Fixierungen im Rollstuhl, erlangt werden kann. Um entwürdigende Situationen bei den zu pflegenden Menschen zu vermeiden, sollte vor einem Antrag auf richterliche Genehmigung von Zwangsmaßnahmen der Versuch unternommen werden, von dem Betroffenen selbst die Zustimmung zu erhalten. Es entspricht zumindest der moralischen Verpflichtung eines jeden Mitarbeiters in einer Einrichtung der Behindertenhilfe oder für psychisch Kranke, die Menschenwürde und das allgemeine Persönlichkeitsrecht der zu pflegenden Menschen zu achten. Bei Bewohnern oder Patienten, mit denen keinerlei Verständigung möglich ist oder die aufgrund ihrer Erkrankung oder Behinderung nicht in der Lage sind, eine wirksame Einwilligung abzugeben, ist die Einsichts- und damit Einwilligungsfähigkeit selbstverständlich ausgeschlossen.

Sogar bei einer wirksam erteilten Einwilligung muss dem zu pflegenden Menschen jederzeit die Möglichkeit des Widerrufs dieser Einwilligung eingeräumt werden. Ein derartiger Widerruf ist grundsätzlich zu beachten, sofern nicht eine Notsituation vorliegt, d. h. eine konkrete Gefahr für den zu pflegenden Menschen oder andere Personen droht. Falls mit dem zu pflegenden Menschen selbst keine Verständigung möglich oder er nicht einwilligungsfähig ist, kann nur sein gesetzlicher Vertreter, also bei Minderjährigen die Eltern oder bei Erwachsenen der Betreuer, die Einwilligung zu (kurzfristigen) freiheitsbeschränkenden Maßnahmen erteilen. Nach § 1906 Abs. 4 BGB wird die Zustimmung des Betreuers jedoch erst nach betreuungsgerichtlicher Genehmigung wirksam. Das Betreuungsgericht muss jede Unterbringung oder unterbringungsähnliche Maßnahme genehmigen. Sonstige Personen, wie

---

[298] Schell (1992), S. 69; Jürgens u. a. (1994), Rdn. 495
[299] (▶ Kap. CE 01 1.3)

beispielsweise Angehörige, sind zur Einwilligung nicht befugt. Eine freiheitsentziehende Maßnahme, die genehmigt werden muss, liegt allerdings nur vor, sofern der Bewohner entgegen seinem natürlichen Willen daran gehindert wird, den Aufenthaltsort zu wechseln.[300] Dies bedeutet, dass der Heimbewohner oder Patient in der Lage sein muss, einen Willen dahingehend zu entwickeln, sich fortzubewegen. Fehlt ein derartiger Fortbewegungswille, ist die Zustimmung des Betreuers für freiheitsbeschränkende Maßnahmen ausreichend. Genauso ausreichend ist die Zustimmung des Betreuers zu kurzen freiheitsbeschränkenden Maßnahmen.

Sofern ein zu pflegender Mensch in freiheitsbeschränkende Maßnahmen einwilligt, ist zum haftungsrechtlichen Schutz des Pflege- und Betreuungspersonals eine sorgfältige Dokumentation wichtig.

2.1.2 Notstand

Freiheitsbeschränkungen sind ausnahmsweise und kurzfristig auch im Falle des (strafrechtlichen) rechtfertigenden Notstandes nach § 34 StGB zulässig:

> Wer in einer gegenwärtigen, nicht anders abwendbaren Gefahr für Leben, Leib, Freiheit, Ehre, Eigentum oder ein anderes Rechtsgut eine Tat begeht, um die Gefahr von sich oder einem anderen abzuwenden, handelt nicht rechtswidrig, wenn bei Abwägung der widerstreitenden Interessen, namentlich der betroffenen Rechtsgüter und des Grades der ihnen drohenden Gefahren, das geschützte Interesse das beeinträchtigte wesentlich überwiegt. Dies gilt jedoch nur, soweit die Tat ein angemessenes Mittel ist, die Gefahr abzuwenden.

§ 34 StGB

Dies gilt in Notfällen, d. h. in Situationen, in denen der zu pflegende Mensch sich selbst oder andere gefährdet. Kann die Gefährdung nur mit freiheitsbeschränkenden Maßnahmen abgewendet werden, können derartige Maßnahmen zulässigerweise ergriffen werden. Bei freiheitsbeschränkenden Maßnahmen, die mit dem rechtfertigenden Notstand nach § 34 StGB begründet werden, gilt der Grundsatz der Verhältnismäßigkeit. Es darf folglich nur eine Maßnahme ergriffen werden, die zwar geeignet ist, die Gefahr abzuwenden, jedoch so wenig wie möglich in die Freiheit des Bewohners eingreift. § 34 StGB schreibt eine Rechtsgüterabwägung vor. Dies bedeutet bei Freiheitsbeschränkungen:

---

300 OLG Hamm, FamRZ 1993, 1490

- Das zu schützende Rechtsgut muss höher zu bewerten sein als die persönliche Freiheit des Bewohners. Bei der Gefahr einer Beschädigung kann zum Beispiel eine Fixierung oder das Einschließen im Zimmer nicht damit gerechtfertigt werden, es liege ein Notstand vor.
- Auch muss beachtet werden, dass Freiheitsbeschränkungen, die mit dem rechtfertigenden Notstand begründet werden, nur für kurze Zeit zulässig sind.
- Beispiele für Situationen, die kurzfristige Maßnahmen über § 34 StGB rechtfertigen, sind
    - plötzliche Aggressionen des Bewohners, wodurch er andere Personen (auch Pflegekräfte) oder sich selbst gefährdet,
    - der Versuch eines Suizides bzw. autoaggressiver Handlungen oder
    - akute Weglaufgefahr (mit Gefährdung).

Der Notstand stellt einen strafrechtlichen Rechtfertigungsgrund[301] dar. Zivilrechtlich sind freiheitsbeschränkende Maßnahmen zum Schutz des zu pflegenden Menschen oder Dritter eine Geschäftsführung ohne Auftrag,[302] da im Interesse des Bewohners oder Patienten gehandelt wird. Dem strafrechtlichen Rechtfertigungsgrund entspricht im Zivilrecht die Geschäftsführung ohne Auftrag in §§ 677 ff. BGB, die Geschäftsführung ohne Auftrag ist somit in derartigen Fällen das Gegenstück des Notstandes. Nach § 677 BGB kann für jemanden ein »Geschäft« geführt werden ohne dessen Auftrag, sofern es dessen vermutetem Willen entspricht:

Selbst gegen den Willen des Betroffenen kann man bei »öffentlichem Interesse« tätig werden (§ 678 BGB). Deshalb kann bei Eigen- oder Fremdgefährdung des zu pflegenden Menschen grundsätzlich die notwendige Maßnahme sowohl aufgrund des Notstandes als auch der Geschäftsführung ohne Auftrag getroffen werden. Dies ist bei Fremdgefährdung unter anderem zum Schutz Dritter sogar verpflichtend, da infolge einer unterlassenen Sicherungsmaßnahme die Gefahr bzw. der Vorwurf einer Straftat wegen unterlassener Hilfeleistung (§ 323c StGB) oder Körperverletzung durch Unterlassen (§§ 223, 13 StGB) besteht bzw. der Dritte deshalb Haftungsansprüche geltend machen kann. Entsprechendes gilt bei der Eigengefährdung.

Bei Angriffen gegen das Pflege- und Betreuungspersonal oder gegen Dritte steht dem Personal zusätzlich ein Notwehrrecht aus § 32 StGB oder § 227 BGB zu.[303]

---

301 Näheres in: (▶ Kap. CE 01 2.5; ▶ Kap. CE 11 A 2.1.2)
302 Ausführlich in: (▶ Kap. CE 01 5; ▶ Kap. CE 05 A 4.2)
303 Ausführlich in Kienzle/Kotschenreuther/Farnkopf (2020), dort Teil II, Kapitel 2.1

Bei der Durchführung der Fixierung können sich haftungsrechtliche Probleme bei Tod oder Schädigung des zu pflegenden Menschen in der Fixierung ergeben. Grundsätzlich muss, insbesondere bei manischen Patienten oder bei starken Aggressionen eine ständige optische Kontrolle erfolgen, sofern keine medikamentöse Sedierung möglich ist. Der Betroffene muss ständig überwacht werden, um Gefährdungen zu verhindern.[304] Die Fixierung soll unter anderem aus diesem Grund das letzte Mittel darstellen und eine sorgfältige Abwägung der Risiken durch den Arzt erfolgen, der die Anordnung zu treffen hat.

Zur Fixierung hat das Bundesverfassungsgericht in einer aktuellen Entscheidung[305] seiner Rechtsprechung konkretisiert. Das Gericht hat noch einmal darauf hingewiesen, dass die Fixierung eines Patienten einen Eingriff in dessen Grundrecht auf Freiheit der Person (Art. 2 Abs. 2 Satz 2 i. V. m. Art. 104 GG) darstellt. Weiter führt das Bundesverfassungsgericht aus, dass es sich sowohl bei einer 5-Punkt- als auch bei einer 7-Punkt-Fixierung von nicht nur kurzfristiger Dauer um eine Freiheitsentziehung handelt, die von einer richterlichen Unterbringungsanordnung nicht gedeckt ist. Dies bedeutet nach diesem Urteil, dass eine Fixierung dieser Art von mehr als einer halben Stunde extra richterlich genehmigt werden muss. Die Amtsgerichte müssen dazu einen täglichen richterlichen Bereitschaftsdienst im Zeitraum von 6:00 Uhr bis 21:00 Uhr sicherstellen. Entgegen einer verbreiteten (falschen) Auffassung gilt dieses Urteil nicht für »normale« Fixierungen. Bei diesen gilt immer noch die Höchstdauer von 24 Stunden.

2.1.3 Richterlicher Beschluss

Bei längeren Zeiträumen muss ohne die Einwilligung des zu pflegenden Menschen immer eine richterliche Genehmigung entweder nach § 1906 BGB im Rahmen der Betreuung[306] 42 oder aufgrund eines Unterbringungsgesetzes erfolgen.

Für einen derartigen richterlichen Beschluss gibt es im Umgang mit (psychisch) kranken oder (geistig) behinderten Menschen zwei rechtliche Grundlagen:

(1) Unterbringung nach dem Betreuungsrecht

Nach § 1906 BGB sind Unterbringung und sonstige freiheitsbeschränkende Maßnahmen zum Wohl des Bewohners oder Patienten im Rahmen der Betreuung auf Antrag des Betreuers mit Genehmigung des Betreuungsgerichts möglich:

---

304 OLG Köln, in R&P 1993, 81
305 BVerfG, Urt. v. 24.07.2018, Az.: 2 BvR 309/15 und 2 BvR 502/16
306 Zur Betreuung: (▶ Kap. CE 08 A 2)

§ 1906 BGB

(1) Eine Unterbringung des Betreuten durch den Betreuer, die mit Freiheitsentziehung verbunden ist, ist nur zulässig, solange sie zum Wohl des Betreuten erforderlich ist, weil
1. aufgrund einer psychischen Krankheit oder geistigen oder seelischen Behinderung des Betreuten die Gefahr besteht, dass er sich selbst tötet oder erheblichen gesundheitlichen Schaden zufügt, oder
2. eine Untersuchung des Gesundheitszustandes, eine Heilbehandlung oder ein ärztlicher Eingriff notwendig ist, die ohne die Unterbringung des Betreuten nicht durchgeführt werden kann und der Betreute aufgrund einer psychischen Krankheit oder geistigen oder seelischen Behinderung die Notwendigkeit der Unterbringung nicht erkennen oder nicht nach dieser Einsicht handeln kann.
(2) Die Unterbringung ist nur mit Genehmigung des Betreuungsgerichts zulässig. Ohne die Genehmigung ist die Unterbringung nur zulässig, wenn mit dem Aufschub Gefahr verbunden ist; die Genehmigung ist unverzüglich nachzuholen.
(3) [...]
(4) Die Absätze 1 bis 3 gelten entsprechend, wenn dem Betreuten, der sich in einer Anstalt, einem Heim oder einer sonstigen Einrichtung aufhält [...] durch mechanische Vorrichtungen, Medikamente oder auf andere Weise über einen längeren Zeitraum oder regelmäßig die Freiheit entzogen werden soll.

Dies gilt dann, wenn freiheitsbeschränkende Maßnahmen über einen längeren Zeitraum oder wiederholt notwendig werden. Die Definition des genehmigungspflichtigen längeren Zeitraumes ist im Gesetz nicht definiert.

Für die Dauer müssen Maßstab der Art. 104 GG, dort Abs. 2 S. 3 und Abs. 3 S. 1 sein sowie die Menschenwürde (Art. 1 GG) und das Persönlichkeitsrecht (Art. 2 Abs. 1 GG).[307] Deshalb muss auch im Falle einer unterbringungsähnlichen Maßnahme bei einer Dauer von mehr als 24 Stunden oder einer Nacht die Genehmigung des Betreuungsgerichts beantragt werden. Bei Fixierungen oder vergleichbaren Maßnahmen wird dagegen derart schwerwiegend und »hautnah« in ein elementares Recht des Betroffenen, das Recht auf körperliche Bewegungsfreiheit, eingegriffen und die Menschenwürde möglicherweise verletzt, so dass dieses Grundrecht erhebliche Bedeutung zur Bemessung des maximalen Zeitraums ohne Genehmigung hat.[308] Insoweit haben auch in der stationären Alten- und Behindertenhilfe die Vorschriften der einzelnen landesrechtlichen Regelungen Bedeutung. Im

---

307 So auch aktuell das BVerfG, Urt. v. 24.07.2018, Az.: 2 BvR 309/15 und 2 BvR 502/16
308 BVerfG a. a. O.

»Landesheimgesetz« Baden-Württemberg wird ausdrücklich die Bedeutung der Würde und des Selbstbestimmungsrechts des zu pflegenden Menschen betont. Beispielhaft sei dazu § 1 Wohn-, Teilhabe- und Pflegegesetz – WTPG (Baden-Württemberg) aufgeführt, wonach es Zweck des Gesetzes ist:

> 1. die Würde, die Privatheit, die Interessen und Bedürfnisse volljähriger Menschen mit Pflege- und Unterstützungsbedarf oder volljähriger Menschen mit Behinderungen als Bewohner stationärer Einrichtungen und ambulant betreuter Wohngemeinschaften im Sinne dieses Gesetzes vor Beeinträchtigungen zu schützen,
> 2. die Selbständigkeit, die Selbstbestimmung, die Selbstverantwortung und die gleichberechtigte Teilhabe am Leben in und an der Gesellschaft sowie die Lebensqualität der Bewohner zu wahren und zu fördern, [...]

§ 1 WTPG

Deshalb müssen Pflegende in der Praxis stets berücksichtigen, dass bei unzulässigen Freiheitsbeschränkungen eine strafbare Freiheitsberaubung vorliegen kann, sobald ein längerer Zeitraum im Sinne von § 1906 Abs. 4 BGB vorliegt und trotzdem keine ordnungsgemäße richterliche Genehmigung oder ähnliches vorliegt. Stets genehmigt werden müssen Freiheitsentziehungen, die länger als einen Tag dauern.

Fraglich kann auch sein, wann eine Genehmigung wegen »regelmäßiger« Freiheitsbeschränkung eingeholt werden muss. Erfolgt eine freiheitsentziehende Maßnahme entweder stets zur selben Zeit (z. B. die Eingangstür wird nachts verschlossen) oder aus wiederkehrendem Anlass (z. B. bei Gefahr, aus dem Bett zu fallen), liegt eine Regelmäßigkeit vor. Nicht nur die Wiederholung der Maßnahme bei bestimmten Anlässen, auch ungeplante Wiederholungen, lösen die Genehmigungspflicht aus.[309]

Die betreuungsrichterliche Genehmigung muss immer vom Betreuer beantragt oder (in Ausnahmefällen) von der Einrichtung beim Betreuungsgericht angeregt werden, falls weder die Einwilligung des Bewohners noch die Voraussetzungen eines Notstandes vorliegen oder Zweifel an der Einwilligungsfähigkeit bestehen. Dies setzt allerdings eine bestehende Betreuung voraus. In diesen Fällen dürfen freiheitsbeschränkende Maßnahmen, insbesondere solche, die einer Freiheitsentziehung gleichzusetzen sind, nur ergriffen werden, sofern eine richterliche Genehmigung beim zuständigen Betreuungsgericht beantragt ist (wenn ein Abwarten nicht möglich ist) oder bereits erteilt ist.

Die Genehmigung ist auch dann notwendig, wenn eine Freiheitsbeschränkung in einem Fall des rechtfertigenden Notstands, d. h. in einer Gefahrensituation getroffen wurde, jedoch zum Schutz des Bewoh-

---

309 Palandt, BGB, § 1906, Rdn. 21

ners fortgesetzt oder mehrmals wiederholt werden muss. Dies gilt insbesondere dann, wenn unterbringungsähnliche Maßnahmen mehr als 2–3-mal erfolgen sollen.[310]

Das Gesetz nennt in § 1906 Abs. 1 BGB als mögliche Unterbringungsgründe bzw. Gründe für einzelne freiheitseinschränkende Maßnahmen:

- die Selbstschädigung aufgrund einer psychischen Erkrankung oder Behinderung,
- eine notwendige medizinische Maßnahme oder
- eine gesundheitliche Untersuchung.

Das Gericht darf allerdings die Unterbringung oder unterbringungsähnliche Maßnahmen nur beschließen, wenn dies dem Wohl des Bewohners dient. Freiheitsbeschränkungen sind folglich nur bei Eigengefährdung zulässig. Bis zur Entscheidung des Gerichts kann die ergriffene Maßnahme, sofern erforderlich, fortgesetzt werden. In Zweifelsfällen, d. h. in denjenigen Fällen, in denen fraglich ist, ob die Freiheitsbeschränkung (noch) zulässig ist, sollte immer das Betreuungsgericht um Stellungnahme gebeten werden[311], indem ein Antrag auf die richterliche Genehmigung der Maßnahme gestellt wird.

Beim Unterbringungsgrund medizinische Maßnahme ist weitere Voraussetzung, dass der Betroffene wegen seiner psychischen Erkrankung oder geistigen bzw. seelischen Behinderung die Notwendigkeit nicht einsehen kann.

Aufgrund des Wortlauts des § 1906 Abs. 1 BGB ist deshalb eine Unterbringung allein aufgrund der Gefahr einer Schädigung anderer Personen, der so genannten Fremdschädigung, nicht zulässig. In derartigen Fällen muss die nachfolgend dargestellte Unterbringung nach dem jeweiligen Landesunterbringungsgesetz erfolgen.

Im Verlauf des Unterbringungsverfahrens muss eine persönliche Anhörung des Betroffenen erfolgen und ein Sachverständiger hinzugezogen werden. Das Gericht kann nur dann auf die Anhörung verzichten, wenn der Sachverständige erklärt, dass diese bei dem Betroffenen gesundheitliche Schäden verursachen könnte oder nach dem Eindruck des Richters eine Verständigung nicht möglich ist. Diese fehlende Anhörung muss die Ausnahme sein.

In dem Unterbringungsbeschluss muss genau die Art der Unterbringung, beispielsweise in welchem Krankenhaus oder Heim, und deren Dauer genannt werden. Die gesetzliche (maximale) Regeldauer der richterlich angeordneten Unterbringung beträgt ein Jahr, lediglich bei einer erkennbar lang andauernden Erkrankung (z. B. chroni-

---

310 Schmidt/Böcker (1993), Rdn. 260
311 Linnhoff, APflege 1992, 391, 394

sche Psychose, Demenz, geistige Behinderung) zwei Jahre (§ 329 Abs. 1 FamFG). Über den Zeitraum von zwei Jahren hinaus darf eine Unterbringung nicht angeordnet werden. Das Gericht muss nach Ablauf der Unterbringungsdauer gegebenenfalls diese neu anordnen bzw. verlängern. Im Fall der Verlängerung ist nochmals das gesamte Unterbringungsverfahren durchzuführen, einschließlich der Anhörung des Sachverständigen und des Betroffenen. Es soll dadurch eine ständige Kontrolle durch das Betreuungsgericht gewährleistet werden.

Die Unterbringung sollte nur in demjenigen Umfang angeordnet werden, in dem sie notwendig ist. Ist daher das Festhalten innerhalb des Gebäudes ausreichend, darf kein Einschließen im Zimmer angeordnet werden. Es gilt der Grundsatz der Verhältnismäßigkeit, d. h. es darf nur diejenige Maßnahme der Freiheitsbeschränkung angewandt werden, die zwar die Gefährdung beseitigt, aber nur soweit erforderlich in die Rechte des Bewohners bzw. Patienten eingreift.

Im Eilfall wird durch eine einstweilige Anordnung eine vorläufige Unterbringung durch das Betreuungsgericht angeordnet (§ 331 FamFG). Voraussetzung ist, dass ein ärztliches Zeugnis über die Erkrankung vorliegt, dringende Gründe für eine endgültige Unterbringung sprechen und beim Abwarten des Unterbringungsbeschlusses eine Gefährdung des Betroffenen zu erwarten ist. Es muss auch bei der vorläufigen Unterbringung grundsätzlich eine persönliche Anhörung des Betroffenen erfolgen. Diese Art der Unterbringung ist höchstens für die Dauer von drei Monaten zulässig. Das normale Unterbringungsverfahren muss dann unverzüglich nachgeholt werden.

(2) Unterbringung nach dem Unterbringungsgesetz

3. Ausbildungsdrittel

- [...]
- sozialrechtliche Vorgaben in Bezug auf die gemeindenahe und lebensweltorientierte Versorgung von Menschen mit schweren psychischen Erkrankungen und komplexem Hilfebedarf (u. a. PsychVVG, SGB XI, SGB X und SGB IX)

[...]
3. Ausbildungsdrittel zusätzlich

- [...]
- psychische Krisen erkennen und Gewährleistung unmittelbarer kurzfristiger Hilfe in psychischen und physischen Krisen, Prävention von Risiken. (BIBB 2019, S. 227)

Gesetzliche Grundlage einer Unterbringung können auch die Unterbringungsgesetze der Bundesländer sein. Diese sind jedoch ähnlich, so dass beispielhaft und schwerpunktmäßig die Unterbringung nach den

Unterbringungsgesetzen Baden-Württemberg (PsychKHG BaWü) dargestellt wird.

Eine Unterbringung darf nach § 13 i. V. mit § 1 PsychKHG (BaWü) nur erfolgen, wenn bei dem Betroffenen

- durch eine psychische Störung
- sein Leben oder seine Gesundheit
- erheblich gefährdet ist oder eine erhebliche gegenwärtige Gefahr für Rechtsgüter anderer besteht.
- Gefährdung oder Gefahr nicht auf andere Weise abgewendet werden kann.

Allgemein darf bei einer psychischen Krankheit, einer sonstigen »geistigen Störung«, einer seelischen oder geistigen Behinderung sowie einer Sucht nur dann eine (zwangsweise) Unterbringung erfolgen, wenn der Betroffene sich oder andere gefährdet, also

- eine Eigen- oder
- eine Fremdgefährdung vorliegt

und die Gefahr nicht mit anderen Mitteln beseitigt werden kann. Es gilt der Grundsatz der

- Verhältnismäßigkeit.

Dies bedeutet unter anderem, dass zwar eine Fremdgefährdung bei gewalttätigen Angriffen gegen Dritte oder bei Sachbeschädigungen vorliegt, jedoch bei Sachbeschädigungen wegen des Verhältnismäßigkeitsgrundsatzes beachtet werden muss, dass nur bei der Beschädigung von Sachen von bedeutendem Wert eine Unterbringung erfolgen kann, d. h. wenn der Wert des Rechtsgutes in einem angemessenen Verhältnis zum Freiheitsentzug steht. Bei geringfügigen Rechtsgutverletzungen ist eine Unterbringung deshalb abzulehnen.[312] Geringfügige Sachbeschädigungen muss die Gesellschaft hinnehmen.

Weiter muss nach der Rechtsprechung des Bundesverfassungsgerichts auch hinsichtlich der Notwendigkeit von Alternativen der Verhältnismäßigkeitsgrundsatz gelten.[313] Eine Unterbringung darf deshalb dann nicht erfolgen, wenn die Gefahr auf andere Weise, beispielsweise der Betreuung durch Familienangehörige, abgewendet werden kann (vgl. § 13 Abs. PsychKHG).

---

312 BGH, R&P 1992, 64
313 BVerfGE 65, 44; 70, 311 m. w. N.

Die Unterbringung muss dann in anerkannten Einrichtungen (§§ 13, 14 PsychKHG) erfolgen. Dies sind beispielsweise in Baden-Württemberg insbesondere

- die Zentren für Psychiatrie, Zentren für soziale Psychiatrie, Landeskliniken etc.,
- die Universitätskliniken und
- das Zentralinstitut für seelische Gesundheit
- sowie sonstige Einrichtungen, die vom Regierungspräsidium zugelassen sind.

Das Unterbringungsverfahren wird eingeleitet durch den Antrag der unteren Verwaltungsbehörde, d. h. des Ordnungsamtes der Stadtverwaltung oder des Landratsamtes bzw. in Bayern der Kreisverwaltungsbehörde. Dorthin kann man sich selbstverständlich auch wenden, sofern die Unterbringung eines des zu pflegenden Menschen wegen Fremdgefährdung notwendig ist. Möglich ist auch der Antrag einer der oben genannten anerkannten Einrichtungen (beispielsweise eines Psychiatrischen Krankenhauses), sofern der Betroffene sich bereits in der Einrichtung aufhält. Im Antrag ist der Sachverhalt, mit dem die Unterbringung begründet wird, darzustellen. Außerdem ist ein Gutachten des Gesundheitsamtes oder eines Facharztes der Psychiatrie, der in einer anerkannten Einrichtung tätig ist, beizufügen. Sofern das ärztliche Zeugnis noch nicht bei Antragstellung vorliegt, muss es unverzüglich nachgereicht werden.

Dem Betroffenen ist für das Unterbringungsverfahren ein Pfleger, ein so genannter Verfahrenspfleger, beizuordnen, sofern dieses zur Wahrung von dessen Interessen erforderlich ist (§ 317 FamFG). Dieser hat die Aufgabe, den größtmöglichen Rechtsschutz für den Betroffenen zu gewährleisten. Über diesen Weg kann auch ein Rechtsanwalt beigeordnet werden.

Es gilt auch im Unterbringungsverfahren der Amtsermittlungsgrundsatz nach § 26 FamFG. Das Gericht muss alle zur Feststellung der Tatsachen erforderlichen Ermittlungen durchführen und die geeigneten Beweise erheben. Das Gericht muss den Betroffenen nach § 319 FamFG grundsätzlich persönlich anhören. Sofern durch die Anhörung erhebliche Nachteile für seinen Gesundheitszustand zu befürchten sind oder er seinen Willen zu äußern nicht in der Lage ist, kann die Anhörung unterbleiben (§ 34 FamFG i. V. m. § 319, III FamFG). Im Fall von gesundheitlichen Nachteilen ist nur die Anhörung des Verfahrenspflegers erforderlich. Außerdem haben noch weitere Personen, wie beispielsweise der Betreuer und der Leiter der Einrichtung, in der er sich aufhält sowie der Ehegatte und Vertrauenspersonen ein Recht zur Stellungnahme (§ 320 FamFG).

Das Betreuungsgericht ordnet die Unterbringung durch Beschluss entweder an, wobei die Dauer festgelegt wird, oder es weist den Antrag zurück, wenn die Voraussetzungen nicht vorliegen. Gegen den

Unterbringungsbeschluss oder die Ablehnung der Unterbringung ist wieder die sofortige Beschwerde möglich, die innerhalb einer Frist von zwei Wochen in schriftlicher Form eingelegt werden muss. Bei Ablehnung der Unterbringung kann die Beschwerde nur von derjenigen Behörde, die den Unterbringungsantrag gestellt hat, eingelegt werden. Auch den oben genannten Personen, wie beispielsweise dem Betreuer, steht das Beschwerderecht zu.

In besonderen Fällen ermöglicht das Gesetz ein Eilverfahren, d. h. die Unterbringung durch einstweilige Anordnung. In diesem Verfahren kann entschieden werden, obwohl noch nicht alle Voraussetzungen, insbesondere das ärztliche Gutachten, für eine endgültige Entscheidung vorliegen. Ein ärztliches Zeugnis muss jedoch immer vorgelegt werden (§ 331, Ziff. 2 FamFG). Es muss eine hohe Wahrscheinlichkeit dafür vorliegen, dass Gründe für eine Unterbringung bestehen und ein förmliches Unterbringungsverfahren anhängig, d. h. beantragt ist. Der Unterbringungsantrag kann auch zusammen mit dem Antrag auf einstweilige Anordnung gestellt werden. Auch muss es notwendig sein, dass die Unterbringung sofort erfolgt, insbesondere wenn Gefahr in Verzug ist. Dieses gilt insbesondere bei akuter Eigen- oder Fremdgefährdung. Die Unterbringung durch einstweilige Anordnung darf längstens für einen Zeitraum von sechs Wochen mit einer Möglichkeit der Verlängerung bis zu höchstens drei Monaten erfolgen. Die einstweilige Anordnung ist aufzuheben, sobald die Gründe für die Unterbringung weggefallen sind.

Das Unterbringungsgesetz sieht in Baden-Württemberg die Möglichkeiten der fürsorglichen Aufnahme und der Zurückhaltung (§ 16 PsychKHG) einer Person vor bzw. in Bayern der sofortigen vorläufigen Unterbringung (Art. 11 bis 14 BayPsychKHG) oder in Hessen der Unterbringung bei Gefahr im Verzug (§ 17 PsychKHG).

Zur Rechtslage in Baden-Württemberg:

- Zurückhaltung bedeutet, dass eine Person, die sich bereits, beispielsweise zur freiwilligen Therapie, innerhalb der Einrichtung befindet, dort festgehalten werden kann, bis über die Unterbringung entschieden ist.
- Bei der fürsorglichen Aufnahme wird die stationäre Behandlung begonnen, bevor der Unterbringungsbeschluss vorliegt. Der Betroffene wird dazu in die Einrichtung aufgenommen.

Im Falle der fürsorglichen Aufnahme nach § 16 PsychKHG muss der Unterbringungsantrag erst spätestens bis zum Ablauf des zweiten Tags nach der Aufnahme (oder Zurückhaltung) abgesendet werden. In anderen (fortschrittlicheren) Bundesländern muss innerhalb von 24 Stunden eine richterliche Entscheidung erfolgen. In Baden-Württemberg hat das psychiatrische Krankenhaus 48 Stunden Zeit, den Antrag abzusenden. Nicht geregelt ist, wann dann ein Richter die Unterbringung bestätigen muss. Diese (neue) Regelung ist erneut verfassungswidrig, da ein Verstoß gegen Art. 104 Abs. 2 GG vorliegt. Selbst im Polizeigewahrsam (also Straftätern) darf niemand länger als bis zum Ende des Tages nach der Ingewahrsamnahme festgehalten werden, d. h. muss bis dahin ein Richter das Festhalten bestätigen. Bei psychisch kranken Menschen ist das in Baden-Württemberg wohl nicht notwendig.

Voraussetzung für die Zurückhaltung ist stets, dass dringende Gründe für eine psychische Erkrankung oder geistige Behinderung mit einer erheblichen Gefährdung vorliegen. Der Betroffene muss dann von einem Arzt der Einrichtung untersucht werden und die Unterbringungsbedürftigkeit muss durch eine sofortige ärztliche Untersuchung bestätigt werden (§ 16 Abs. 3 PsychKHG). Die Einrichtung, beispielsweise das Psychiatrische Krankenhaus oder das Psychiatrische Zentrum, muss dann spätestens bis zum Ablauf des zweiten Tages nach der Zurückhaltung einen Unterbringungsantrag absenden bzw. stellen. Wird der Antrag nicht fristgerecht gestellt, muss der Bewohner bzw. Patient entlassen werden, da ansonsten eine strafbare Freiheitsberaubung vorliegt.

Eine Person kann gleichfalls zur Beobachtung untergebracht werden. Dieses ist möglich, wenn gewichtige Anhaltspunkte für eine Notwendigkeit der Unterbringung vorliegen. Auf Antrag der oben genannten Behörde bzw. Einrichtung kann das Gericht die Unterbringung zur Beobachtung bis zu einer Dauer von sechs Wochen anordnen. Dem Antrag ist wiederum ein ärztliches Zeugnis beizufügen.

In Bayern und anderen Bundesländern müssen Tatsachen vorliegen, dass »eine gerichtliche Entscheidung nicht rechtzeitig ergehen,« kann (§ 11 BayPsychKHG), in Hessen muss »Gefahr im Verzug« sein (§ 17 PsychKHG).

Zuständig sind in allen Bundesländern die Polizei oder das Ordnungsamt.

Bei der Auswahl der Einrichtung, in welcher der Betroffene (in Baden-Württemberg) untergebracht werden soll, sind gemäß § 18 PsychKHG dessen Wünsche soweit möglich gemeinsam mit therapeutischen Gesichtspunkten zu berücksichtigen. Die Unterbringung hat so zu erfolgen, dass in die persönliche Freiheit so wenig wie möglich eingegriffen wird. Der Betroffene hat nur diejenigen Maßnahmen zu dulden, die erforderlich sind, um Sicherheit und Ordnung in der Einrichtung zu gewährleisten und ihn zu schützen. Dies bedeutet auch, dass freiheitsbeschränkende Maßnahmen auf ein Mindestmaß zu begrenzen sind.

Die Zwangsbehandlung einer untergebrachten Person ist vom Gesetzgeber inzwischen streng geregelt worden, dies im BGB (also bundesrechtlich) sowie in den Ländergesetzen zur Unterbringung. Die Vorschriften sind sehr ähnlich:

Die untergebrachte Person kann gegen ihren »natürlichen« Willen behandelt werden, wenn und solange sie ...

§ 20 Abs. 4 PsychKHG	1. krankheitsbedingt zur Einsicht in die Behandlungsbedürftigkeit der Krankheit, wegen derer ihre Unterbringung notwendig ist, oder zum Handeln gemäß solcher Einsicht nicht fähig ist und die Behandlung nachweislich dazu dient, a) eine Lebensgefahr oder eine gegenwärtige erhebliche Gefahr für die Gesundheit der untergebrachten Person abzuwenden oder b) die tatsächlichen Voraussetzungen freier Selbstbestimmung der untergebrachten Person so weit als möglich wiederherzustellen, um ihr ein möglichst selbstbestimmtes, in der Gemeinschaft eingegliedertes Leben in Freiheit zu ermöglichen, oder 2. die Behandlung dazu dient, eine Lebensgefahr oder eine gegenwärtige erhebliche Gefahr für die Gesundheit dritter Personen abzuwenden. Die Behandlung muss Erfolg versprechend sein. Die Zwangsbehandlung darf nur als letztes Mittel eingesetzt werden. d.h. nur dann, wenn mildere Mittel, insbesondere eine weniger eingreifende Behandlung, aussichtslos sind. Die Belastungen müssen zudem in einem angemessenen Verhältnis zum Nutzen stehen. Der Nutzen muss in diesem Zusammenhang mögliche Schäden der Nichtbehandlung deutlich feststellbar überwiegen.

Die Einwilligung des Untergebrachten ist grundsätzlich bei folgenden medizinischen Maßnahmen erforderlich:

- Elektrokrampftherapie,
- Lumbal- und Subokzipalpunktion,
- Psychopharmakotherapie während einer Schwangerschaft.

d. h. in diesen Fällen darf keine Zwangsbehandlung erfolgen.

Die Unterbringung ist aufzuheben und der Betroffene zu entlassen, sobald die Voraussetzungen weggefallen sind oder keine wirksame gerichtliche Entscheidung (mehr) vorliegt. Die Einrichtung kann jedoch gegebenenfalls einen Antrag auf Verlängerung beim zuständigen Gericht stellen. Die Verlegung eines untergebrachten Bewohners bzw. Patienten auf eine offene Station führt in der Regel dazu, dass der Unterbringungsbeschluss wirkungslos wird.[314]

Die Unterbringung kann mit dem Rechtsbehelf der sofortigen Beschwerde nach § 63 FamFG angefochten werden. Diese muss innerhalb einer Frist von einem Monat in schriftlicher Form beim Betreuungsgericht eingelegt werden. Sie ist unzulässig, sofern sie verspätet oder nicht in der Schriftform erfolgt.

---

314 vgl. dazu Beschluss des OLG Hamm vom 18.08.1999, Az.: 15 W 233/99 in OLG Report Hamm 1999, 396

(3) Besondere Problematik: Behandlung mit Psychopharmaka

Besondere rechtliche Probleme ergeben sich im Umgang mit psychisch Kranken und geistig Behinderten bei der Gabe von Psychopharmaka, insbesondere denjenigen mit sedierender Wirkung. Diese Arzneimittelgruppe ist als »unterbringungsähnliche Maßnahme« im Sinne von § 1906 Abs. 4 BGB anzusehen, sofern Zielrichtung die Einschränkung der persönlichen Freiheit ist. Eine Heilbehandlung, bei der die Einschränkung des Bewegungsdranges nur Nebenwirkung ist, muss allerdings nicht genehmigt werden.[315] Bei der Gabe von Psychopharmaka mit der Zielsetzung der Freiheitsbeschränkung ist eine betreuungsrichterliche Genehmigung erforderlich. Diese ist nur dann nicht notwendig, sofern der zu pflegenden Mensch einwilligungsfähig ist und der Einnahme zustimmt. Außerdem ist zu beachten, dass Psychopharmaka hochwirksame Medikamente mit teilweise erheblichen Nebenwirkungen sind. Bei falscher Applikation können Intoxikationen mit schwerwiegenden gesundheitlichen Beeinträchtigungen auftreten, die zu haftungsrechtlichen Problemen führen können. Aus diesem Grunde ist es bei der Applikation besonders wichtig, dass eine genaue ärztliche Verordnung besteht,[316] die dann korrekt beachtet wird. Sofern die verordnete Dosis oder die bekannten medizinischen Probleme bei der Gabe nicht beachtet werden und dadurch Gesundheitsschäden beim Bewohner oder Patienten verursacht werden, haftet die Pflegekraft zivil- und strafrechtlich.[317] Die Verordnung ist stets sorgfältig zu dokumentieren.

Bei Gabe von Psychopharmaka ohne ärztliche Verordnung und ohne Einwilligung des Bewohners bzw. Patienten liegt gleichzeitig eine Straftat der Körperverletzung und der Freiheitsberaubung vor. Dieses gilt insbesondere dann, wenn diese Medikamente aus sachfremden Erwägungen, um beispielsweise den Dienst angenehmer verrichten zu können, verabreicht werden. Eine Zwangsbehandlung mit Psychopharmaka ist folglich grundsätzlich nur mit Genehmigung durch das Betreuungsgericht unter den Voraussetzungen des § 1906a BGB[318] möglich, in akuten Notsituationen unter den Voraussetzungen des Notstandes (§ 34 StGB).[319]

Bei allen freiheitsbeschränkenden Maßnahmen, gleichgültig ob mechanisch oder mittels Psychopharmaka, muss stets die Menschenwürde und das Recht auf freie Entfaltung der Persönlichkeit Maßstab in der Betreuung von behinderten sowie alten oder psychisch kranken Men-

---

315 Jürgens u. a. (1994), Rdn. 519; Schell, S. 69, (1992); Schmidt/Böcker (1993), Rdn. 260
316 Zur Problematik der Bedarfsmedikation: (▶ Kap. CE 05 A 1.2)
317 Zur Haftung ausführlich: (▶ Kap. CE 05 A 4, Zivilrecht; ▶ Kap. CE 01 2.4, Strafrecht)
318 Einzelheiten dazu in: (▶ Kap. CE 06 C 1)
319 Dazu ausführlich: (▶ Kap. CE 11 A 2.1.2)

schen sein. Das Betreuungsrecht hat unter anderem in diesem Bereich zum Ausdruck gebracht, dass das Selbstbestimmungsrecht kranker und behinderter Menschen gewährleistet werden soll.[320] Aus diesem Grund können freiheitsbeschränkende Maßnahmen nicht allein damit gerechtfertigt werden, dass es sich um erzieherische Maßnahmen handelt oder sie »nur zum Wohl des Patienten« erfolgen. Die Motive sind ohne Bedeutung. Entscheidend ist lediglich, ob eine der drei genannten rechtlichen Grundlagen (Einwilligung, Notstand oder richterlicher Beschluss) für die Einschränkung der persönlichen Freiheit vorliegt.

Zum Schutz der Würde und des Rechts des zu pflegenden Menschen auf freie Entfaltung der Persönlichkeit sollten Maßnahmen zu dessen Schutz abgestuft und auf die jeweilige Situation angepasst erfolgen:

1. Bei weglaufgefährdeten Patienten oder Bewohnern muss zuerst abgeklärt werden, ob überhaupt eine Gefährdung besteht. Dazu kann der Bewohner begleitet oder beobachtet werden. Zu seiner Sicherheit sollte vor dem Beantragen von freiheitsbeschränkenden Maßnahmen geprüft werden, ob nicht die Möglichkeit eines Spazierganges mit anderen Betreuungskräften oder eines Orientierungstrainings besteht.

2. Bei aggressivem Verhalten sind zuerst die Ursachen festzustellen.[321] Aufgrund der Ursachen dürfte es in der Praxis oft möglich sein, sinnvoll auf aggressive Handlungen zu reagieren und geeignete Maßnahmen zur Vorbeugung zu finden. Ein wichtiger Aspekt dabei dürfte der respektvolle Umgang mit dem behinderten Menschen einschließlich der Achtung seiner Intimsphäre sein.

(4) Sozialrecht Unterbringung

3. Ausbildungsdrittel

- [...]
- sozialrechtliche Vorgaben in Bezug auf die gemeindenahe und lebensweltorientierte Versorgung von Menschen mit schweren psychischen Erkrankungen und komplexem Hilfebedarf (u. a. PsychVVG, SGB XI, SGB X und SGB IX)
(BIBB 2019, S. 227)

Der sozialrechtliche Aspekt der Unterbringung, d. h. die Finanzierung ist unproblematisch. Da eine Krankenhausbehandlung vorliegt erfolgt die Vergütung über § 39 SGB V. Ein Unterschied besteht jedoch darin, dass die Vergütung nicht über die Fallpauschalen erfolgt, sondern auf der Grundlage des Psych-Entgeltgesetz.[322] Die Abrechnung der

---

320 Heilmann, Geistige Behinderung 1991, 311
321 Ausführlich dazu Kienzle/Kotschenreuther/Farnkopf (2020), dort Teil I
322 Gesetz vom 14.06.2012 (Bundestags-Drucksache 17/9992, auf Grundlage der Bundestags-Drucksache 17/8986)

psychiatrischen Krankenhäuser erfolgt dann mittels des neuen Entgeltsystems für den Bereich der Psychiatrie, Psychotherapie und Psychosomatik (PEPP-Entgeltsystem). Die Finanzierung psychiatrischer und psychosomatischer Krankenhausleistungen wurde bisher, auch in einer Übergangsphase, wie bisher auf Basis der Psychiatrie-Personalverordnung (Psych-PV), durchgeführt, ab 2020 jedoch auf Basis von Personalvorgaben des Gemeinsamen Bundesausschuss (G-BA). Ziel ist es, über einen Krankenhausvergleich die Budgets einander anzupassen.

Sofern ein Patient im Wege der Unterbringung stationär behandelt wird, welcher nicht krankenversichert ist, müssen die Kosten vom Sozialhilfeträger nach § 48 SGB XII (»Hilfe bei Krankheit«) getragen werden. Erfolgt die Unterbringung notfallmäßig und ist keine Krankenversicherung vorhanden, muss der Sozialhilfeträger nach § 25 SGB XII dem Krankenhaus als »Nothelfer« die Behandlungskosten erstatten.[323] Der zu pflegende Mensch hat zusätzlich Anspruch auf Zahlungen zum Lebensunterhalt, ein »Taschengeld«.

Sofern die »Unterbringung« als Heimaufnahme auf einer geschlossenen Station (z. B. bei einer dementiellen Erkrankung) erfolgt, ist für die Finanzierung die Pflegeversicherung zuständig.[324]

Nach der Unterbringung nach den jeweiligen Unterbringungsgesetzen kann eine Phase der Wiedereingliederung erforderlich sein. Dazu können Leistungen zur Rehabilitation und Teilhabe nach den Sozialgesetzbuch IX[325] beantragt werden.

Nach § 1 Abs. 1 SGB I ist es Aufgabe des Sozialrechts »zur Verwirklichung sozialer Gerechtigkeit und sozialer Sicherheit« beizutragen. In der gemeindenahen Psychiatrie können die Betroffenen Leistungen nach dem Sozialgesetzbuch V (Krankenversicherung) für die Behandlung ihrer (psychischen) Erkrankung beanspruchen, aber auch nach dem Sozialgesetzbuch IX zur Rehabilitation und Teilhabe.[326] Außerdem besteht ein Anspruch auf Sozialhilfe nach dem Sozialgesetzbuch XII sofern keine anderen Leistungen möglich sind. Außerdem können Arbeitssuchende entweder Leistungen nach den Sozialgesetzbuch III (Arbeitslosengeld oder Wiedereingliederung) oder dem Sozialgesetzbuch II (Grundsicherung) beantragen. Schließlich kommen zur Wiederherstellung der Arbeitsfähigkeit Leistungen der Rentenversicherung (SGB VI) in Betracht oder bei einer vollständigen Erwerbsminderung eine Rente.

Für die gemeindenahe Psychiatrie ist in den Bundesländern mit den Psychisch-Kranken-Hilfegesetzen (PsychKHG) eine gesetzliche Grundlage für Hilfen für psychisch kranke oder auf Grund einer solchen Erkrankung behinderte Menschen geschaffen worden. Die Ange-

---

323 Zur Problematik u. a. BSG, Urteil v. 19.05. 2009, Az.: B 8 SO 4/08 R
324 Dazu ausführlich: (▶ Kap. CE 04 A 3.5)
325 Im einzelnen zur Teilhabe in: (▶ Kap. CE 07 A 2.1)
326 siehe Fußnote 322

bote der Sozialpsychiatrischen Dienste (SpDi), welche die Vor- und Nachsorge sowie Krisenintervention leisten, wurden damit auf eine rechtliche Grundlage gestellt und die Förderung durch Landeszuschüsse gesetzlich geregelt.

CE 11 B Kinder und Jugendliche mit psychischen Gesundheitsproblemen und kognitiven Beeinträchtigungen personenzentriert und lebensweltbezogen unterstützen

- Selbstbestimmungsrecht Kinder und Jugendliche: (▶ Kap. CE 01 1.1; ▶ Kap. CE 04 B 1)
- Konflikte in pflegerischen Versorgungssituationen von Kindern und Jugendlichen: (▶ Kap. CE 04 B 1)
- Macht und Machtmissbrauch in pflegerischen Handlungsfeldern: (▶ Kap. CE 11 A 1.2)

1 Psychiatrische Intervention Kinder/Jugendliche

Kompetenzen – Anlage 3 PflAPrV
[...]
Handlungsanlässe
Ausgewählte komplexe Pflegesituationen im Zusammenhang mit unterschiedlichen komplexen sychischen Problemlagen (z. B. Kinder und Jugendliche mit schweren psychischen Erkrankungen und komplexem Hilfebedarf sowie Kinder und Jugendliche in schwerwiegenden bis bedrohlichen Situationen, u. a. in Erregungszuständen, mit selbstschädigendem Verhalten, Intoxikationen, krankheitsbedingter Aggression) und komplexen Pflegebedarfen in verschiedenen Settings und Phasen der Versorgungskette mit wechselnden Versorgungsschwerpunkten unter Variation des sozialen und kulturellen Umfelds mit z. B. folgenden Pflegediagnosen und Pflegephänomene

- Suizidgefahr
- Selbstverletzung/Selbstverletzungsgefahr
- Gefahr einer fremdgefährdenden/selbstgefährdenden Gewalttätigkeit
- [...]
- beeinträchtigte/unterbrochene Familienprozesse
- elterlicher Rollenkonflikt [...]
(BIBB 2019, S. 235)

Bei Kindern und Jugendlichen kann zu deren Wohl, d.h. nur zum Schutz vor Eigengefährdung, aber inzwischen auch bei einer Fremdgefährdung, eine stationäre Therapie auf einer geschlossenen Station, beispielsweise in der Kinder- und Jugendpsychiatrie erfolgen. Rechtsgrundlage ist jedoch weder das Betreuungsrecht (dort § 1906 BGB) noch das allgemeine Unterbringungsrecht, sondern die spezielle (familienrechtliche) Vorschrift des § 1631b BGB:

§ 1631b BGB
> (1) Eine Unterbringung des Kindes, die mit Freiheitsentziehung verbunden ist, bedarf der Genehmigung des Familiengerichts. Die Unterbringung ist zulässig, solange sie zum Wohl des Kindes, insbesondere zur Abwendung einer erheblichen Selbst- oder Fremdgefährdung, erforderlich ist und der Gefahr nicht auf andere Weise, auch nicht durch andere öffentliche Hilfen, begegnet werden kann. Ohne die Genehmigung ist die Unterbringung nur zulässig, wenn mit dem Aufschub Gefahr verbunden ist; die Genehmigung ist unverzüglich nachzuholen.

Die freiheitsentziehende Unterbringung eines Kindes, beispielsweise auf Veranlassung der Eltern in einem (psychiatrischen) Krankenhaus oder Heim, muss vom Familiengericht genehmigt werden. Diese ist nur zu erteilen, sofern das Wohl des Kindes gefährdet ist, bei Eigen- aber auch Fremdgefährdung.

Auch bei einzelnen freiheitsentziehenden Maßnahmen muss nach § 1631b Abs. 2 BGB eine Genehmigung des Familiengerichts erfolgen:

§ 1631b Abs. 2 BGB
> (2) Die Genehmigung des Familiengerichts ist auch erforderlich, wenn dem Kind, das sich in einem Krankenhaus, einem Heim oder einer sonstigen Einrichtung aufhält, durch mechanische Vorrichtungen, Medikamente oder auf andere Weise über einen längeren Zeitraum oder regelmäßig in nicht altersgerechter Weise die Freiheit entzogen werden soll. Absatz 1 Satz 2 und 3 gilt entsprechend.

Diese sind auch wieder lediglich bei Eigen- oder Fremdgefährdung zulässig.

Die Schulgesetze aller Bundesländer sehen eine Schulpflicht vor. Diese kann bei einer stationären Therapie von Kindern und Jugendlichen nicht erfüllt werden. Aus diesem Grund und damit die Kinder und Jugendlichen durch die stationäre Behandlung nicht den Anschluss an ihre Mitschüler in der Heimatschule verlieren, gibt es an den Kliniken für die Kinder- und Jugendpsychiatrie entweder eine eigene Schule oder eine Kooperation mit einer örtlichen Schule. Die Schule hat ihren festen Platz im Stationsalltag, da auch sie ein Stück Alltagsnormalität für die Patienten darstellt und ein gutes schulisches Funktionsniveau für das Gelingen der Wiedereingliederung nach dem stationären Aufenthalt von Bedeutung ist. Sofern trotzdem Lücken entstehen besteht nach dem stationären Aufenthalt ein Anspruch auf Teilhabe zur Bildung nach § 112 SGB IX.

Ergänzend wird zu den Rechten und Pflichten von Eltern auf die Ausführungen zum Sorgerecht[327], dem Kindewohl[328] sowie dem Selbstbestimmungsrecht[329] von Kindern und Jugendlichen verwiesen.

---

327 (▶ Kap. CE 04 B 1)
328 (▶ Kap. CE 04 B 1)
329 (▶ Kap. CE 04 5)

CE 11 C Alte Menschen mit psychischen Gesundheitsproblemen und kognitiven Beeinträchtigungen personenzentriert und lebensweltbezogen unterstützen

- Gewaltausübung Versorgung von alten Menschen: (▶ Kap. CE 11 A 1.2)
- Selbstbestimmungsrecht alter Menschen: (▶ Kap. CE 01 1)
- Psychischen Erkrankungen: (▶ Kap. CE 08 A 2)
- Gefahr einer selbst- und/oder fremdgefährdenden Gewalttätigkeit: (▶ Kap. CE 06 A 1)
- Sozialrechtliche Vorgaben in Bezug auf die gemeindenahe Versorgung von Menschen mit schweren psychischen Erkrankungen: (▶ Kap. CE 11 A 2.4)
- Freiheitseinschränkenden Maßnahmen: (▶ Kap. CE 11 A 2)

Überblick/Vergleich Rahmenplan – Kapitel im Buch

Stichworte Rahmenplan	Kapitel
Abrechnungssysteme	(▶ Kap. CE 07 A 2)
Arbeitsschutz	(▶ Kap. CE 04 A 4)
Arbeitszeit	(▶ Kap. CE 04 A 4.4)
Ausbildungs- und berufsbezogene Rechte/Pflichten	(▶ Kap. CE 01 2)
Begutachtungsrichtlinien	(▶ Kap. CE 04 A 3.5)
Beratungsstellen Eltern	(▶ Kap. CE 04 B 1.4; ▶ Kap. CE 07 A 4)
Betreuungskräfte (§§ 43b, 84 SGB XI)	(▶ Kap. CE 07 A 2.2)
Betreuungsrecht	(▶ Kap. CE 08 A 2)
Bundesteilhabegesetz	(▶ Kap. CE 07 A 4.1)
Charta Betreuung schwerstkranker Menschen	(▶ Kap. CE 08 A 1)
Datenschutz	(▶ Kap. CE 01 2.5)
Delegation an Personen anderen Qualifikationsniveaus	(▶ Kap. CE 05 B 2)
Delegation von Ärzten	(▶ Kap. CE 05 A 1)
Demenz	(▶ Kap. CE 04 B 3.1.1.1; ▶ Kap. CE 11 (A) 2.1.3 (1))
Dokumentation	(▶ Kap. CE 02 1)
Durchführung ärztlich veranlasster Maßnahmen	(▶ Kap. CE 05 A 1)
Durchführungsverantwortung	(▶ Kap. CE 05 A 1)
Elternkompetenzen	(▶ Kap. CE 04 B 1.2)
Erziehungskompetenz	(▶ Kap. CE 04 B 1.2)
Familienprozesse, beeinträchtigte	(▶ Kap. CE 04 B 1)
Familienrecht	(▶ Kap. CE 04 B 1)
FEM	(▶ Kap. CE 11 A 2)
Freiheitseinschränkende Maßnahmen	(▶ Kap. CE 11 A 2)

Überblick/Vergleich Rahmenplan – Kapitel im Buch

Stichworte Rahmenplan	Kapitel
Fremdgefährdung durch zu Pflegende	(▶ Kap. CE 06 A 1)
Gefahr fremdgefährdender/selbstgefährdender Gewalttätigkeit	(▶ Kap. CE 11 A 1)
Gemeindenahe Psychiatrie	(▶ Kap. CE 11 (A) 2.1.3 (2); ▶ Kap. CE 11 (A) 2.1.2. (4); ▶ Kap. CE 11 C)
Gesetze, Leitlinien und Chartas	(▶ Kap. CE 01 2, ▶ Kap. CE 04 A 3; ▶ Kap. CE 08 A 1)
Gesetzgebung Sozialbereich	(▶ Kap. CE 04 A 2)
Gesetzliche Vorgaben Pflegeberuf	(▶ Kap. CE 01 2)
Gewalt (sexuelle)	(▶ Kap. CE 04 A 6.9)
Gewalt(prävention)	(▶ Kap. CE 11 A 1)
Grundlagen Sozialrecht	(▶ Kap. CE 04 A 3)
Grundrechte	(▶ Kap. CE 01 1)
Haftung	(▶ Kap. CE 05 A 2)
Herausforderndes Verhalten	(▶ Kap. CE 11 A 1)
Hygiene	(▶ Kap. CE 10 C 1)
Infektionsschutz(gesetz)	(▶ Kap. CE 01 2.3)
Intimitätsverletzungen	(▶ Kap. CE 01 1; ▶ Kap. CE 02 B; ▶ Kap. CE 03)
Jugendhilfe	(▶ Kap. CE 04 B 1.3; ▶ Kap. CE 07 A 1.2; ▶ Kap. CE 07 4)
Katastrophenschutz	(▶ Kap. CE 06 A 2)
Kinderschutz	(▶ Kap CE 04 B 1)
Kindesmissbrauch	(▶ Kap. CE 04 B 2.2)
Kindeswohl	(▶ Kap. CE 04 B 1)
Konflikte im Team	(▶ Kap. CE 04 A 4)
Krankenhausfinanzierung	(▶ Kap. CE 05 A 2.2)
Krankenversicherung	(▶ Kap. CE 05 A 2)
Machtmissbrauch	(▶ Kap. CE 11 A 1)
Medizinprodukte	(▶ Kap. CE 02 A 2)
Menschenrechte, Ethikkodizes	(▶ Kap. CE 01 1)
Mobbing	(▶ Kap. CE 04 A 4)
Mobilitätsbeeinträchtigungen und technische Hilfsmittel	(▶ Kap. CE 02 A)

Stichworte Rahmenplan	Kapitel
Notfallversorgung (Richtlinien)	(▶ Kap. CE 06 A 2.3)
Palliative Versorgung	(▶ Kap. CE 08 B 1)
Patientenverfügung	(▶ Kap. CE 06 C 1)
Pflegeberatung	(▶ Kap. CE 09 A 1)
Pflegecharta	(▶ Kap. CE 08 A 1)
Pflegeversicherung	(▶ Kap. CE 04 A 3.5)
Präventionsgesetz	(▶ Kap. CE 04 A 6.12)
Psychische Krankheit	(▶ Kap. CE 04 A 3.5; ▶ Kap. CE 06 A 1; ▶ Kap. CE 08 A 2; ▶ Kap. CE 11 A 2 (2))
PsychKG etc.	(▶ Kap. CE 11 A 2 (2))
PsychVVG	(▶ Kap. CE 05 A 2.2)
Rechte des Kindes	(▶ Kap. CE 04 B 1)
Rechte und Pflichten Auszubildende	(▶ Kap. CE 01 2)
Rehabilitation (Finanzierung)	(▶ Kap. CE 07 A 1; ▶ Kap. CE 07 A 4)
Rehabilitation (Leistungsträger)	(▶ Kap. CE 07 A 1.2)
Risikomanagement	(▶ Kap. CE 05 A 4)
Schulgesetze	(▶ Kap. CE 04 A 2; ▶ Kap. CE 11 B 1)
Schweigepflicht	(▶ Kap. CE 01 1.1; ▶ Kap. CE 01 2.5)
Selbstbestimmung ((elterliche Fürsorge/Sorge	(▶ Kap. CE 04 B 1)
Selbstbestimmungsrecht	(▶ Kap. CE 01 1)
Selbstbestimmungsrecht alter Menschen	(▶ Kap. CE 01 1)
Selbstbestimmungsrecht Kinder	(▶ Kap. CE 01 1; ▶ Kap. CE 05 B 1)
Selbstgefährdung zu Pflegende	(▶ Kap. CE 06 A 1)
SGB IX	(▶ Kap. CE 04 A 6.3; ▶ Kap. CE 07 A 1)
SGB V	(▶ Kap. CE 05 A 2; ▶ Kap. CE 07 A 2)
SGB XI	(▶ Kap. CE 04 A 3.5)
Sterbehilfe	(▶ Kap. CE 06 C 1.1)
Suizidversuch	(▶ Kap. CE 06 C 1.1)

Stichworte Rahmenplan	Kapitel
Teilhabe	(▶ Kap. CE 07 A 1; ▶ Kap. CE 07 A 4)
Transplantation	(▶ Kap. CE 06 A 3)
UN-Behindertenrechtskonvention	(▶ Kap. CE 07 A 4)
Versorgungsauftrag	(▶ Kap. CE 05 A 2.2)
Vorbehaltsaufgaben	(▶ Kap. CE 01 2.1)
Vorsorgevollmacht	(▶ CE 06 C 2)
Wohnformen	(▶ CE 09 A 1)

Literatur

Bundesinstitut für Berufsbildung (BIBB) (2019) Rahmenpläne der Fachkommission nach § 53 PflBG
Dodegge (1992) Anwendung unterbringungsähnlicher Maßnahmen, Monatsschrift für Deutsches Recht, S. 437
Dreher/Tröndle (2018) Strafgesetzbuch mit Nebengesetzen, 66. Auflage, C. H. Beck-Verlag München
Goberg (1998) Heimgesetz, Vincentz Verlag Hannover
Gropp (1994) Zur rechtlichen Verantwortlichkeit des Klinikpersonals bei Suizidhandlungen hospitalisierter Psychiatriepatienten, Medizinrecht, S. 127 ff.
Helle (1989) Medizinrecht, S. 133
Jürgens/Kröger/Marschner/Winterstein (1994) Das neue Betreuungsrecht, C. H. Beck-Verlag München
Hofmann (1999) Ärztliche und pflegerische Verantwortung: Partnerschaftlicher Dialog ist gefordert, Dtsch. Ärzteblatt, S. 96
Kienzle/Kotschenreuther/Farnkopf (2020) Aggression in der Pflege, 9. Auflage, Verlag W. Kohlhammer: Stuttgart
Kienzle (2017) Das Recht in der Heilerziehungs- und Altenpflege, Verlag W. Kohlhammer: Stuttgart
Kostorz (2019) Ausbildungsrecht in der Pflege, Verlag W. Kohlhammer: Stuttgart
Küng (1995) Deutsches Sonntagsblatt vom 10.03.1995
Markus (1988) Rechtskunde, Band I, Dümmler-Verlag Bonn
Münchener-Kommentar zum BGB (2010) Familienrecht
Palandt (2019) Bürgerliches Gesetzbuch, 79. Auflage, C. H. Beck-Verlag München
Rieger (1977) Deutsche Medizinische Wochenschrift, S. 585
Rieger (1979) Neue Juristische Wochenschrift, S. 582
Rosenow (2017): Auswirkungen des Bundesteilhabegesetzes auf die Kinder- und Jugendhilfe ab 1.1.2018. Das Jugendamt – Zeitschrift für Jugendhilfe und Familienrecht, 10, S. 480.
Ruthmann (1993) Aggression und Gewalt im Altenheim – Verständnishilfen und Lösungswege für die Praxis, Basel
Schach (1989) Der Amtsvormund, S. 123
Schaub (2013) Arbeitsrechtshandbuch, C. H. Beck-Verlag: München
Schell (2001) Handbuch des Betreuungs- und Unterbringungsrechts für die Angehörigen der Gesundheitsberufe, Brigitte-Kunz-Verlag: Hagen
Schell (1995) Rechtsalmanach, Nr. 20, Brigitte-Kunz-Verlag: Hagen
Schmidt/Böcker (1999) Betreuungsrecht, Verlag Jehle-Rehm München
Schneider (2003) Rechts- und Berufskunde für medizinische Assistenzberufe, Springer-Verlag Heidelberg
Schönke/Schröder (2014) Strafgesetzbuch, 29. Auflage, C. H. Beck-Verlag: München
Schwab in Münchener-Kommentar zum BGB (2010) Familienrecht
Sollmann (1997) Pflegerecht, S. 66 ff.
Wolfslast (1986) Recht & Psychiatrie, S. 128

Stichwortverzeichnis

A

AAPV 205
Ablehnung
- med. Maßnahmen Eltern 82
- Pflegemaßnahme 50
- sgründe SchwB 121
- Sozialleistung 178
- Unterbringung 254
- Verlängerung ArbV Schwangerschaft 123

Abmahnung 126
Aktivierung
- Vergütung 175
Akute Gefährdung
- Geschäftsführung ohne Auftrag 150
- Notstand 149
Allgemeinen Gleichbehandlungsgesetz
- Mobbing 65
Alternativen Wohnformen
- Finanzierung 211
ambulant betreuten Wohngruppen
- Pflegeversicherung 61
Amtsermittlungsgrundsatz
- Unterbringung 253
Anhörung
- persönliche FEM 250
Anordnungsverantwortung
- Arzt 109
Anscheinsbeweis 142
Antrag
- Bundesteilhabegesetz 177
- Pflegeleistungen 61
- Rehabilitation 170
Arbeitgeber
- Hauptpflicht 118
Arbeitnehmer
- Hauptpflicht 117
- Nebenpflichten 117
Arbeitsbedingungen
- gesundheitsgefährdende 66
- Recht 115
Arbeitsgericht 117, 129
- Haftungsfreistellung 139
Arbeitsrecht
- Rechtsgrundlagen 116
- Rechtsquellen 116
Arbeitsschutz 66
- Gewalt 76
Arbeitsschutzgesetz 75
- Pflichten 75
Arbeitsstättenverordnung 25, 75
Arbeitsunfähigkeit 111
Arbeitsunfall 57
- Vorsatz 59
Arbeitsvertragsrichtlinien 116
Arbeitsverweigerung 128
Arbeitszeit 66
- nach Tarifvertrag 71
Arbeitszeitgesetz 25
Arbeitszeitrecht 71
Arbeitszeugnis 129
Arzneimittel
- Leistung KrankenV 111
Aufgaben
- Krankenversicherung 110
Aufklärung 101
Aufsichtsbedürftigkeit 235
Aufsichtspflicht
- Konflikte 233
- Selbstbestimmungsrecht 233 f.
Ausbildungs- und berufsbezogenen Rechte/Pflichten 21
Ausbildungsmittel 23
Ausbildungsplan
- Verpflichtung Träger 23
Ausbildungsstand
- Berücksichtigung 24
Ausbildungsvergütung 24
Auskunftsrecht
- Datenschutz 34
ausländerfeindliche Äußerungen 128
Aussetzung 29

B

Bauchgurt 242
Bedürfnisse
- Kind 82
Beendigung Arbeitsverhältnis 124
Befristung

271

- sachgrundlos 122
- sachlicher Grund 122

Behandlung
- im Krankenhaus 173
- stationäre 173

Behandlungsabbruch 163
Behindertenparkplätze 71

Behinderung
- Definition 168

Beiträge
- Sozialversicherung 56

Belastungen
- psychische 66

Beleidigung 128

Beratung
- Kinderschutzgesetz 84
- Pflicht zur - 168
- Sozialleistung 219
- spflicht – Folgen 168

Bereitschaftsdienst 71, 73
beruflichen Rehabilitation 181
Berufsgenossenschaften 59
Berufshaftpflichtversicherung 139
Berufskrankheit 58
- Infektionserkrankung 58

Beschäftigungsverbot
- ärztliches Attest 68
- Schwangerschaft 68

Beschwerde
- Betreuung 192

Betäubungsmittel
- Verordnung 103

Betreuer
- bei Einwilligungsunfähigkeit 21
- Patientenverfügung 164

Betreuter
- Rechtsgeschäft 193

betreutes Wohnen
- Finanzierung 219

Betreutes Wohnen
- Heimrecht 212

Betreuung
- Aufhebung 192
- Ausnahmen Einwilligungsvorbehalt 193
- Einwilligung 197
- Einwilligungsvorbehalt 192
- FEM 247
- Genehmigung med. Maßnahme 199
- rechtliche 189
- Rechtsmittel 192
- Umfang 192
- Verfahren 191
- Verfahrensgrundsätze 191
- Verfahrenspfleger 191
- Voraussetzungen 190
- Wohl Betreuer 196
- Wünsche 196

Betreuungsgericht
- Beschwerde 197
- Genehmigung FEM 166, 244, 247, 249
- Genehmigung med. Maßnahme 199
- Genehmigung med. Maßnahmen 166
- Zuständigkeit Verfahren 191

Betreuungsverfügung 166
Betriebliches Eingliederungsmanagement 126
Betriebshaftpflichtversicherung 140
Betriebsverfassungsgesetz 25

Bewegungsförderung
- Medizinprodukte 46

Beweislast 45
- gesetzliche Regelung 44
- Grundlagen 141
- Umkehr 44, 141

Bewohnerbeirat 214

Biografie
- Datenschutz 35

Briefgeheimnis 34
Bundesgesetzblatt 53
Bundespflegesatzverordnung 113
Bundesrat 52
Bundesstaat 53
Bundesteilhabegesetz 177
Bundesurlaubsgesetz 25

C

CE-Zeichen 47

D

Datenschutz 18
- Dokumentation 24
- Risikomanagement 131
- Zivilrecht 37

Datenschutzbeauftragter 34
Datenschutzgrundverordnung 34
Datensicherheit 34

Delegation
- ärztlicher Maßnahmen 23, 100
- Auszubildende 105
- Personen anderen Qualifikationsniveaus 144
- Qualifikation 105

Delegationsverschulden
- geringer qualifizierte Mitarbeiter 144

Deliktsfähigkeit 95
Demokratie 52
Diebstahl 128
Dienstreise 58

Dokumentation 22, 43 f.
- Arbeitsbedingungen 70
- bei Aufsichtspflicht 238
- Beweisführung Anordnung 110
- Beweislast 45
- gesetzliche Verpflichtung 43
- Grundlagen 44
- Lücken 141
- Medikamente 103
- Urkunde 45
DRG-System 113
Drogen
- im Dienst 137
Duale Finanzierung 112
Durchführungsverantwortung 109

E

Eigengefährdung
- Kind/Jugendlicher 261
Eingliederung behinderter Menschen
- Agentur für Arbeit 178
Eingliederungsmanagement
- betriebliches 126
Einrichtungen
- teilstationäre 174
- vollstationäre 174
Einsichtsfähigkeit
- natürliche 21
- Patientenverfügung 163
Einstellungsgespräch 120
Einwilligung
- bei Betreuung 197
- Daten Biografie 35
- FEM 244
- Fotografie 36
- Grundlagen 32
- mutmaßliche 101
- Schweigepflicht 39
- stillschweigende 101
Einwilligungsfähigkeit 20, 32
- Betreuung 197
Einwilligungsvorbehalt 192
- Ausnahmen 193
Eltern
- Pflichten medizinische Maßnahmen 20
Elternkompetenz
- siehe Sorgerecht 225
Erfüllungsgehilfen
- Pflegende als - 236
Ersatzruhetag
- Sonntagsarbeit 72
Erwerbsunfähigkeit
- Unfallversicherung 59
Erziehung
- Misshandlung 83

- vs. Kindeswohl 81
Europäische Menschenrechtskonvention 20
Europarecht
- im Arbeitsrecht 116
Exekutive 52
Existenzminimum 54

F

Fahrlässigkeit
- Bedeutung Pflegewissenschaft 138
- Formen 137
- grobe 137, 140
- Grundlagen 136
- Medizinprodukte 47
- Sorgfaltsmaßstab 136
- Sorgfaltspflichten 136
- Vermeidbarkeit 137
- Vorhersehbarkeit 137
Fallpauschalen 113
Fälschung Krankenakten 142
Familiengericht
- \Patientenverfügung\Kind 208
- Behandlungswunsch Kind 208
- bei Gefährdung Kindeswohl 83
- Gefährdung Kindeswohl 82
- medizinische Maßnahmen 20
Familienprozesse 81
Familienversicherung 57
Fehler
- grobe 141
Fehlzeiten
- Gesundheitsmanagement 80
Feiertag
- Ersatzruhetag 72
FEM
- Grundlagen 241
- Rspr. BVerfG zu Fixierung 18
- Zeitraum 248
Ferndiagnose 104
Feuerzeug 237
Finanzierung
- alternative Wohnformen 219
- Krankenhaus 111
Fixierung
- 5-Punkt 18
- Vorgaben BVerfG 247
Fotos
- Datenschutz 36
Freiheitsberaubung
- bei FEM 242
- Psychopharmaka 104, 257
- Suizid 240
Freiheitseinschränkender Maßnahmen
- Grundlagen 241

273

Freiheitsentziehung
- Kind 83
Freiheitsrecht 19
- bei FEM 242
Freistellung
- von Haftung 139
Freistellung Haftung 139
Fremdaggression 234
Fremdgefährdung 148
- Kind/Jugendlicher 261
- Zulässigkeit FEM 246
Früherkennungsuntersuchungen 84
Führungszeugnis 120
Fürsorgepflicht 67
- Arbeitsrecht 119
- Arbeitsverhältnis 119
- Freistellung Haftung 139
- gegenüber Patienten 236
Fürsorglichen Aufnahme 254

G

Garantenpflicht 149
Garantenstellung 149
Gefahr im Verzug 255
Gefährdung
- andere durch Patient 148
- anderer durch Patient 150
- Kindeswohl 82
- Patient selbst 148
Gefährdungsanalyse 75
gefahrgeneigte Tätigkeit 139, 237
Genehmigung
- Psychopharmaka 104
Gesamtverantwortung 104
Geschäftsfähigkeit 92
- Verhältnis zur Einwilligungsfähigkeit 21
Geschäftsführung ohne Auftrag 134
- akut gefährdeter Patient 150
- bei FEM 246
- Schweigepflicht 39
Geschäftsunfähigkeit 93
Geschenke 128
- Verbot TVöD 118
Gesetzesinitiative 52
Gesetzgebung 52
- Gesundheitsbereich 97
- Sozialrecht 97
Gesetzlichen Vorgaben
- Ausbildung 21, 146
Gesundheitsberufe
- Verhältnis 176
Gesundheitsdaten 34
Gesundheitsmanagement 80
Gewalt 228
- Beispiele 229
- gegen Patienten 228

- Menschwürde 229
- Nötigung 232
- Persönlichkeitsrecht 234
- sexuelle 76
- Straftat 229
- zivilrechtliche Haftung 229
Gewaltenteilung 52
Gewaltprävention 66, 76
Gewerbeaufsichtsämter 74
Gleichbehandlung 119
Gleichbehandlungsgesetz 65
Grad Behinderung 70
Grenzüberschreitungen 50
Grobe Fahrlässigkeit 137, 140
Grundgesetz
- im Arbeitsrecht 116
Grundrechte 17
Günstigkeitsprinzip 116

H

Haftung
- Medizinprodukte 47
Haftungsfreistellung 139
Hatespeech 65
Hauptpflicht
- Arbeitnehmer 117
Haushaltshilfe 173
- über Krankenversicherung 173
Häusliche Krankenpflege 111, 173
Heimaufsicht 218
- Anspruch Beratung 214
Heimbeirat 214, 217
Heimrecht 211
Heimvertrag
- Dauer 216
Heimverträge 211
Hilfe
- Erlangung Arbeitsplatz 70
Hilfebedarf
- Erfassung durch Pflegeberatung 221
Hilfeleistung
- Katastrophenschutz 153
Hilfsmittel 111
- Finanzierung 48
- Medizinprodukte 46
Hilfsmittelverzeichnis 48
Hilfspflicht 148
Höchstarbeitszeit 71 f.
Hospiz
- Finanzierung 206
Hygiene
- Haftung 25, 224
- Recht Infektionsprävention 25
Hygienefehler 131

I

ICN-Ethikkodex für Pflegende 20
Immunisierungsstatus
- Pflegepersonal 79, 225
Impfstatus
- Auskunft Pflegepersonal 79, 225
- Kinder 79
Infektionen
- Schutz Schwangere 69
Infektionserkrankungen
- Berufskrankheit 58
Infektionsprävention
- Pflicht 224
Infektionsschutzgesetz 25
- Schweigepflicht 39
Injektion
- intramuskuläre 106
Injektionen
- allgemeine Voraussetzungen 107
- intravenös 107
Inobhutnahme 84
Intensivstation
- Einwilligung Patient 21
Intimitätsverletzungen 49
Intimsphäre
- Grenzüberschreitung 50
- rechtliche Grundlagen 50
- Verletzung 50

J

Judikative 52
Jugendamt 83
Jugendarbeitsschutzgesetz 25
Jugendhilfe 83
Jugendliche
- Einwilligungsfähigkeit 20

K

Kantine 57
Katastrophenfälle 153
Katastrophenschutz 153
Kinderrechtskonvention
- Artikel 85
- UN 85
Kinderrehabilitation 180
Kinderschutzgesetz 81
Kinderschutzgesetze 84
Kindesmissbrauch 87
- Kinderschutzgesetz 84
- Schweigepflicht 39
Kindeswohl 81 f.
- Gefährdung 40, 82
- Kind medizinische Maßnahmen 20
- Kinderschutzgesetz 84

Konflikte 64
- Aufsichtspflicht 233
- interprofessionelle 227
- Team 64
Körperliche Unversehrtheit 81
Körperverletzung 230
- Behandlung ohne Einwilligung 100
- durch Unterlassen 148
Krankengeld 111
Krankenhausbehandlung
- Definition 112
- Umfang 173
Krankenhausentgeltgesetz 113
Krankenhausfinanzierung 111
Krankenhausfinanzierungsgesetz 113
Krankenkassen 57
- Leistungen Reha 169
Krankenversicherung 57
- Grundlagen 110
Kündigung 124
- ausländerfeindliche Äußerungen 128
- Beleidigung 128
- Diebstahl 128
- fristlose 127
- Geschenke 128
- Gründe fristlose 128
- Krankheit 125
- ordentliche 124
- personenbedingt 125
- sfristen 124
- sschutzklage 129
- Tätlichkeiten Kollegen 128
- Verschwiegenheitspflicht 128
- Verstoß Verschwiegenheit 118
Kündigungsfristen 124
Kündigungsgründe
- Überblick 125
Kündigungsschutz
- Schwangere 70
- Schwerbehinderung 70
Kündigungsschutzgesetz 125
Kündigungsschutzklage 129
Kurzzeitpflege 60, 175

L

Ländergesetze 53
Lasten 76
- Schwangere 69
Lastenhandhabungsverordnung 76
Legislative 52
Leitlinien
- Schweigepflicht 42
Lernzeiten
- Rücksicht auf - 23

Löschung
- Daten 34
Loyalitätspflicht 118

M

Machtmissbrauch 261
MDK 218
Medikamente 44
Medizinischen Dienst
- Pflegeversicherung 61
Medizinischen Dienst der Krankenversicherung 218
Medizinprodukte
- Risikomanagement 130
Medizinprodukte-Betreiberverordnung 47
MedizinproduktebetreiberVO 46
Medizinproduktegesetz 46
Mehrarbeit
- Schwerbehinderung 70
Menschenwürde 17, 34, 81
- Abwägung Fremdgefährdung 234
- FEM 248
Menschwürde
- Gewalt 229
Minderjährige
- Entscheidung Abbruch Maßnahmen 165
Minusstunden 73, 119
Missbrauch von Kindern 88
Misshandlung
- Kind 87
- Kind durch Eltern 83
- Körperverletzung 230
- Schweigepflicht 39
Mobbing 65, 119
Mobilität 61
Mobilitätsbeeinträchtigungen 51
- Medizinprodukte 46
mutmaßlicher Wille 21
- passive Sterbehilfe 165
- Patientenverfügung 164
Mutterschutzgesetz 25, 67

N

Nachtarbeit
- Schwangere 69
Nachteilsausgleich 70
Nebenpflicht
- Arbeitgeber – Fürsorge 119
- Geschenke 118
Nebenpflichten
- Arbeitgeber 118
- Arbeitnehmer 117
- Verschwiegenheit 117

Nebentätigkeit
- Genehmigung TVöD 118
Nosokomialen Infektionen 225
Notfallambulanz
- Einwilligung 21
Nothilfe
- bei Fremdgefährdung 151
Nötigung
- Gewalt 232
Notstand
- bei Fremdgefährdung durch Patient 150
- FEM 245
- Gefährdung des Patienten 149
- Schweigepflicht 39 f.
- Zivilrecht 134
Notwehr 133
- bei Fremdgefährdung durch Patient 150

O

Obhutspflicht 236, 239
Organentnahme 158
Organisationsentwicklung 80
Organspende 158

P

Palliativ
- Direktverträge SAPV-Anbieter 206
Palliativversorgung
- Sozialleistungen 204
Patientenrechtgesetz 20
Patientensicherheit 25
- durch Schutzimpfungen 80
Patientenverfügung 163
- Betreuer 164
- Kinder/Jugendliche 207
Patientenwille
- Ermittlung Sterbehilfe 164
Pausen 72
PEPP-Entgeltsystem 259
Personalmangel 203
Personensorge 82
Persönlichkeitsrecht 18, 34, 81
- Abwägung Fremdgefährdung 234
- Gewalt 234
Pflege
- vollstationäre 174
Pflegebedarf
- Erhebung und Feststellung 22
Pflegebedürftigkeit 61
Pflegeberatung 218, 220
Pflegeberufegesetz
- Berufsbezeichnung 22

- Rahmen Ausbildung 22
Pflegegeld 60
Pflegegrade 62
Pflegekasse 60
Pflegekurse 61
Pflegeplanung 44
Pflegeprozess
- Organisation etc. 22
Pflegesachleistung 60
Pflegestützpunkte 221
Pflegeversicherung 60
Pflegewissenschaft
- Bedeutung Fahrlässigkeit 138
Pflichten
- ausbildungs-/berufsbezogene 21
Pflichtversicherung 56
Piercing 20
Polizei
- Weitergabe Informationen 38
Präventionsgesetz 79
Präventionsmaßnahmen
- nosokomiale Infektionen 225
Praxisbesuch
- Datenschutz 35
Privatsphäre
- Schutz durch Datenschutz etc. 33
Probezeit 124
Psych-Entgeltgesetz 258
Psychopharmaka
- Delegation 104
- Freiheitsberaubung 257
- Genehmigung 104
- Rechtslage 104, 257

Q

Qualität
- Krankenhausleistung 112
Qualitätsprüfungen 218

R

Rahmenbedingungen
- Krankenhaus (Recht) 115
Rechte/Pflichten
- ausbildungs-/berufsbezogene 21
Rechtfertigungsgründe 150
- FEM 243
Rechtsfähigkeit 90
Rechtsgrundlagen
- Arbeitsrecht 116
Rechtsgüterabwägung 246
Rechtsmittel
- Betreuung 192
Rechtsquellen
- Arbeitsrecht 116
Rechtsstaat 52

Regress 237
- Arbeitnehmer bei Haftung 139
Rehabilitation
- Antrag 170
- berufliche 181
- Grundlagen 168
- Jugendhilfe 181
- Kinder 180
- Krankenkassen 169
- Leistungsträger 169
- medizinische 169, 180
- Pflegeversicherung 169
- Unfallversicherung 59
Rehabilitationsmaßnahmen 59
Rehabilitationsträger
- Finanzierung Wohnumfeldverbesserung 222
Religionszugehörigkeit
- Frage nach - 122
Rente
- Schwerbehinderte 70
Rentenversicherung
- Reha-Leistungen 180
Risikofaktoren
- Kindeswohl 81
Risikomanagement 129
- Sorgfaltspflichten 135
Rollenkonflikt Eltern 82
Rufbereitschaft 73
Ruhezeit 73
Rundfunkgebühren 70

S

Sachleistungen
- Pflegeversicherung 60
SAPV 205
Säulen Sozialversicherung 55
Schadenersatz 138
Schadensersatz
- Hygienefehler 225
Schichtarbeit 73
Schmerzensgeld 138
Schmerzmittel
- indirekte Sterbehilfe 162
Schönheitsoperation 20
Schulgesetze 262
Schutz Dritter
- Gewalt 233
Schutzauftrag 81, 83
Schutzausrüstung 76
Schutzfristen Schwangere 68
Schutzmaßnahmen
- ArbeitsschutzG 75
Schwangerschaft
- Frage nach - 120
Schweigepflicht 18, 24, 37
- geplante Straftaten 41

277

- Infektionsschutzgesetz 39
- Jugendliche 41
- Kindesmissbrauch 39
- Notstand 39

Schwerbehinderte
- Rente 70

Schwerbehindertenrecht 70
Selbstbestimmung 51
- Heimbewohner 214

Selbstbestimmungsrecht 17
- Aufsichtspflicht 233 f.
- Einwilligung 100
- Heimrecht 249
- Jugendliche 20
- Kinder 143
- Menschenwürde FEM 248
- Suizid 239

Selbstgefährdung 148
Selbsthilfe 135
- bei Fremdgefährdung durch Patient 150, 152

Selbstversorgung 62
Selbstverwirklichung
- Kinder 143

Seuchengefahr
- Schweigepflicht 39

Sexualstrafrecht 88
sexuellen Handlungen 88
Sitzgelegenheiten 68
Sofortmaßnahmen
- lebenserhaltende 23

Solidaritätsprinzip 56
Sonntag
- ArbeitszeitG 72

Sorgerecht
- Entzug Verweigerung Therapie 20
- Wortlaut 82

Sorgfaltsmaßstab 136
Sorgfaltspflicht 136
- Suizid 239

Sozialdatenschutz 34, 36
Sozialgesetzbuch
- IX zu Agentur für Arbeit 180

Sozialgesetzbücher 54
Sozialhilfe
- Unterbringung 259

Sozialstaat 97
Sozialversicherung 54 f.
- Grundlagen 55

Spannungen 64
Standard
- Fahrlässigkeit 136
- stationären Behandlung 173

Sterbehilfe
- aktive 161
- Behandlungsabbruch 163
- indirekte 162

- mutmaßlicher Wille 165
- passive 162
- Patientenverfügung 163
- Überblick 161

Sterilisation
- Minderjähriger 83

Strafanzeige
- Pflicht trotz Schweigepflicht 41

Straftat
- bei Gewalt 229

Streichhölzer 237
Sturzgefährdung 51
Sturzrisiko 46
- Medizinprodukte 46

Suchtprävention 66
Suizid
- Aufsichtspflicht 238
- Freiheitsberaubung 240
- Haftung 239
- Selbstbestimmungsrecht 239
- Sorgfaltspflicht 239

Suizidgefahr 261

T

Tarifverträge 25
Tätowierung 20
Teilhabe
- am Arbeitsleben 169, 178, 181
- Bildung Psychiatrie Kinder 262
- Bildungsmaßnahme 179
- Bundesteilhabegesetz 177
- Grundlagen 168
- Jugendhilfe 181
- Leistung Arbeit durch Agentur für Arbeit 179
- Leistungsträger 169
- soziale 169
- Überblick Träger 172

Telefondiagnose 104
Totschlag
- durch Unterlassen 148

Transplantation 158
Trennung
- Kind von Eltern 83

U

Übergangsgeld
- Unfallversicherung 59

Überlastungsanzeige 203
Übernahmeverschulden 137
- nach Delegation 109

Überstunden 73
Umkehr Beweislast 44
Umkehr der Beweislast 141
Unfallverhütungsvorschriften 25, 74
Unfallversicherung 57

- Fetus/Embryo 58
- Schutz Embryo 90
UN-Kinderrechtskonvention 85
Unterbringung
- Antrag 253
- Beschwerde 254
- Betreuungsrecht 247
- Kind/Jugendlicher 262
- Selbstbestimmungsrecht 18
- Sozialhilfe 259
- Sozialrecht 258
- zur Beobachtung 255
Unterbringungsgesetz
- Überblick 251
Unterlassen
- Gefährdung Patient 148
- Körperverletzung 148
- Straftat 148
- Totschlag 148
unterlassene Hilfeleistung
- Katastrophenschutz 153
Unterlassene Hilfeleistung 232
unterlassenen Hilfeleistung
- Arzt 104
Unterlassenen Hilfeleistung 148
Unterlassungsdelikt 148
Unterschriftsbeglaubigung
- Vollmacht 166
Urkunde
- Dokumentation als - 45

V

Verfahrenspfleger 191
Vergütung
- Ausbildung 24
- Krankenhäuser 113
- Pflicht Arbeitgeber 118
- stationäre Pflege 174
- system Psychiatrie 114
Vergütungszuschläge 175
Verhaltensauffälligkeiten 61
Verhältnismäßigkeit
- bei FEM 251
- Notstand 245
- Notstand Zivilrecht 133
- Notwehr 151
- Schweigepflicht 39
- Unterbringung 252
- Zündeln 238
Verhinderung Pflegeperson 60
Verjährung 139
Verletztengeld 59
Verlust
- Krankenakte 142
Vermeidbarkeit 137
Verrichtungsgehilfen
- Pflegekräfte zu Arzt 108

Verschwiegenheitspflicht 37, 117
- Kündigung 128
Versorgungsauftrag
- Krankenhäuser 112
- Sicherstellung 97
Verträge
- Krankenhausbehandlung 174
Verwaltung 52
Vollstationäre Pflege 60, 174
Vorbehaltene Tätigkeiten 107, 144
Vorbehaltsaufgaben
- Verhältnis andere Berufe 176
Vorhersehbarkeit 137
Vorrang
- häusliche Pflege 60
Vorsatz 138
- Unfallversicherung 59
Vorsorgeuntersuchungen
- Unfallversicherung 74
Vorsorgevollmacht 165, 190
- Genehmigung med. Maßnahmen 201
- Praxis-Tipp 166
- Unterschriftsbeglaubigung 166
Vorstrafen
- Frage nach - 120

W

Wahlrecht
- Arzt 111
- Krankenkasse 57
Wegeunfall 58
Weigerungsrecht
- Notfälle 109
- Pflegepersonal 108
Widerspruch
- Ablehnung Sozialleistung 178
Widersprüche
- Fürsorge - Selbstbestimmung 51
Wille
- mutmaßlicher 21
- mutmaßlicher Sterbehilfe 165
Wirbelsäulenerkrankungen 58
Wirtschaftlichkeitsgebot 110
Wohl
- Betreuung 189, 196
- des Kindes 82
- freiheitseinschränkende Maßnahmen 250
- Kind Freiheitsentziehung 83
- Kind medizinische Maßnahmen 20
Wohn- und Betreuungsvertragsgesetz 211
Wohnberatung 218
- Zuständigkeit 222
Wohnformen

- Finanzierung 218
- Rechtsgrundlagen 210

Wohngemeinschaften
- Finanzierung Pflege 219

Wohnumfeldverbessernde Maßnahmen 60

Wohnumfeldverbesserung
- Finanzierung Pflegekasse 222
- Reha-Träger 222

Wohnungsanpassung 221

Z

Zahlungsverzug
- Heimbewohner 217
- Kündigung 217

Zeitraum
- FEM 248

Zeugnisverweigerungsrecht 39

zusätzliche Betreuungskräfte 175

Zuschlag
- nach § 43b SGB XI 175

Zwangsbehandlung 18, 255

Zwangshaltung 69